"十三五"普通高等教育应用型规划教材·市场营销

销售管理

李先国　杨　亮　编著

SALES MANAGEMENT

中国人民大学出版社
·北京·

前言

FORWARD

自出版《销售管理》（企业管理出版社，1996）一书后，我就一直从事销售管理方面的教学与研究，致力于建立适合市场营销专业学生和企业实际培训之需的销售管理教材的框架体系，希望能对销售管理研究体系的建立与教材的建设作出贡献。

销售管理是一门研究企业销售及其管理活动过程的规律和策略的应用学科。随着销售管理理论与实践的发展，全国开设销售管理课程的高校越来越多。国内高校一般将销售管理列为市场营销专业学生必修的核心课程之一。

为了适应普通高等教育应用型教学的需要，我们结合销售管理理论界的最新研究成果和营销实践特别是中国销售管理实践的新发展，编写了本书。本书突破传统的教材模式，以销售管理的职能为主线，对销售管理工作的各环节进行详细论述，建立了独特的应用型销售管理体系。

本书按照销售管理的职能与流程将销售管理的内容概括为十个方面，即制定销售计划，划分销售区域，设计促销方案，建设销售团队，指导人员销售，分析客户信用，管理销售末端，提供客户服务，维系客户关系，评估销售绩效。从制定销售计划到评估销售绩效，环环相扣，循环往复，不断完善。

在教材内容写作方面，既坚持理论创新又注重实务运用，逻辑严密，深入浅出，案例丰富。通过学习，学生能够在掌握销售管理基本理论、方法和策略的基础上，对销售活动进行计划、策划、设计、执行和控制，能够组建销售团队，建立并维系客户关系，提升自己的销售管理水平和竞争能力。

在教材编写体例方面也有所创新。每章正文理论叙述简明、精要，穿插小专栏，如延伸阅读、实践观察、观点聚焦、小组讨论等，另外设计了本章要点、引例、章末案例分析、重点名词、思考题、实训练习或课后实践。本书特别适合应用型教学的需要，相信学生也会从中受益。

本书是市场营销专业及相关专业学生、MBA 市场营销研究方向学生、销售部经理、市场部经理、企业管理人士及对销售管理感兴趣的有识之士的理想读物，也可作为企业营销人员、中高层管理人员的专业培训教材。

李先国、杨亮负责全书的框架体系设计和总纂定稿。各章编撰的具体分工如下：中国人民大学李先国负责第 1、2 章，中国人民大学杨晶负责第 3 章，吉林师范大学博达学院杨亮负责第 4、5、6 章，北京交通大学宋明蕊负责第 7、10 章，加州大学欧文分校李沐阳负责第 8、9 章。感谢彭雷清、胡志勇、王卫红、刘志梅、任锡源、罗朝能、张乐、周笑、郑一妹、吴昱潼、陈建会、郑琛誉、于潇宇、张新圣、陈宁颉、刘婷婷、韩迪、佟香影、王超、杜江、王小洋、刘雪敬、张倩、段祥昆、肖文戈、雷达、乔迪、黎学深、许华伟、蔡玉元、张茜、汪昆、李妍嫣、张海涛、温慧生、凤陶、赵建峰、赵咏涛、王中华、蔺媛媛、何新宇、江红红、张赞、李双丰、严肖、李宣午参与初稿的编写和增补案例工作。本书的出版还得到了国内同行、专家和中国人民大学出版社编辑的大力支持和帮助，他们提出了很多宝贵意见，在此一并表示衷心感谢。书中不当之处敬请大家批评指正，以便我们今后更好地修订。

本书配有教学课件与教学案例，以备教师教学之需。欢迎各界人士共同探讨这一重要课题（E-mail：lixianguo@rbs. ruc. edu. cn）。

李先国

于中国人民大学明德楼

目录

CONTENTS

第1章 制定销售计划

本章要点

1. 制定销售计划的依据与流程
2. 销售预测的基本方法和流程
3. 销售定额的类型
4. 确定销售定额的方法和分配销售定额的方法
5. 编制销售预算的流程和确定销售预算的方法

引 例

如何制定年度销售计划

李经理是山东某地级市场的白酒经销商，经营白酒6年，自从事白酒行业以来，他就把每年制定行之有效的年度销售计划作为公司发展的头等大事。在正确的目标指引下，公司每年制定的销售目标都能顺利完成，销售业绩逐年提升。公司从成立初期的销售人员5名、送货车3辆、库房300平方米、单一品牌销售、年销售额300万元，发展到现在的公司人员50人、送货车15辆、库房1 500平方米，高中端、多价位、多品牌销售，年销售额8 000多万元。那么，李经理每年是怎么制定营销计划并顺利完成销售目标的呢？

进行充分的市场调研

没有调查就没有发言权。每年，公司在制定年度销售计划时都会成立一个由李经理亲自挂帅的小组，抽调公司的精兵强将对市场信息和公司数据库进行调查和筛

制定销售计划的依据

企业制定销售计划的依据主要有：

（1）社会经济发展现状。社会经济发展现状是企业一切活动的经济背景，企业在制定销售计划时必须密切关注。经济背景包括国家的经济方针和政策、利率水平、社会购买力、经济增长率、市场动态等。

（2）行业发展现状及动态。行业是由生产同类产品的企业构成的，与企业处于同一行业的其他企业都是该企业的竞争者。因此，企业必须关注行业发展现状及趋势，包括行业的生产规模和结构、企业所处市场的规模和结构，以及主要竞争对手的市场占有率、竞争策略、行业的发展前景、技术水平等。

（3）企业的总体计划。企业的计划根据时间不同可分为长期计划、中期计划和短期计划，根据内容不同可分为产品研发计划、财务计划、生产计划等。销售计划必须以企业的总体计划为依据，并与其他计划相协调。

（4）企业的销售管理能力。企业的销售计划应与销售管理能力相匹配，做到人尽其才，物尽其用。因此，企业在制定销售计划时必须考虑销售人员的数量、销售业绩和销售能力、销售业务培训等因素。

（5）企业的促销方案。企业的促销方案会影响销售量。企业在制定销售计划时还必须考虑整体促销方案及具体的促销手段和措施。

（6）企业的销售状况。企业历年的销售情况是制定销售计划的重要参考和依据，因此企业还要考虑近年的销售额、销售成本、销售利润等数据的变化和趋势。

延伸阅读

数字营销计划的作用

Ascend2 发布的 2017 年数字营销计划调查结果显示了 265 家企业的高管和企业主所使用的最好的渠道和策略。他们中有 88%的人认为，数字营销渠道和平台提升了营销的有效性。

（1）一切为了销售。营销人员制定数字营销计划是为了增加销售收入和产生更多的销售线索。获得更多销售机会，也就意味着你努力开展的数字营销投资得到更大回报。你可以为营销工作设定适当的销售目标。销售受到多个因素的综合影响，比如直接销售不像以前那样有效，在数字世界里，一切都是可搜索的，客户如果对你感兴趣，可以随时找到你。你也可以通过营销内容、社交媒体和搜索引擎优化等吸引客户。

（2）追求资源平衡。数字营销通常涉及客户的实时接触，需要密切监控。因此，在企业内部搞定任何事并不现实。营销人员利用内部资源和外包资源来制定他们的数字营销策略。借助外包的专家如搜索引擎优化专家、社会媒体战略家和智能化营销专家等，营销人员可以更有效地执行计划。

（3）克服障碍以获得成功。对于营销人员而言，实施数字营销策略的三大障碍分别是预算限制、销售线索质量和销售收入。为此你需为所使用的每个数字渠道设定预算，并经常重新审视它。快速回顾你的预算，你将能够判断哪些渠道有效，哪些渠道需要更多的资源。这将有助于你快速调整自己的战略。

资料来源：揭秘2017最有效数字营销策略．中国营销传播网，http：//www.emkt.com.cn/article/655/65562.html.

制定销售计划的流程

制定销售计划的流程主要如下（见图1-1）。

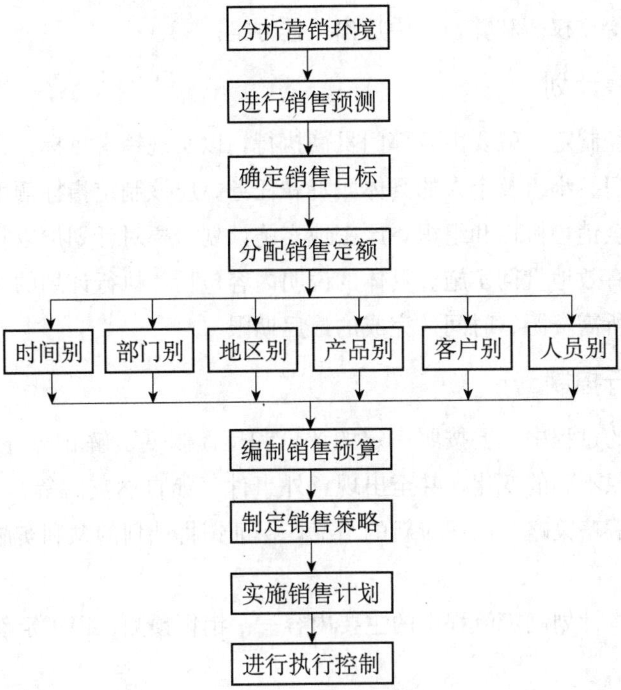

图1-1　制定销售计划的流程

1. 分析营销环境

对当前的社会经济状况、行业发展动态、市场状况、竞争对手及产品、销售渠道和促销工作等，必须进行详细的分析。

2. 进行销售预测

在进行环境分析的基础上，掌握业界的动态，预测市场需求，然后根据业界的预测值作出企业的销售预测。

3. 确定销售目标

销售部门应当把前一计划期的执行情况、对营销现状的分析、预测结果三者结合起来，提出下一计划期切实可行的销售目标。

4. 分配销售定额

根据销售目标，考虑经营者、各部门主管以及销售负责人提供的销售额建议，确定下年度总的销售定额。同时，为了该目标的实现，还必须分配销售定额。销售定额可以按时间别、部门别、地区别、产品别、客户别、人员别等来分配。

5. 编制销售预算

参考销售收入目标、销售定额，估计销售费用，编制销售预算。

6. 制定销售策略

为实现销售目标，企业各部门要协同制定出几个可供选择的销售策略方案，然后对各个方案进行评价，权衡利弊，从中选出最佳方案。

7. 实施销售计划

销售计划一经制定，就要由各部门贯彻执行，以实现销售目标。在实施计划的过程中，要明确各部门、小组及个人的具体职责和任务。应该制定指标额度，层层分解，予以落实。还应健全销售机构和组织，严密地实施计划。要对计划加以具体说明，使执行人员心领神会，有效地贯彻实施。具体的说明内容包括：执行计划的步骤、各步骤的负责人；每一步骤所需资源、时间及完成的最后期限。

8. 进行执行控制

在执行计划的过程中，要按照一定的评价和反馈制度了解和检查计划的执行情况。如果市场出现意想不到的变化，甚至出现意外事件（如自然灾害等），销售部门要及时修正计划或改变战略策略，以适应新的情况，保证销售计划的顺利实施，最终实现销售目标。

稍后将对销售计划制定流程中的主要内容——销售预测、销售定额和销售预算进行详细论述。

延伸阅读

企业年度营销计划制定的体系与法则

计划犹如一场战役的作战计划，决定着战争的胜负，商场即战场，一份科学系统的年度营销计划将指导企业在激烈的市场竞争中开疆扩土，提高市场份额。然而，很多企业在制定年度营销计划时常犯错，比如：老板拍脑袋，目标制定不合理；营销计划不落实，喊得凶、抓得松；资源匹配不合理，等等，导致企业年度经营目标难以达成。

笔者根据多年为多家企业提供咨询服务的经验，总结出优秀企业年度营销计划制定所应包含的六大体系，即目标体系、策略体系、组织体系、政策体系、管理体系和预算体系。

1. 目标体系

销售目标：销售量、销售量增长率、销售额、销售额增长率、回款额、回款率、销售计划分解（按产品线、区域、人员、时间四个维度量化分解）等。

财务目标：销售收入、毛利润、财务费用、管理费用、经营费用、净利润、净资产收益率、经营性现金流、应收账款管理、应收账款周转率、存货周转率等。

市场目标：市场开发率、产品覆盖率、市场开发进度等。

2. 策略体系

营销模式、产品策略、渠道策略、价格策略、促销策略、新产品上市策略、新市场开发策略等。

3. 组织体系

整体组织架构、各部门组织架构、各岗位职责及任职要求、各岗位编制、招聘计划、人员培训晋升体系等。

4. 政策体系

绩效考核政策（奖金、提成等）、渠道政策标准（返点标准、市场开发费用、市场支持费用等）、推广政策标准（广告、终端生动化、终端推广等）、促销政策标准。

5. 管理体系

考勤制度、薪酬管理制度、财务管理制度、会议制度、汇报制度、人员选用与留退制度、保密制度、办事处管理制度、报表管理体系及各种管理表格等。

6. 预算体系

制定年度部门经营预算计划、季度部门经营预算计划，根据各种计划预测相应费用，编制预算表。

资料来源：优秀企业年度营销计划制定的体系与法则．中国营销传播网，http：//www.emkt.com.cn/article/542/54242.html.

1.2 销售预测

销售预测是大多数企业计划工作的基础，是整个企业安排运营规划的关键因素，人事、财务以及其他部门都要根据销售预测编制下一个时期的工作计划和工作要求。销售预测在制定销售计划的过程中发挥着重要作用，可以帮助销售经理确定部门预算，并对销售指标和销售人员的报酬产生影响。如果预测不准确，在此基础上制定的计划也会出现错误。显而易见，有效的销售预测对于企业成功经营起着重要的作用。

销售预测的基本方法

销售预测的方法主要包括定性预测和定量预测两类。定性预测方法不需要太多数学和统计学的分析工具，主要根据经验判断。定量预测方法是借助数学和统计学的分析工具，通过对以往的销售记录的分析，对未来作出预测。到底采取哪种方式应视实际情况而定，没有统一的标准。

1. 定性预测方法

（1）经理意见法。经理意见法是最古老、最简单的预测方法之一，指依据经理人员的经验与直觉，利用多个人或所有参与者的意见得出销售预测值。

此方法的优点是简单快捷，不需要经过精确的设计即可简单迅速地预测。当预测资料不足而预测者的经验相当丰富时，这是一种最适宜的方法。经理意见法在中小企业中常用。

这种方法也有不足之处。首先，由于此方法是以个人的经验为基础的，不如统计数据那样令人信服，因此，所获得的预测值也就难免令人置疑；其次，采用经理意见法往往需要多位经理通过讨论来得出结果，会耗费太多的精力和时间；最后，高层经理和情绪激动的管理人员对最终预测产生的影响可能比更了解产品的经理人员更大。尽管如此，经理意见法依然有价值。当无法依据时间系列分析预测未来的情况时，这种方法就可以利用经理人员丰富的经验和敏锐的知觉，弥补统计资料不足的遗憾。

（2）销售人员意见汇总法。销售人员最接近消费者和用户，对商品是畅销还是滞销，及其花色、品种、规格、式样的需求等都比较了解，所以，许多企业都通过听取销售人员的意见来推测市场需求。

这种方法是先让每个参与预测的销售人员对下年度销售量的最高值、最可能值、最低值分别进行预测，算出一个期望值，然后按不同人员的期望值求出平均销售量预测值。具体预测的计算方法如表1-1所示。

表1-1 销售人员意见汇总法

销售人员	预测项目	销售量	出现概率	销售量×概率
甲	最高销售量	1 000	0.3	300
	最可能的销售量	800	0.5	400
	最低销售量	500	0.2	100
	期望值			800
乙	最高销售量	1 000	0.2	200
	最可能的销售量	700	0.5	350
	最低销售量	400	0.3	120
	期望值			670
丙	最高销售量	900	0.2	180
	最可能的销售量	600	0.6	360
	最低销售量	400	0.2	80
	期望值			620

如果企业对三位销售人员的意见的信赖程度一样，那么平均预测值为：

$$\frac{800+670+620}{3}=696.7(\text{单位})$$

这种预测方法的优点是：①简单明了，比较容易实施。②销售人员经常接触购买者，对购买者的意向有较全面深刻的了解，对市场比其他人有更敏锐的洞察力，得到的预测值可靠性较高，风险较小。③适用范围广，无论是大型企业还是中小型企业，无论是工业品经营还是农产品经营，都可以应用。④销售人员直接参与企业预测，对上级下达的销售定额目标有较大的信心去完成。⑤可以获得按产品、区域、客户或销售人员划分的各种销售量预测值。

但是，这种预测方法也有一些缺点：①销售人员可能对宏观经济形势及企业的总体规划缺乏了解。②销售人员受知识、能力或兴趣的影响，判断可能会有某种偏差，有时受情绪的影响，可能过于乐观或过于悲观。③有些销售人员为了超额完成下年度的销售定额指标，获得奖励或晋升的机会，可能会故意压低预测数字。

这种方法虽然有一些不足之处，但还是被企业经常运用，因为销售人员过高或过低的预测偏差会相互抵消，预测总值仍可能比较理想。另外，有些预测偏差可以预先识别并及时得到纠正。

(3) 购买者意见调查法。这种预测方法是通过询问消费者的潜在需求或未来购买商品的计划，了解消费者购买商品活动的变化及特征等，然后在收集消费者意见的基础上，分析市场变化，预测未来市场需求。

运用这种方法不仅发挥了预测组织人员的积极性，而且征询了消费者的意见，使预测的客观程度大大提高。这种方法主要用于预测市场需求情况和企业商品销售情况。

这种预测方法有多种形式，如可以在商品销售现场直接向消费者询问商品需求情况，了解他们准备购买商品的数量、时间，某类商品需求占总需求的比重等；也可以通过电话询问、邮寄调查意见表等途径，提出问题请消费者回答，将回收的意见进行整理、分类和汇总，再按照典型情况推算整个市场未来需求的趋势；还可以采取直接访问的方式，到居民区或单位询问用户对商品的需求、近期购买商品的计划以及购买商品的数量、规格等。具体采用何种调查方式，要依调查对象的数量而定。如果调查对象数量较少，可以采用发征询意见表的方式进行全面调查；如果调查对象数量较多，可以采用随机抽样或选取典型的方式进行调查。

在预测实践中，这种方法常用于产业用品、中高档耐用消费品的销售预测。在调查预测时，应注意取得被调查者的合作，要创造条件打消调查对象的疑虑，使其能够真实地反映商品需求情况。要使这种调查预测比较有效，必须具备两个条件：一是购买者的意向明确清晰；二是购买意向真实可靠。

这种预测方法一般准确率较高，但如需预测两年以上的需求量，其可靠程度比短期预测要低。因为时间长，市场变化的可能性大，消费者不一定对商品购买计划作出长期安排，所以，可将预测结果与采用其他方法预测的结果对比，并进行修正，使预测更精确。

2. 定量预测方法

(1) 时间序列分析法。时间序列是指一系列统计数据按时间先后顺序排列而成的数列。时间序列分析法就是将经济发展、购买力增长、销售量变化等同一变量的一组观察值，按时间顺序加以排列，构成统计值的时间序列，然后运用一定的数学方法将其向外延伸，预计市场未来的发展变化趋势，确定市场预测值。时间序列分析法也叫历史延伸法或外推法。

运用时间序列分析法进行预测，必须以准确、完整的时间序列数据为前提。为了让时间序列中的各个数值正确地反映所研究预测对象的发展规律，各数值间具有可比性，编制时间序列要做到：总体范围一致；时间单位长短一致；统计数据的计算方法和计量单位一致。

市场的时间序列中，每个观察值的大小实际上是影响市场变化的各种因素在既定时刻发生作用的综合结果。从这些影响因素发生作用的大小和方向变化的时间特性来看，这些因素造成的时间序列数据的变动可分为以下四种类型。

①长期趋势变动（T）。它表示时间序列中数据的变动不是意外的冲击因素引起的，而是随着时间的推移逐渐发生的。它描述了一定时期经济关系或市场活动中持续的潜在稳定性，即反映观察目标（预测目标）的基本增长趋向、基本下降趋向或平稳发展趋向的模式。

②季节性变动（S）。季节性变动归因于一年内的特殊季节和节假日。它反映了在一年中经济活动和市场活动或多或少具有规律性的变化。例如，我国每年春节所在的月份，商品零售额达到最大值；冷饮销售最高峰出现在每年夏季。也就是说，季节性变动基本上是每年重复出现的周期性变动。

③周期性变动（C）。周期性变动也称循环变动，表现为整个市场经济活动水平的周期性但非定期的变动。由于竞争，市场会出现一个扩张期，紧接着是一个收缩期，接下来又是一个扩张期，这种变化通常会在同一时期内影响到大多数经济部门，如住宅建筑、汽车业的发展。此外，在时间序列中，周期性变动也可能是由于货币政策和政府政策的改变。

④不规则变动（I）。不规则变动也称随机变动，是指时间序列数据在短期内由于随机事件而引起的忽大忽小的变动，例如，战争、自然灾害、政治的或社会的动乱等所导致的不规则变动。

在上述各类影响因素的作用下，历史的时间序列数据的变化，有的具有规律性，如长期趋势变动和季节性变动；有的则没有规律性，如不规则变动（偶然变动）；还有的是周期性变动（从较长时间来观察有一定的规律性，但短期内的变动又是不规律的）。时间序列分析法就是运用统计方法和数学方法，把时间序列数据作为随机变量 X_j（$j=1, 2, \cdots, n$）分解为 T，S，C，I 四种变动值，也就是说，T，S，C，I 四种变动的综合作用构成时间序列 X。这种综合作用一般有以下两种计算方式：

①乘法模型方式，即

$$X=T\times S\times C\times I$$

②加法模型方式，即

$$X=T+S+C+I$$

一般情况下，按乘法模型方式或加法模型方式求得的预测值只是基于过去历史发展规律的结果。由于尚未找到一种定量分析方法来精确分析周期性变动和不规则变动，而只能通过定性分析来估计，对季节性变动和长期趋势变动进行调整，因此，实践中将时间序列分析法定量预测的乘法模型方式和加法模型方式分别采用简化形式，即

$$X=T\times S$$

$$X=T+S$$

运用时间序列分析法进行市场预测，首先，应绘制历史数据曲线图，确定其趋势变动类型；其次，根据历史资料的趋势变动类型以及预测的目的与期限，选定具体的预测方法，并进行模拟、运算；最后，将量的分析与质的分析相结合，确定市场未来发展趋势的预测值。

（2）回归和相关分析法。事物之间往往存在直接或间接的因果关系，同样，销售量亦随某种变量的变化而变化。当销售量与时间之外的其他事物存在相关性时，回归和相关分析法对于销售预测是非常有用的。

相关分析法在决定销售量是否与某一或某些变量相关时是有用的，这种关系的程度可以用相关系数（r）来衡量。

例如，人口数一旦增加，社会商品零售额必然增加；汽车数量一旦增加，轮胎的销售量也会随之增加……相关分析正是依靠掌握与销售量（或需求量）之间存在重要因果关系的某种变量，通过统计方法寻求二者间的关系，并据此计算未来预测值的方法。此种预测方法与回归分析法相同。

相关系数的值域为$-1\sim+1$，符号表示销售量与另一变量之间关系的方向，具体数值表示相关程度。负的相关系数表示销售量与另一变量呈反方向变动。例如，如果分析新房地产项目开工数与利率的关系，那么将得到负的相关系数，即当利率上升时，新房地产项目开工数会下降。正的相关系数表示两个变量呈同方向变动。例如，当收入上升时，家具的购买量将会增加，因此，这两个变量之间有正的相关系数。

相关关系的强度是用相关系数的值来表示的，计算出的相关系数越接近 1，表示变量之间的相关关系越强；相关系数为 0，表示两个变量之间没有相关关系。

回归分析试图判断在因变量（销售量）和一个或多个自变量之间是否存在某种偶然的关系，如果发现了某种关系，那么，因变量的值可以根据自变量的特定值来加以预测。回归分析有多种形式，最简单的是线性回归。在这里，自变量（x）与因变量（y）的关系被假定为线性关系。

与相关分析法一样，回归分析法也是强有力的预测方法，但要注意确保潜在的关系正在起作用，且这种关系将在整个预测期内持续。

一般而言，相关分析法多用于行业需求量的预测，也可用于业界销售量的预测，但是，如果发现企业对市场缺乏影响力，就必须以时间序列分析法为主体来预测销售量。因此，欲知整个行业（包括大型企业和小型企业）需求量的预测值，宜同时运用时间序列分析法与回归和相关分析法。

延伸阅读

基于大数据的销售预测分析

在销售预测中应用大数据技术，核心在于结合地区经济发展水平及销售行业特点建立相应的销售预测分析模型。建立销售预测分析模型的方法主要有：移动平均法、线性回归法及指数平滑法。

（1）移动平均法。该方法采用移动平均的办法对系统本身的数据进行挖掘，把企业早几年的数据进行移动平均，$Y=Y_1+Y_2+Y_3$，其中 Y 表示当年需要预测的数据，Y_1 表示相距 1 年的数据，Y_2 表示相距 2 年的数据，Y_3 表示相距 3 年的数据。然后用距当年比较近的几年的数据进行验证，如果验证的误差在 10%范围内，则认为预测结果是可以接受的。系统会自动停止下一步操作，自动进行预测。

（2）线性回归法。主要步骤包括：①用层次分析法确定需要预测的因变量和自变量之间的关系。②收集一组包含因变量和自变量的数据，比如企业的原始数据。③建立线性回归模型。④利用所建立的模型计算出结果，并对结果进行验证。如果与原始数据误差较小，则得出结果，如果与原始数据误差较大，则可采用其他的预测方法。

（3）指数平滑法。指数平滑法是在移动平均法的基础上发展起来的一种时间序列分析预测法，它是通过计算指数平滑值，配合一定的时间序列预测模型对现象的未来进行预测。其原理是任一期的指数平滑值都是本期实际观察值与前一期指数平滑值的加权平均。

如果上述模型都不适用，那便根据企业具体的需要去建立新的模型。

资料来源：付东炜．浅析独立学院营销专业——基于大数据的销售预测分析．发现（教育版），2016（5）.

销售预测的流程

销售预测的流程主要包括确定预测目标、初步预测、依据可控和不可控因素调整预测、比较预测和目标、检查和评价等步骤。

第一步，确定预测目标。需要明确以下内容：（1）预测的目的是什么？（2）预测目标将如何使用？（3）预测目标是否用于计划新市场的开发？（4）预测目标是否用于个人销售定额的设定？

第二步，初步预测。即初步预测未来的销售量。

第三步，依据内部可控因素调整预测。需要明确以下内容：（1）与过去相比，预测期内的工作将有何变化？（2）整个营销战略是否会改变？（3）有无新产品推出？（4）价格策略是什么？（5）促销费用如何安排？（6）销售渠道有无变化？等等。

第四步，依据外部不可控因素调整预测。需要明确以下内容：（1）一般经济条件是改善了还是恶化了？（2）是否有重要的竞争对手加入？（3）竞争对手的营销策略有何动向？

第五步，比较预测和目标。需要明确以下内容：（1）预测和目标是否一致？（2）当预测不能满足目标时，是降低目标值，还是进一步采取措施实现原来的目标？

第六步，检查和评价。（1）销售预测不是固定不变的，随着市场及企业内外部环境的变化，要么调整企业的目标，要么采取措施实现销售目标。（2）必须有反馈机制，使一些重大的变化能够在销售预测和决策中反映出来。

提高预测准确度的措施

预测差异是不可避免的，无论工作人员多么努力，预测值与实际销售量之间都会存在差异。如果预测值小于实际销售量，就可能满足不了客户需求，造成客户服务效果较差或需付出相当高的成本来满足客户需求；如果预测值大于实际销售量，就会造成产品积压，导致资源浪费。

既然预测差异必然存在，那么关键就是如何消除或尽量减少预测差异带来的影响。虽然预测零差异在现实中很难实现，但有很多措施可以减少预测差异，提高预测的准确度。

1. 选择合适的预测方法

对一些产品和市场而言，某些预测方法要优于其他方法。是否选用了最合适的方法直接关系到预测的准确度。例如，对于产业市场而言，客户比较集中，可以让销售人员广泛深入地参与产品的销售预测工作，因为他们清楚客户的所有变化。而对于消费者市场而言，由于客户多且分散，销售人员不可能深入了解所有客户。在这种情况下，企业可以主要依靠模型和趋势分析来进行预测，而销售人员的主要工作就是提供和核对分析所用的信息。在选择预测方法时，决策的逻辑性非常重要，另外，企业要根据自己的实际情况来确定预测方法。

2. 适时调整计划

预测的错误来自两个方面：有些预测超过实际需求，而有些预测小于实际需求。计划体系往往只反映超出实际需求的预测信息，而一个好的计划体系也要同时反映小于实际需求的预测信息。只有计划体系同时对两个方面作出反应，执行人员才有机会及时处理。

3. 制定应急预案

许多客户的需求在最后一刻发生变化，企业往往措手不及。一种比较好的办法是制定应急预案并预留一部分能力来处理应急事务。

4. 增强响应能力

一些企业以交叉培训、建立小型工作单元、产品设计模块化或利用迅速切换型设备等方式来提高灵活性，这些都是在低成本情况下增强响应能力的措施。

5. 压缩运转周期

缩短响应时间便可缩短“预测屏蔽期”，快速对市场作出反应，使预测准确度得以提高。实行持续改进与准时制生产是缩短周期的正确方法，企业可以据此加快订单录入、采购、计划安排、制造、开票、发运的速度，以大幅降低成本，提高客户满意度。

6. 加强供应链管理

供应链由相关供应商、制造商、配送中心、批发商、零售商、消费者组成，每一级供应链链条都会产生下一级需求，客户将未来的需求通知制造商，制造商将制造计划通知其供应商。客户逐渐意识到，与供应商分享需求计划可以帮助供应商提高预测准确度。有了来自客户的更可靠的信息，供应商可以更有效地加强管理，不断改善对客户的服务，在客户与供应商之间建立起合作伙伴关系，相互信任、相互帮助，这必然会给双方带来回报。

延伸阅读

破解销售预测不准确的难题

要破解预测不准确的难题，有两种思路：第一种是通过销售预测数据和模型的优化提高预测准确率；第二种是优化预测管理流程，从流程执行角度尽量减少预测偏差。

第一种思路似乎是解决需求预测不准确问题的正道，但是企业在实际中很难通过模型和数据的优化提高预测准确率。原因在于：一是很多影响销售量的因素是不可预测的随机因素，例如，竞争对手降价，类似三聚氰胺等事件发生，这些因素是很难预测的。二是预测的方法有很多种，目前还没有明显的逻辑能够证明一种预测方法好于另外一种方法，企业很难通过穷举法找到最佳的预测模型，企业也无法保证选择某种方法一定能够提高预测准确率。三是各种模型都需要很完备的数据，但企业能够收集到的数据实际上是不完备的。

要有效应对预测不准确的难题，应选择第二种思路。预测流程的优化通常可以从以下四招入手，非常有效。

第一招：提高预测频率；

第二招：只在总部预测；

第三招：不要考核预测准确率；

第四招：只对主销品种预测。

资料来源：刘晓敏，邓为民．破解销售预测不准确的难题．企业管理，2015（10）：102－103.

1.3 销售定额

销售定额是分配给销售人员在一定时期内要完成的销售任务，是销售人员需努力实现的销售目标。

销售定额是销售经理计划销售工作的最有力的措施之一，有助于销售经理规划每个计划期的销售量及利润，安排销售人员的工作。销售定额可以作为衡量销售人员、销售小组或整个销售区域任务完成状况的一把尺子，运用得当，可以有效地激励每个销售人员更好地完成任务。总之，销售定额的设置有利于销售经理及销售人员有效地计划、控制、实施销售活动，以实现整个企业的销售目标。

销售定额的类型

企业使用的销售定额通常有四类：销售量定额、财务定额、销售活动定额、综合定额。任何一项具体的销售工作都可以选择与工作密切相关的定额。

1. 销售量定额

销售量定额是最常用、最重要的定额，一般用销售额表示，较少用销售量单位数表示。这是因为前者是衡量生产活动的常用指标，而且容易为销售人员和管理者所理解。

最容易、最经常使用的设置销售量定额的方法是：以某地区过去的销售量为基础，以市场应该增长的百分比来确定当年的定额。如果当年期望的市场增长率为 10%，每个销售人员的定额就是在上年定额的基础上增加 10%，即为上年定额的 110%。

销售经理在设置销售量定额时必须考虑以下因素：

(1) 区域内总的市场状况。

(2) 竞争者的地位。

(3) 现有市场占有率。

(4) 市场开发的难度（一般取决于该市场销售人员的主观评价）。

(5) 该区域过去的业绩。对过去的数据进行调整以适合人员、区域及企业政策的要求。

(6) 新产品推出的效果、价格调整及预期的经济条件。

2. 财务定额

财务定额强调企业应更重视利润而不是销售量。财务定额有助于改变销售人员不顾利润而尽可能多推销产品的倾向。如果销售人员在盈利少、容易卖的产品上花费太多的时间和精力，就会大大降低企业的盈利能力。例如，销售人员往往乐于把精力花在易销售的产品和老客户身上，但是，这些产品和客户往往利润率很低，其费用与那些难销的产品或新客户却是一样的。因此，财务定额可以激励销售人员开发更有效益的客户，销售更有效益的产品。财务定额主要包括以下三种：

(1) 费用定额。提高利润率的关键在于对销售费用的控制。费用定额总是与销售量定额一起使用，其目的是控制销售人员的费用水平。费用定额通常用销售量的百分比表示。

在设置费用定额时一定要注意：一方面，设置费用定额是为了控制过多的费用，而销售人员往往高估他们的费用；另一方面，销售经理必须保证销售人员有足够的资源来有效地满足客户的需要。俗话说："要想多赚钱就要多花钱。"如果一个销售人员每月有3 000元的费用预算，应尽量在销售活动中花掉。如果他的花费少于这个数字并不一定是好现象，节省费用可能导致销售机会丧失。因此，对费用的控制应该适度。

销售经理通常希望通过经济手段激励销售人员控制费用。费用定额和销售定额都可以与薪酬计划联系起来，销售津贴则可以付给那些费用水平保持稳定的销售人员。

用销售额百分比法设置销售费用定额也存在一些问题，因为费用并不总是随销售额的改变而改变。

（2）毛利定额。若企业的产品种类多，实现的利润不同，就可以采用毛利定额。有时，企业用这些指标来替代销售量定额，强调利润、毛利额的重要性。

毛利定额有助于说明销售任务的完成状况。比如销售人员甲完成销售额50万元，销售人员乙完成了40万元，仅从销售额来看，甲完成得比较好。但甲的费用为10万元，乙的费用为7万元，从毛利来看，乙的毛利高，业绩要好一些。

设置毛利定额，还可以促使销售人员努力提高毛利。然而，毛利是很难控制的，因为销售人员通常不负责产品定价，无法控制生产成本，在这种情况下，销售人员无法完全对销售毛利负责。有些企业对销售人员公开生产费用信息，并通过一定的方式让销售人员随时了解费用状况。

（3）利润定额。很多经理认为利润定额是体现目标的最好形式。利润等于毛利减去费用，利润定额与管理的基本目标直接相连。

利润定额也有一些缺点，如销售人员无法控制影响利润的因素，因此无法完全对自己的业绩负责，以利润为指标评价销售人员的工作是不公平的；合理地计算销售人员对利润的贡献往往非常困难。销售人员的利润取决于所售出的产品、每种产品的毛利、销售这些产品所花的费用，这些项目的计算需要大量资料，而且取得这些资料需要大量的时间，因此，在这种情况下很难控制业绩。

3. 销售活动定额

有些销售工作不是完全能以销售业绩来衡量的，利用销售活动定额可以避免对销售额的过分依赖。在设置合适的销售活动定额时，销售经理必须首先决定销售人员的最重要的活动，这些活动主要包括：

（1）日常性拜访。

（2）吸引新客户，获得新客户的订单。

（3）产品展示。

（4）宣传企业及产品。

（5）为消费者提供服务、帮助和建议。

（6）培养新的销售人员。

设立和控制恰当的活动指标可以促进销售工作，这种指标对销售人员特别有用。建立销售活动定额可以让销售人员对自己的日常活动和活动路线作出更好的计划，从而更加有效地利用时间。销售活动定额也便于销售经理控制销售人员的时间使用，合理安排他们在不同销售活动中的工作。

使用销售活动定额时也会遇到一些问题，如员工人数多，信息必须从销售人员报告中获得，而销售人员在使用这些报告时可能重数量而轻质量。另外，由于设置销售活动定额无法直接实现销售收入，因此很难对销售人员产生激励作用。通常情况下，销售活动定额与销售量定额一起使用并配以一定的津贴奖励，可以提高销售人员的积极性，促使其有效地完成销售活动定额。

4. 综合定额

综合定额是对销售量定额、财务定额、销售活动定额加以综合而得出的定额。综合定额以多项指标为基础，因此更加合理。综合定额的设置远比销售目标的设置复杂，因为要用到权重这个概念。权重表示对管理者而言各定额的重要性。

在销售经理讨论销售人员的业绩时，综合定额可以全面地反映销售工作的状况。表1-2给出了一个例子：销售经理赋予销售额、利润和新客户的权重分别是50，30，20，总和是100。两位销售人员在销售额上的表现相当，但是，王刚在利润和新客户这两项指标上表现比较突出，因此以81分的成绩超过黎明（76分）。

表1-2　　销售人员综合定额表

项目	定额（元）	实际完成（元）	完成率（%）	权重	定额完成率×权重
销售人员：黎明					
销售额	200 000	180 000	90	50	45
利润	100 000	70 000	70	30	21
新客户	20	10	50	20	10
合计					76
销售人员：王刚					
销售额	300 000	270 000	90	50	45
利润	150 000	120 000	80	30	24
新客户	25	15	60	20	12
合计					81

得分：黎明——76分
　　　王刚——81分

确定销售定额的方法

在所有销售定额中，销售量定额应用最广泛。在此，我们主要讨论确定销售量定额的方法，其他定额的确定方法基本相同。总体来说，确定销售量定额主要有以下几种方法。

1. 根据区域销售潜力确定

销售潜力是企业期望在特定区域内取得的销售额在行业预计总销售额中所占的比

重。对很多企业而言，销售预测常常是各个区域的估计值加总得到的结果。比如，假设区域 A 的销售潜力是 100 万元，或者占企业总潜力的 10%，那么，管理层就可以将此数额作为指标分配给该区域的销售人员。所有销售区域销售指标的总和应该等于企业的销售潜力。

但是，在有些情况下，企业不可能直接把销售潜力作为指标分配给销售人员，需要进行调整。

首先，对于年龄较大且在企业工作很长时间的销售人员，或者刚刚加入企业的新的销售人员，分配给他们的定额应该小于销售潜力，这样可以让他们更好地适应周围的环境，树立自信心，保持高昂的士气。

其次，对大部分销售人员而言，管理层下达的定额应该略高于区域的销售潜力，而且通过有效的工作很可能实现。这样可以激发销售人员的积极性，鼓励他们努力开拓市场，创造奇迹。但是，定额也不能定得太高，如果高出销售潜力太多，销售人员会感到泄气甚至绝望，根本不愿意付出更大努力。

2. 根据往年销售业绩确定

在过去一定时期销售量的基础上，管理层依据主观判断的增长比例来确定销售人员的销售量定额。这种方法的优点是计算简便、成本低廉。如果企业使用这种方法，至少应该用前几年的平均销售量，而不是以上一年的销售量作为定额设置的基础。如果仅以一年的销售量为基础，偶发事件或者突发事件将会对销售量定额产生很大的影响。

此外，仅依靠往年销售业绩确定销售量定额有一定的局限，因为销售区域的销售潜力会发生变化，比如经济衰退、消费者观念发生变化、新的竞争对手加入等都可能带来影响。所以，应该在以往经验的基础上，多考虑区域市场可能发生的变化。

3. 根据经理人员的判断确定

有些经理简单地以企业的销售预测为基数，如企业预测的结果是提高 5%的销售量，则要求每一个员工的销售量都增长 5%。这种方法虽然简单、费用低、易管理、易理解，但是忽略了地域状况及销售人员的能力差别。例如，有的新建区域尽管销售量小，但其销售增长率比一些成熟的销售区域的销售增长率大得多，因此新的销售区域要提高 5%的销售量往往很容易，成熟的销售区域要提高 5%的销售量则很困难。

使用这种方法隐含着这样的假设：前期设置的销售定额是完全合理的。但实际上，前期的定额可能过高或过低。用这种方法设置定额可能影响士气，销售人员会认为定额不公平合理，甚至会隐瞒订单，把它放到下一个销售期。

另外，在制定销售量定额时一定要考虑区域的销售潜力。销售潜力可以反映企业销售额的成长机会，但销售潜力的预测费用高、时间长，并且具有主观性。

4. 根据奖惩制衡机制确定

这种方法是在充分尊重销售部门意见的前提下，由公司设定一个权重，利用奖惩机制确定下一年度各部门的销售定额。用公式表示如下：

部门的销售定额＝公司要求数 $D\times$（1－系数 W）＋部门自报数 $S\times$ 系数 W

也就是说，各部门在确定销售定额指标中有 $W\%$的发言权。

如表 1－3 所示，销售部门利用以上公式计算了五种自报数下的结果，以确定哪个自报数对自己最有利。部门在确定销售定额指标中有 80%的发言权，即 $W=0.8$。

表 1－3　　根据奖惩制衡机制确定销售定额表　　单位：万元

项目	方案一	方案二	方案三	方案四	方案五
销售部门自报数 S	200	300	400	500	600
公司要求数 D	0	0	0	0	0
合同销售定额数 $C=0.8S+0.2D$	160	240	320	400	480
部门实际完成销售额 A	500	500	500	500	500
年终销售超合同数＝$A-C$	340	260	180	100	20
超额奖励＝$(A-C)\times100\%$	340	260	180	100	20
少报罚款＝$(S-A)\times90\%$	－270	－180	－90	0	0
净奖励＝超额奖励＋少报罚款	70	80	90	100	20

这种方法是解决公司与各部门信息不对称问题的简单有效的方法。通过设立少报受罚的机制，使各部门自报数 S 为通过努力能够实际完成的最大数 A。

分配销售定额的方法

确定总的销售定额后应进行具体分配，以便执行落实，确保销售定额的完成。分配销售定额的方法主要有以下几种。

1. 时间别分配法

它是指将年度目标销售额平均分配到一年的 12 个月或 4 个季度中。这种方法的缺点在于忽略了销售人员所在地区的大小以及客户的多寡，只注重目标销售额的完成，因而无法调动销售人员的积极性。其优点在于简单易行，容易操作，许多企业比较喜欢采取这种方法。如果能将时间别分配法与产品别分配法、地区别分配法和客户别分配法结合起来，效果会更好。

2. 部门别分配法

它是指以某一营业单位为目标来分配目标销售额。这种方法的优点在于强调销售单位的团结合作，能够利用销售单位的整体力量来实现目标销售额；缺点在于过于重视单位目标的达成，忽略了销售人员个人的存在。因此，当企业将目标销售额分配到各个销售单位时，应该考虑这个单位所辖地区的特性，例如，销售区域的大小、市场的成长性、竞争对手的情况、潜在客户的多寡等。

3. 地区别分配法

它是指根据销售人员所在地区的大小与客户的购买能力来分配目标销售额。这种方法的优点在于可以对区域市场进行充分的挖掘，使产品在当地市场的占有率逐渐提高，因此比较容易为销售人员所接受。其缺点在于很难判断某地区所需商品的实际数量，以及该地区潜在的消费能力。所以，在分配目标销售额时，必须考虑各个地区的经济发展水平、人口数量、生活水平、消费习惯等因素。

4. 产品别分配法

它是指根据销售人员销售的产品类别来分配目标销售额。采用这种方法的前提是：培育尽可能多的忠诚客户。如果消费者经常改变消费需求，变换所消费的产品，就很难判断某种产品的消费者大体上有多少人，产品别分配法也就失去了意义。所以，必须进行市场调查，及时准确地了解消费者需求的变动情况，从而采取一系列措施来满足消费者的需求，形成一大批品牌忠诚消费者。这样，产品别分配法也就有据可依了。

5. 客户别分配法

它是指根据销售人员所面对的客户的特点和数量来分配目标销售额。这种方法充分体现了以客户为导向的思想，可以使销售人员把重点放在客户身上，有利于客户的深度开发和忠诚客户的培育。但是，该方法会使销售人员为了业绩而只注重老客户的维护，却忽视新客户和准客户的开发。

6. 人员别分配法

它是指根据销售人员能力的大小来分配目标销售额。这样做有利于激励能力强的销售人员继续努力，鼓励能力较差的销售人员提高销售能力，但是，也容易使销售人员队伍产生等级之分，使能力强的销售人员产生自满情绪，能力不够的销售人员产生自卑感，从而产生内部矛盾。

在实践中，应该尽量将两种或两种以上的方法结合起来使用，以便扬长避短、优势互补。

延伸阅读

如何确定区域销售定额

如何才能确定公正、合理、兼具挑战性和鼓励性的销售定额呢？企业通常以区域为基础来确定各区域的目标销售量，再把区域目标销售量分解到个人，所以，确定区域销售定额十分关键。通常，确定不同销售区域销售定额的方法有三种：目标市场占有率法、销售构成比法、市场指数法。

1. 目标市场占有率法

这是以目标市场占有率为基础的一种计算方法，具体步骤如下（可以参考表 1-4 中的数据来理解）：

表 1-4　根据目标市场占有率确定定额指数

区域	市场需求构成比 A	目标市场占有率 B	区域实际占有率 C	区域定额指数 E
甲	50%	25%	12.5%	61%
乙	30%	20%	6.0%	29%
丙	20%	10%	2.0%	10%
合计	100%	55%	55.0%	100%

● 确定各区域市场需求构成比（*A*——各区域市场容量占行业市场总量的百分比）、目标市场占有率（*B*——本企业在该区域市场上的目标占有率）、区域实际占有率（$C=A\times B$）。

● 求出不同区域市场需求构成比（*A*）与目标市场占有率（*B*）的乘积，即可得到区域实际占有率（*C*）。

● 把各区域实际占有率（*C*）相加即可得到企业实际占有率（*D*）（本例中的企业实际占有率为 20.5%），以企业实际占有率（*D*）为分母、区域实际占有率（*C*）为分子，即可算出各区域市场定额指数（*E*）。

● 各区域市场定额指数（*E*）求出后，就可以此为基准把目标销售额或销售量按区域进行分解。比如，如果目标销售额为 1 000 万元，则甲区域的目标销售额＝1 000×61%＝610 万元。

2. 销售构成比法

这是根据各区域几年来销售构成比的变化趋势来推测下一年度各区域的销售构成比，并以此百分数为基准将目标销售额分解到各区域的一种分配法。这是企业实际中最常用的一种方法，但这种方法尽管考虑了历史及变化趋势，仍有很大的主观性，对销售经理的经验要求较高（可以参考表 1-5）。

表 1-5　销售构成比法

区域	销售构成比（%）					销售构成比趋势（%）
	2001 年	2002 年	2003 年	2004 年	2005 年	2006 年
甲	30	31	29	30	28	29
乙	50	45	40	35	30	24
丙	20	24	31	35	42	47
合计	100	100	100	100	100	100

按照表 1-5 中的数据，如果企业 2006 年全年的目标销售额为 1 000 万元，则甲区域的目标销售额为 290 万元，乙区域的目标销售额为 240 万元，丙区域的目标销售额为 470 万元。

3. 市场指数法

这是以各区域市场因素为基础来计算市场指数，从而确定分配额度的一种方法。常见的区域市场因素包括常住人口、工资收入、区域零售额等。市场指数法是一种比较理想的分配法，可以细分为单一因素法和组合因素法。

单一因素法是以单一市场因素为基准来计算市场指数的方法，相对简单。例如，如果只选择人口数量这一市场因素，则各区域的市场指数就是各区域市场的人口数量占所有区域市场人口总数的百分比。

组合因素法是通过多个市场因素的组合来计算区域市场指数的一种方法，相对复杂。多种市场因素举例如表 1-6 所示。

表 1-6　组合因素法

区域＼因素	人口数量（人）	工资水平（元）	零售店销售额（元）
甲	7 800	3 900	4 600
乙	3 900	1 250	1 800
丙	3 300	1 350	1 600
合计	15 000	6 500	8 000

具体来说，组合因素法又包括评分法和构成比法。

评分法的基本步骤如下：

（1）求出各因素的平均值。

（2）求出各区域因素占该因素平均值的百分比。

（3）算出不同区域各因素百分比的合计，然后对各区域的合计值求总和。

（4）各区域合计的百分比值与总计百分比值之比即为各区域的市场指数。

比如，甲区域的市场指数=(509÷901)×100%=56.5%（如表 1-7 所示）。

表 1-7　评分法计算表

区域＼因素	人口		工资		零售店销售额		合计（%）
	实数	%	实数	%	实数	%	
甲	7 800	156	3 900	180	4 600	173	509
乙	3 900	78	1 250	58	1 800	68	204
丙	3 300	66	1 350	62	1 600	60	188
平均	5 000		2 166		2 666		总计 901

构成比法的基本步骤如下：

（1）求出各因素的不同区域的构成比。

（2）将上一步求出的值乘以各因素的权数。

（3）将第二步求出的值按不同区域进行加总，并算出不同区域占该加总的百分比，即可得到市场指数（定额指数）。

资料来源：如何确定区域销售定额？. 中国营销传播网，http：//www.globrand.com/2006/57512.shtml.

1.4　销售预算

编制销售预算和监控实际的预算支出是销售经理的主要职责之一。销售预算是一种为了达到预计的销售水平而分配资源和销售努力的销售财务计划。

许多销售经理相信，企业的利润问题可以在销售量中找到答案，销售量增加，利润也会随之增加。但在当今市场竞争激烈的环境中，销售经理除要考虑销售量的增长外，还必须考虑实现增长的成本。销售预算是对获得未来销售量所需成本的财务计划。这种计划的基础是销售预测。销售额扣除为达到销售额所花的所有成本费用后就是企业的利润。

编制销售预算的流程

不同组织的预算流程和方式可能差别很大。有的单位采取自下而上的方式，有专门的预算部门协助高层管理者审批下级各部门的预算方案；有的单位则采取自上而下的方式，高层管理者先有预算的总设想，再向下级提出预算要求，便于下级在制定预算草案时了解预算的可行性。

这两种方法各有利弊，在实践中往往结合起来运用。具体流程如下。

1. 根据销售目标确定销售工作范围

销售经理应该根据已经制定的销售目标，确定为了达到既定的销售目标可以采取哪些措施。比如，确定潜在客户及其需求，设计产品，生产产品并为产品定价，通过各种方式与客户沟通，招聘、培训销售人员，等等。另外，必须开发具有销售管理潜能的人才。企业的核心销售人员如销售经理和销售明星不会在短期内变得成熟，必须花较长的时间和较多的费用来培训和培养。

2. 确定固定成本与变动成本项目

在销售额的一定范围内，不随销售额增减而变化的成本称为固定成本，随销售额增减而同步变化的成本称为变动成本。

主要的固定成本包括销售经理和销售人员的工资、办公费用、培训师的支出、例行的展销费用、保险费、固定税收、固定交通费用、固定娱乐费用、折旧费等。

变动成本通常包括提成和奖金、邮寄费、运输费、部分税收（增值税）、交通费、广告费和销售促进费等。

3. 进行量本利分析

区域销售经理在了解年度销售目标和利润目标后，必须保持对达到目标的过程的控制，这种控制最好按月进行。量本利分析法是一种有效的分析方法。

盈亏平衡点（break even point，BEP）是量本利分析法中最重要的概念。它指能使收入弥补成本（包括固定成本和变动成本）的最低销售量。其计算公式如下：

$$BEP = FC/(P - VC)$$

式中，BEP 为盈亏平衡点；FC 为总固定成本；P 为单位产品售价；VC 为单位产品的变动成本。

通过调控变动成本和固定成本，就可控制它们对利润的影响。

4. 根据利润目标分析价格和费用的变化

根据上一步骤，销售经理现在需要知道各种行动对企业盈亏平衡点的影响。

当企业的价格、成本、销售量处于盈亏平衡点时，销售收入刚好弥补所有的成本费用，企业处于零利润的状态。这只是一种理论上存在的状态，很少有企业刚好处于这个点上，但有些企业接近这种状态，也可以认为是处于盈亏平衡点，以便于分析和管理。

如果销售经理想知道各种行动对利润的影响，可以尝试改变各种因素和成本的变化，看看其对盈亏平衡点和利润的影响。

5. 将预算提交企业最高管理层

进行量本利分析之后，销售经理要确定为达到最高管理层确定的销售额和利润目标所必需的成本费用。他应该知道各种变量的变化对利润的影响，还应该了解哪种变化是可行的。

6. 调控销售预算

从一定意义上讲，量本利分析是一种预测工具，因为它预示了成本费用变化对盈亏平衡点和利润的影响。这种方法同样可以用作评估和控制工具。当实际费用发生时，销售经理可以根据不同变量对目标的影响的重要性来分析偏差发生的原因，进行有针对性的调控。

确定销售预算的方法

销售经理在确定销售预算水平时，应根据企业的历史、产品的特点、营销组合的方式和市场的开发程度等多方面因素来确定采用何种方法。不同企业采用的预算方法各不相同，下面介绍几种常用的方法，销售经理可根据实际情况加以选择。

1. 销售百分比法

用这种方法确定销售预算时，最常见的做法是用上年的费用与销售额的百分比，结合当年的销售预测值来确定销售预算；另一种做法是对最近几年的费用与销售额的百分比进行加权平均，将结果作为当年的销售预算。这种做法往往忽视了企业的长期目标，不利于企业大胆开拓市场。例如，企业为增加销售额需要新增销售人员，但短期内这种决策的效果展现不出来，反而有可能增加费用，于是，为了不影响短期业绩，许多企业可能不增加销售人员。而从长期来看，增加人员可以增加销售量，提高市场占有率，有可能减少费用。有时只重视短期目标可能导致销售量下降→费用下降→销售量下降的恶性循环，因此还需要采用更灵活大胆的预算管理方法。

2. 标杆法

标杆法是以行业内主要竞争对手的销售费用为基础来确定自己的销售预算。同意用这种方法的销售经理都认为销售成果取决于竞争的实力，使用这种方法的前提是对行业及竞争对手有充分的了解。要做到这一点，需要及时得到有关行业及竞争对手的大量资料。但通常情况下，所得到的资料只能反映往年的市场及竞争水平状况。所以用这种方法分配销售预算有时不能达到超越竞争对手的目的。

3. 边际收益法

这里的边际收益指每增加一名销售人员所获得的效益。由于销售潜力是有限的，随着销售人员的增加，收益的增加量会越来越少，而每名销售人员的费用是大致不变的，因此存在这样一个点，在这个点上增加一名销售人员，其收益和费用趋于相同，继续增加销售人员，费用反而比收益要大。边际收益法要求销售人员的边际收益大于零。边际收益法也有一个很大的缺点，即在销售水平、竞争状况和市场其他因素变化的情况下，要确定销售人员的边际收益是很困难的。

4. 零基预算法

这种方法假定在一个预算期内每一项活动都从零开始。销售经理提出销售活动所必需的费用，并且对这次活动进行投入产出分析，优先选择对组织目标贡献大的活动。这样反复分析，直到把所有的活动按贡献大小排序，然后将费用按照这个序列进行分配。这种方法的缺点是：有时贡献小的项目可能得不到费用；需经过反复论证才能确定所需的预算。

5. 目标任务法

目标任务法是销售经理根据由预测确定的目标，确定实现目标必须完成的任务，并估计完成这些任务需要花费的成本，然后根据公司利润目标来审核这些成本是否合理。如果成本过高，销售经理就应该换一种实现目标的方式，或者调整最初的目标。重复这一过程，直到管理层对目标以及实现目标的方式感到满意为止。

目标任务法是一种非常有用的方法，可以有效地分配达成目标的任务。很多企业都采取目标任务法或目标任务法的演变形式。这种方法要求数据充分，因而管理工作量较大，但直观易懂。

6. 投入产出法

这种方法是对目标任务法的改进。目标任务法是指将一定时间内的费用与销售量相比较，但有时有些费用投入后，其效应在当期展现不出来，因此无法真实反映费用与销售额的比率。投入产出法不强调时间性，而是强调投入与产出的实际关系，一定程度上克服了目标任务法的缺点。

延伸阅读

如何编制有效的年度销售预算

从结构上分析，年度销售预算的编制有九个步骤。

第一步：依据企业当年的战略目标要求，分析企业面临的内外部环境，结合企业自身的资源提出销售计划的年度目标。

第二步：对企业进行 SWOT 分析，通过前期的资料分析和对比，明确企业的优势与劣势以及威胁与机会，知己知彼，找到建立在企业自身资源基础上的机会，形成企业的“阳光战略”。

第三步：依据对于各种环境的假设，设定当年的销售目标。销售目标有三个：首先是理想目标，该目标是企业在最理想的前提下发挥最大优势形成的理想状态下的销售目标；其次是适度目标，该目标是一般状态下可达到的销售目标；最后是保守的销售目标，该目标是假设情况最糟时企业所需完成的销售目标。

第四步：制定销售策略。该策略是销售计划的核心内容，主要原则是“因地制宜，一地一策”。销售无一定之规，只有适合市场的策略才是最正确的策略。

第五步：任务分解。将当年度的销售任务、费用指标和利润指标层层分解，使得每一名销售人员都对这三类指标负责。

第六步：建立销售组织和管控体系。

第七步：编制销售预算表。

第八步：客观评估销售预算，公正考核其内容。

第九步：确定销售预算的下一步规划。

资料来源：如何制定有效的年度营销预算．中国营销传播网，http：//www.emkt.com.cn/article/466/46634－2.html.

案例分析

碧桂园森林城市项目启动全球销售计划

接连遭遇巨大打击的碧桂园森林城市项目终于迎来了一个不错的消息。这个中国在海外最大的单体投资项目，在五一期间迎来了首批业主。

森林城市首批交付的是凤凰酒店 132 套公寓。这些公寓属于一期工程的一部分，整个一期工程包括住宅区、酒店和商业区，目前仍在建设中，预计 2019 年竣工。

根据碧桂园的规划，森林城市投资周期将长达 20 年，整体投资预计高达 1 000 亿美元。

碧桂园在宣传中称，首批业主入住后可享受酒店管家一站式服务，这些业主大部分来自中国内地和香港、马来西亚、新加坡以及加拿大等地。

截至2016年12月，森林城市已卖出15 000套房子，买家主要来自中国，但也包括美国、俄罗斯、英国、法国、澳大利亚、日本、印度尼西亚等23个国家的客户。他们因此戏称这个项目为“小联合国”。

碧桂园前期面向全球销售，已售部分有超过七成的客户来自中国内地。这些人大部分是碧桂园在国内的老业主，他们跟随杨老板一起参与了这个海外投资的大冒险。

从2017年4月开始，碧桂园要真正为这个项目在全球寻找买家了。由于可能涉及严格的外汇管制，森林城市已经完全停止在中国内地的销售计划，这对前期以内地客户为主的项目销售而言无疑是一个巨大打击。

碧桂园也因此开始更多地面向海外市场做销售宣传，将销售重点转向了中国香港、中国台湾、日本以及欧美等地，这个在宣传中一直强调是“新加坡旁”的项目，今后可能真的只能卖给新加坡旁的人了。

虽然打击巨大，但作为碧桂园的头号项目以及杨国强极力推进的海外战略重点，森林城市还得继续坚持下去，朝着他们理想中产城融合的目标迈进。

5月，森林城市二期规划中超过8平方千米的高尔夫组团将开工建设，共包含三个高尔夫球场、高星级酒店和低密度住宅，预计在年底投入使用。同时，碧桂园极力推动的产业进驻，也会进入招商引资的新阶段。

对碧桂园而言，这仍然是一个雄心勃勃的项目，它期望通过森林城市的实践，找到在其他发展中国家也能大规模复制的发展方式，将海外战略推进下去。

相比其他房地产企业将海外投资的重点放在欧美发达国家，碧桂园重点选择了发展中国家众多的东南亚市场，期望在这些市场能再现当初它在国内三四线城市的辉煌。

目前碧桂园在马来西亚已有包括森林城市在内的六个项目，在印度尼西亚的项目也在落地，在拥有世界第二多人口的印度已进驻了六座城市，接下来还会在东南亚的越南、泰国等地寻找机会。

如今海外投资已经成为碧桂园的三大业务板块之一，除了国内传统的房地产开发板块外，它们还确定了发展科技小镇的方向。这与森林城市有相似之处，即重点在于产城融合。碧桂园副总裁朱剑敏表示，它们所有的人才、资金、资源都在往这三个主要板块调配。

但对于包括森林城市、科技小镇在内往产城融合方向发展的战略，碧桂园仍处于前期探索阶段，它的所有业务支持来源仍然是国内的地产开发板块，在这方面，碧桂园正极力做到全国最大。

2017年前四个月，碧桂园的销售额已经达到2 041.6亿元，超越万科和恒大排名全国房地产企业第一。按照目前的节奏，这家公司很可能实现销售额的再次翻倍增长，达到6 000亿元。

碧桂园的野心也确实远比外界预期的大。虽然头号项目森林城市遭遇暂停国内销售的巨大挫折，但其今年的目标仍然是成为行业老大。

资料来源：碧桂园森林城市国内销售遇挫　启动全球销售计划．新浪财经网，http：//finance.

sina. com. cn/chanjing/gsnews/2017 - 05 - 10/doc-ifyeycte9365947. shtml.

讨论题

1. 碧桂园森林城市项目启动全球销售计划的原因是什么？
2. 碧桂园森林城市项目的销售计划如何完善？

重点名词

销售计划　销售预测　销售定额　销售预算

思考题

1. 制定销售计划的流程主要包括哪些？
2. 企业制定销售计划的依据是什么？
3. 销售预测的基本方法有哪几种？
4. 销售定额的类型有哪些？
5. 确定销售量定额的方法有哪些？
6. 分配销售定额的方法有哪些？
7. 编制销售预算的过程是怎样的？
8. 确定销售预算的方法有哪些？

实训练习

材料：2013 年 11 月 10 日，恒大集团宣布推出一款高端矿泉水产品——“恒大冰泉”长白山天然矿泉水。地产界大佬恒大吹响了多元化号角，计划 2014 年销售额达到 100 亿元，2016 年达到 300 亿元，一时间吸引了媒体和众多人的关注！但是这个出身豪门的产品，并没有取得预想中的辉煌业绩。

作为地产富豪的许家印进军快消行业，投入也是大手笔，一出手都是十亿级的，截至 2014 年底，恒大冰泉累计投入超过 55 亿元！客观地说，恒大冰泉有一定的优势。做水饮品，产地资源尤为可贵，企业一般都会占据有自然优势的区域，如雪山、天池、自然湖水等，因为人们一般认为好地方产好水。产地好意味着溢价，这使得依云强调水源地为阿尔卑斯雪山，农夫山泉强调水源地为千岛湖，昆仑山强调水源地为昆仑雪山。

当时市场上销售量最大的两个水饮品品牌是康师傅和农夫山泉，康师傅矿物质水售价为 1 元左右一瓶，农夫山泉售价为 1.5 元一瓶，而恒大冰泉的售价定在 3.8 元一瓶，几乎是同类产品的两倍以上。2015 年 9 月，恒大冰泉在广州宣布，对旗下所有产品降价，最高幅度达 50%。其中，主打产品 500ml 装从此前的每瓶 4 元调整为 2.5 元，降价近 4 成。此外，350ml、1.25L、4L 装产品全国零售价也分别从每瓶 3.8 元、6 元、25 元调整为 2.5 元、5 元和 12.5 元。2016 年 8 月 13 日，恒大冰泉第二次宣布全国范围降价，主打产品 500ml 装调价为 2 元/瓶。

我们在恒大冰泉投放的广告中看到，恒大的诉求变来变去，如果说早期空喊“恒大冰泉”对消费者吸引力有限，需要变化情有可原，而当恒大逐渐找到“长白山深层火山矿泉、世界三大黄金水源之一”的诉求时就有一定吸引力了，如果在消费者心中构建起独特的“世界三大黄金水源之一”的认知，并抢先将长白山卖点与产品相连，将能形成强大竞争力！但是很可惜，我们看到恒大冰泉的诉求一直在变。

恒大冰泉一开始在渠道上采取了大跃进式的运作方式，在初期曾一个月铺货 20 万个终端。管好渠道终端需要下笨功夫、苦功夫，不能铺完货就完事，客户关系、终端陈列、终端宣传等有很多精细工作要做。一个月铺货 20 万个终端，虽然数量惊人，但是质量能否保证就要打问号了。

2015 年恒大曾计划分拆恒大冰泉单独上市，根据当时普华永道的审计数据，恒大矿泉 2013 年、2014 年和 2015 年 1—5 月营收分别为 3 480.22 万元、9.68 亿元和 2.84 亿元，净利润分别为－5.52 亿元、－28.39 亿元和－5.55 亿元，累计亏损额高达 40 亿元。

2016 年 9 月 28 日，恒大宣布出售包括恒大冰泉在内的非主营业务（包括恒大冰泉、恒大粮油、恒大乳制品），总计 27 亿元，其中恒大冰泉售价 18 亿元。

资料来源：于建民．恒大冰泉卖掉了，18 亿！太可惜……，http：//www.sohu.com/a/115428103_457444.

练习：请结合实践分小组完成恒大冰泉的年度销售计划。

第2章
划分销售区域

本章要点

1. 销售组织的类型
2. 设计销售区域的原则和步骤
3. 销售区域开发的内容
4. 销售时间管理的方法
5. 销售费用控制的方法和步骤

引　例

以色列农业奇迹对区域市场开发的启示

以色列2.2万平方千米土地养育着650万人口，人口密度高达300人/平方千米。那里的自然环境恶劣，满眼望去都是黄沙，耕地面积只有20%，是世界上水资源最匮乏的国家之一。在人们看来，以色列农业发展面临极大的困境。然而，以色列就是在这样的困境下创造了农业奇迹。近10年来，其农业总产值年增长始终高于15%，以占总人口不到3%的农民生产农林产品供应全国。农业出口额在过去的50年里翻了12倍之多，被称为“欧洲的厨房”。

以色列在恶劣的条件下创造农业奇迹的关键在于以下几点。(1) 更加合理地选择作物：注重信息的收集、传播和反馈，以便运用最新的农业科研成果；利用互联网了解国际动态，使供需紧密结合。(2) 人为创造更多的耕地：成功地将大量沙漠改为农田。(3) 实现更高的亩产：科学、精确用药和施肥，达到配比最优。(4) 科技节水和造水：创造了世界领先的节水滴灌技术，对作物按需供水，使水利用效率最大化。

以色列面临的农业困境就如同区域市场开发者的苦恼，市场基础不好，潜力有限，资源不够用。既然以色列能够克服困境发展农业，那么我们也应该从这个案例中学习如何在恶劣的环境中使用合适的策略和方法，实现区域销售业绩的提升。

以色列实现更多的农业收益，就如同实现区域销售业绩提升；更加合理地选择作物，如同更加合理地选择产品；人为创造更多的耕地，如同开发更多的市场、渠道和门店；实现更高的亩产，如同实现更高的单店产出；科技节水和造水，如同要合理节约和充分利用资源。以色列人的这种意识和策略思考，是区域团队领导者必备的领导能力。

资料来源：区域销售策略制定方法．中国营销传播网，http：//www.emkt.com.cn/article/406/40660.html.

启示：区域市场的开发受到几个关键因素的共同影响：产品、市场、渠道、推广以及在这四个因素背后的团队建设。要制定有效的区域销售业绩提升策略，就要围绕最佳投入产出比（ROI）将这五个因素合理整合，对战略、人员和资源高效运用。

制定销售计划后，要实现销售目标，必须对整个目标市场进行深度耕耘，一般会将目标市场划分为若干销售区域。销售区域也称区域市场或销售辖区，指在一段给定时间内，分配给一个销售人员、一个销售分支机构或者一个中间商（批发商和零售商）的现实及潜在客户的总和。整个目标市场划分为若干销售区域，相应地，总的销售目标需要由销售区域来完成。本章主要介绍销售组织的建立、销售区域的设计与开发、销售时间管理及销售费用管理等内容。

2.1　销售组织的建立

耕耘市场必先建立销售组织，销售组织是实现企业销售目标的战斗堡垒。

确定销售队伍规模

销售队伍的规模是否恰当，直接影响企业的经济效益。销售人员过少，不利于企业开拓市场和争取最大的销售额；反之，销售人员过多，又会增加销售成本。所以，要做好产品销售，首先要合理确定销售人员的规模。

确定销售队伍规模的方法主要有销售百分比法、销售能力法和销售工作量法。

（1）销售百分比法。销售百分比法是指企业根据历史资料计算出销售队伍的各种耗费与销售额的百分比以及销售人员的平均成本，然后对未来的销售额进行预测，从而确定销售人员规模。

这种方法简单易行，但存在一定的局限性。因为这个销售百分比是根据历史资料计算出的，随着现代销售工具和手段的运用，它可能会与以前不一样。所以，用历史数据来指导未来实践可能会有偏差。

（2）销售能力法。销售能力法是指企业通过测量每个销售人员在范围大小不同、销售潜力不同的区域的销售能力，计算在各种可能的销售人员规模下企业的销售额和投资报酬率，以确定销售人员规模。

使用销售能力法有三个步骤：

第一，测定销售人员在不同的销售潜力区域内的销售能力。一般来说，销售潜力越大，销售绩效越好。但销售绩效的提升往往跟不上销售潜力增加的步伐。比如通过调查发现，某企业销售人员在具有全国1%的销售潜力的区域内，其销售绩效为10万元；而在具有全国5%的销售潜力的区域内，其销售绩效为15万元。所以，必须通过调查测定各种可能的销售潜力下销售人员的销售能力。

第二，计算在各种可能的销售人员规模下的企业销售额。计算公式为：

$$企业销售额=每人销售额\times 销售人员数$$

第三，依据投资回报率确定最佳销售人员规模。根据各种可能的销售人员规模下的企业销售额（即销售收入），以及通过调查得出的各种相应情况下的销售成本和投资额，即可计算各种销售人员规模的投资回报率。计算公式为：

$$投资回报率=\frac{销售收入-销售成本}{投资额}$$

最高的投资回报率对应的就是最佳销售人员规模。

这种方法比较复杂，要求必须有足够的区域来做相同销售潜力的估计，运用起来比较困难。另外，研究中忽略了区域内客户的组成、地理分散程度及其他因素的影响，将销售潜力作为影响销售绩效的唯一因素。所以，只有当其他因素相同，且各种可能的销售人员规模的销售潜力资料很容易取得时才用此法。

（3）销售工作量法。销售工作量法是指企业根据不同客户的需要确定总的工作量，从而确定销售人员规模。

使用销售工作量法有五个步骤：

第一，按年度销售量将客户分为若干级别。

第二，确定各级别客户每年所需的访问次数。

第三，每个级别客户的数量乘以各自所需的访问次数得出每年总的访问次数。

第四，确定一个销售人员平均每年访问客户的次数。

第五，将年度总的访问次数除以每个销售人员的平均年访问次数，即可得到所需销售人员数量。

这种方式比较实用，但是它没有说明访问次数是如何确定的，也没有把销售队伍规模的扩大当作能为企业带来利润的一种投资。事实上，企业利润与销售队伍的规模、预算等是紧密联系在一起的。

选择销售组织类型

从企业销售管理的实践来看，主要有以下几种销售组织。

1. 区域型销售组织

它是指企业将目标市场按照地理位置划分为若干小的销售区域，每个销售人员负责一个区域的全部销售业务。它具有如下特点：

（1）有利于调动销售人员的积极性。一个区域仅有一个销售人员，其职责清晰、任务明确。这样能激励销售人员努力工作，完成甚至超额完成所规定的工作任务。

（2）有利于销售人员与客户建立长期关系。由于每个销售人员的销售范围固定，与客户的关系如何将直接影响销售效果，因此，销售人员会自觉地关心客户的需要，与客户建立良好的关系，追求销售的长期效果。

（3）有利于节省交通费用。每个销售人员的销售范围较小，交通费用也相对较少。

在确定销售区域时，不一定按照行政区域划分，可以根据某些原则来划分。这些原则包括：这些区域易于管理；销售潜力易于估计；使出差时间减至最少；能为各销售人员提供足够的、相等的工作量和销售潜量。

下面重点介绍根据销售潜量相等或销售工作量相等的原则来划分销售区域。

根据销售潜量相等的原则划分销售区域，为销售人员提供了创造相同的销售收入的机会。如果某区域的销售人员的销售量持续出现差异，则可认为该区域销售人员在能力与努力方面存在差异。但由于不同区域客户的密度不同，销售潜量相等的区域的范围大小是不一样的，因此分配到客户密度小的区域的销售人员需要付出更多的努力才能获得相同的销售量。解决这一问题的办法是给予该区域的销售人员额外的工作报酬，或者把工作能力强、资历较深的销售人员分配到客户密度大的地区。

根据销售工作量相等的原则划分销售区域，每个销售人员可很好地完成销售工作任务，但这样会使各区域的销售潜量出现差异。解决这一问题的办法是对销售潜量较小的区域的销售人员给予适当的补偿，或者把销售潜量较大的区域分配给表现较好的销售人员负责。

2. 产品型销售组织

它是指企业将产品分成若干类，以一个或几个销售人员为一组，负责销售一类或几类产品。

这种组织适用于产品种类较多、技术性较强、产品间无关联情况下的产品销售。在产品技术含量高、生产工艺复杂的情况下，不同产品线的销售人员应有专门知识。相互关联的产品应由同一销售人员同时销售，以便客户购买。但这些条件并不是绝对的。当同一企业相互间并无关联的产品被同一客户购买时，这种组织类型就会暴露出不足。比如美国某医疗用品公司有几个产品部，每个产品部都配备自己的销售人员。该公司不同产品部的几位销售人员有可能在同一天去拜访同一家医院，这显然是不经济的。

3. 客户型销售组织

它是指企业将目标市场按客户的属性进行分类，不同的销售人员负责向不同类型的客户进行销售。

对客户可按产业类别、客户规模、分销途径等进行分类。很多国外企业都按客户类型或客户规模来划分销售区域，安排不同的销售人员。这种组织类型的好处是销售人员易于深入了解所接触的客户的需求状况及所需解决的问题，有利于在销售活动中有的放矢，提高成功率。其缺点是当同一类型的客户比较分散时，会增加销售人员的工作量，从而增加销售费用，影响销售绩效。它通常用于同类客户比较集中时的产品销售。

4. 复合型销售组织

它是指当企业的产品类别多、客户类别多且较分散时，综合考虑地区、产品和客户因素，按地区—产品、地区—客户、产品—客户或者地区—产品—客户来分派销售人员的形式。在这种情况下，一个销售人员可能要同时对多个产品经理或多个部门负责。

在实践中，不同的企业可采用不同的销售组织。

实践观察

OPPO、vivo 深耕三到五线市场

OPPO 和 vivo 能够从竞争白热化的手机市场中脱颖而出，关键在于广告和营销渠道。它们采取不同于小米、华为的发展模式，远离互联网，不在技术上争先，注重广告投入，增加门店数，在 2016 年实现了销售量和利润的增长。

2013 年 10 月，互联网思维最火热，手机厂商纷纷奔赴电商市场，而 OPPO 却反其道而行，加大与经销商的合作。截至 2015 年底，OPPO 拥有近 20 万家销售网点，遍布三四线城市。

vivo 也是从三四线城市着手拓展市场。vivo 一名副总裁称，“我们在线下渠道已经耕耘了 20 年。今天，我们在三线、四线、五线市场占据绝对的优势。不是我们去抢，而是没人去，我们去了，没有对手当然就是老大。”

2011 年起，vivo 几乎冠名赞助了国内所有收视率最高的电视节目。从湖南卫视的《快乐大本营》和《天天向上》，到江苏卫视的《非诚勿扰》、东方卫视的《中国达人秀》，再到浙江卫视的《中国好声音》，甚至豪掷 7 亿元，第五年拿下了《快乐大本营》的独家冠名权。

面对营销费用太高的质疑，vivo 强调“聚焦法则”，集中有限资源将营销重点放在 vivo 的目标人群——18～30 岁的年轻人身上，最火的电视综艺、最红的年轻明星当然是最好的选择。

资料来源：步步高领跑国产手机市场 OPPO国内份额超华为，http://news.21so.com/2016/cnr_226/8275.html.

2.2 销售区域的设计与开发

销售区域可以有地理界线，也可以没有地理界线。企业一般将总体市场分为多个细分市场，通过估计每一个细分市场的潜力及企业自身优势，选择目标市场，明确企业在竞争中的定位。一个销售区域可以被认为是一个细分市场。

设计销售区域的原则

销售区域设计的理想目标是使所有区域的销售潜力和销售人员的工作负荷都相等，不过，这只是一种理想的状态，在现实中很难达到。但这并不意味着销售区域的设计没有原则可循。在实践中，销售区域的设计应遵循以下四个基本原则。

1. 公平性原则

销售区域设计的首要原则是公平合理、机会均等。这一原则主要体现在两个方面：所有销售区域应具有大致相同的市场潜力；所有销售区域的工作量应大致相等。只有当市场潜力相等时，不同区域的销售人员的业绩才有可比性；所有区域的工作量大致相等，则可避免苦乐不均，减少区域优劣之争，提高销售队伍士气。

2. 可行性原则

销售区域设计的可行性原则要求：其一，销售区域市场要有一定的潜力，销售经理一定要了解市场潜力在哪里，有多大，如何利用才能使市场潜力变成购买需求，实现销售收入；其二，销售区域的市场涵盖率要高，销售经理一定要明确与客户联系的方式，要与企业的每一位潜在客户保持联系；其三，销售区域的目标应具有可行性，使销售人员通过努力可以实现该目标。

3. 挑战性原则

销售区域的设计要具有挑战性，使销售人员有足够的工作量，同时保证每个销售区域有足够的销售潜力，使销售人员通过努力工作能取得合理的收入。

4. 具体化原则

销售区域的目标应尽量数字化、一目了然、容易理解。销售区域的目标一定要明确，销售经理要让销售人员确切地知道自己要达到的目标，并且尽量把目标数字化。

设计销售区域的步骤

企业的生存环境是经常变化的，因此，企业必须根据环境的变化不断地调整销售区域。销售区域的设计过程一般包括以下几个步骤（见图 2－1）。

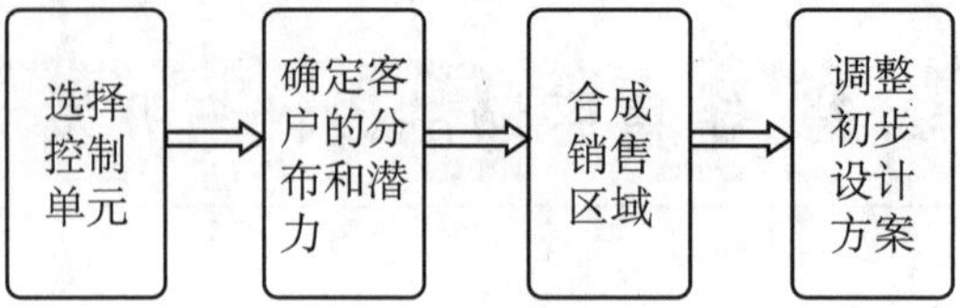

图 2－1　设计销售区域的步骤

1. 选择控制单元

销售区域设计的第一步是选择控制单元。首先将整个目标市场（如整个国内市场）划分为若干控制单元。

控制单元应尽量小一点，主要有两个原因：第一，小单元有助于管理层更好地认识区域的销售潜力；第二，小单元便于管理层进行区域调整。但是，控制单元也不能过小，否则会无谓地增加工作量。

划分控制单元的目的是按照一定的标准将它们组合成销售区域。一般可以选择省、市、县（区）等行政区域或邮政编码区域作为控制单元。划分控制单元时常用的两个标准是：现有客户数和潜在客户数。利用现有客户数可以很好地估计目前的工作量，而潜在客户数只能是预测值。这一工作应由营销调研部门来做。由于实际销售额不能很好地反映工作量及市场潜力，因此一般不作为划分标准。此外，区域面积、工作量等也可以作为划分标准。企业还可以根据实际情况设计划分控制单元的标准。

2. 确定客户的分布和潜力

选择控制单元后，管理层就应该确定所选的控制单元中现有客户和潜在客户的分布和潜力。现有客户的识别可以通过以往的销售记录来实现，而潜在客户的识别可以通过外部渠道来实现。外部渠道包括国家机关或有关机构，杂志、报纸、电视等媒体，分类电话簿，信用评级机构，等等。

识别客户后，管理层应该评估企业期望从每个客户那里获得的潜在业务量，然后按照可获得的潜在利润对客户进行分类。这为确定基本区域提供了很好的依据。

3. 合成销售区域

销售区域设计的第三步是将邻近的控制单元组合成销售区域。在这一过程中，设计者必须牢记划分标准。如果以客户数量为标准，在将邻近的控制单元组合到该区域中时，一定要考虑各区域之间客户数量的平衡。

依照划分标准将每一个控制单元都组合到相应销售区域之后，就完成了销售区域的初步设计。

在初步设计完成后，各个销售区域依据某一划分标准已经达到平衡。但一般而言，这种基于一个标准的平衡不够理想，需要在兼顾其他标准的基础上进一步调整，使之达到更高要求。比如，初步设计的销售区域具有大致相等的客户数，可是各销售区域的面积却相差很大，销售经理希望各区域的客户数基本相等，面积也大致相当，以平衡各区域的工作量。为此，他可以将客户规模最大的销售区域中一个地广人稀、客户较少的控制单元重新划分给一个地理面积较小的区域，以达到新的平衡，如果面积大的区域正好与面积小的区域相邻，而且符合条件的客户正好处于两个区域的交界处，新的平衡就很容易实现。否则，就可能需要调整好几个区域。

要协调各个区域的销售量，首先要做工作量分析，而客户分析是基础。销售经理即使不能对所有客户逐一进行分析，也至少要对大客户进行分析，按分析结果将客户分类排队，并以此结果为依据来制定有区别的客户政策。除了总销售潜力这一标准外，也可以采用其他标准进行客户分类，只要这些标准能够准确反映工作量与销售成果之间的关系即可。

各类客户的数量统计出来之后，按照企业客户政策规定的各类客户的访问频率以及每次访问的时间，可计算出整个销售区域的工作量。

4. 调整初步设计方案

要保证市场潜力和工作量两个指标在所有销售区域的均衡，还应对初步设计方案进行调整。虽然通过手工作业来调整有一定的难度，但经过努力至少可以使修正后的方案优于初步设计方案。比较常用的方法有两种：一是改变不同区域的客户访问频率，即通过修改工作量来达到平衡，因为市场潜力已经达到平衡了；二是用试错法连续调整各个销售区域的控制单元以使两个变量同时平衡。如果还要兼顾更多标准，调整过程就更加复杂。这种情况下一般采用渐近法：先将标准排出优先次序，比如先满足工作量大致相等的要求，再考虑客户数或区域面积的平衡，然后遵循上述步骤设计出满足工作量平衡要求的初步方案，再反复试错来满足第二、第三标准的要求，逐步接近目标。手工作业很难做到十分精确，但有计算机的帮助就比较容易了。

开发销售区域

从销售管理的角度看，销售区域的开发主要包括以下几方面的内容。

（一）销售区域现状分析

首先，要了解企业在这个区域内的优势和劣势、所面临的机遇和挑战，以及与竞争对手的关系。也就是说，必须清楚市场的占有模式，到底属于分散型还是相对寡头垄断型。

其次，确定企业到底是强者还是弱者，因为两种情况下的战略方法截然不同。

再次，要根据企业的资料做销售分析，对产品销售额、产品别毛利、客户别销售金额及毛利等都应了如指掌。

最后，对信用有问题的客户与往来客户，每月都要认真分析，掌握其动态。对于销售金额、销售人员费用、运输距离、毛利金额等也要作相关关系分析。

（二）市场区隔化

市场区隔化一般遵循以下原则，对每个原则都要有清楚、深刻的认识，以有利于区域市场的开发。

（1）购买动机区隔原则。解决的问题是：客户为何购买？

（2）购买时机区隔原则。解决的问题是：客户在什么时候需要购买哪种产品？

（3）交易主体区隔原则。解决的问题是：哪些客户在购买？

（4）交易客体区隔原则。解决的问题是：客户购买哪些产品？

（5）交易地点区隔原则。解决的问题是：客户在哪里购买？

（6）交易方法区隔原则。解决的问题是：客户用什么方法购买？

常见的现象之一是企业把自己的区域当作单一市场，笼统地一把抓，结果市场难以进入，一无所获。

把单一市场依据上述原则分为六个层面，当作不同的单独市场来处理，这样就掌握了成为优秀的销售经理的金钥匙。

（三）设定销售目标

具体而言，设定销售目标就是对客户进行地区别、行业别、性别、年龄别的分层，对这些客户分别设定销售量及毛利目标，这一点非常重要。

如果目标没有细分至每一个销售人员，就不可能发挥应有的作用，因此目标务必清楚、具体，使销售人员能随时铭记在心，随时展开行动。同时还要设法扩大销售、提高毛利、节约销售费用，以期获得最大的成果。

（四）采取推进策略或上拉策略

究竟采取推进策略还是上拉策略，是既古老又崭新的课题，下面以某食品厂为例加以说明。

某食品厂拥有遍布全国的销售网，收益年年增加，是一家很有发展潜力的企业。它认为以下模式最理想：一家批发商拥有 60 家零售店，每家零售店各有 60 个消费者，如图 2-2 所示。

产品的效用价值及其他条件相同，如果模式的形状如图 2-3 所示，即这家批发商拥有 20 家零售店，每家零售店各有 100 个消费者，这就意味着该企业的品牌知名度相当高，但其产品还没铺设到大多数的零售店去。换句话说，批发商的力量很弱，在这种情况下，无论是生产厂还是批发商，都要多雇用销售人员，积极地建立销售网，也就是应采用推进策略。

又如，其他条件都相同，呈现的却是如图 2-4 所示的形状，即这家批发商拥有 100 家零售店，每家零售店各有 20 个消费者，这意味着产品的铺货率很高而知名度却很低，销售网已经建立起来。企业在流通阶段已下过功夫，也就是采取推进策略相当积极，而在向末端消费者或使用者进行宣传并使他们对产品产生兴趣方面明显不足。在这种情形下，应有效地利用电视或其他媒体加大宣传力度，编制预算，实施上拉策略。

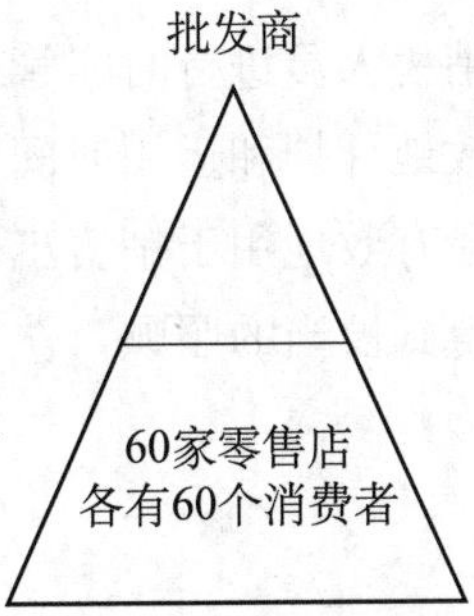

图 2－2　销售网模式 1

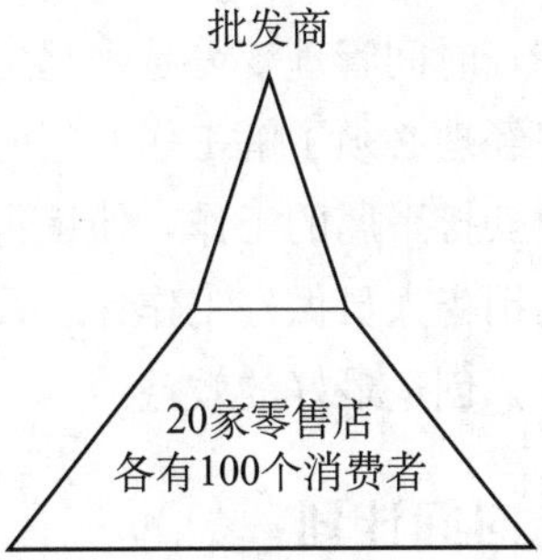

图 2－3　销售网模式 2

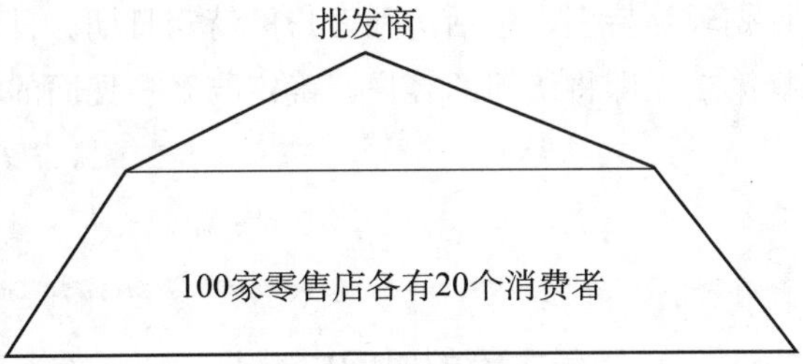

图 2－4　销售网模式 3

（五）利用销售地图进行管理

要巧妙地管理某一对象，恰当的管理方法不可或缺。一种重要的管理工具就是销售地图。

1. 何谓销售地图

在黑白地图上绘上客户分布、竞争者的据点分布、交通不便点、重点地区的设定、访问路线、人口数、普及率、市场占有率等，就成为销售地图。

2. 销售地图的制作程序

传统上销售地图的制作程序如下：把几张厚纸板拼起来，贴上黑白地图。切除地图外围的厚纸板，用胶带把地图周围固定起来。找几个大头针，针头上的颜色有不同的含义（如红色表示大客户，橙色表示次要客户，白色表示无需求的客户，蓝色表示冷淡的客户）。按客户的种类将大头针插在地图上。沿着蓝→白→橙→红的方向努力，不断开拓，最终目标是使所有针头都变成红色。如今，这张地图可以借助电脑软件来完成。

2.3 销售时间管理

现在，时间管理变得越来越迫切，销售经理必须对销售人员进行时间管理。

销售经理必须了解工作时间的成本，这样才能最有效地计划和运用时间资源，从而更有效地安排下属的工作，使销售人员的工作时间能够最有效地用于销售工作。销售经理要帮助销售人员做好工作计划，使每一个客户都能够得到恰当的照顾，从而增加产品的销售量，创造最好的效益。

制定时间计划

销售人员要制定每日、每周和每月的访问计划，按照计划事先与客户确定约会时间、安排食宿等。周计划较为特别，包括访问客户的特定日期。日计划是在前一天晚上作出的，销售人员选择第二天即将访问的客户，确定与客户见面的时间，并准备销售演示用的材料。

实践观察

销售主管的时间去哪儿了

王健是某集团公司一名销售主管，踏实勤奋，事事亲力亲为，每天工作十多个小时，节假日经常加班，从没有怨言。在别人眼中，他是好同事、好上司。但王健心里明白，他是在自欺欺人，一天忙下来，总觉得一事无成。

一天，某副总也就是他的上司跟他说："王健，下周五有一个会议，因为我外出培训，你代我出席。在会上，请你报告一下我们来年的工作计划，这是给你的机会，好好表现吧。"从副总办公室走出来，王健感到十分兴奋。他心想，终于可以在关键人物面前表现一下了，这次只许成功不许失败；必须抓紧这一周的时间，好好准备一下。接下来的几天，王健虽然每天忙这忙那，但心中总是记着这件事。他心想还有时间呢，况且这样重要的事，必须在绝对安静的环境下才能构思和准备，忙完别的杂事再说吧。

直到会议前一天，王健才惊觉无法再拖延了。他想："今天其他什么事都不干了，用一整天来准备应该是没有问题的。"

上午8点，正当他准备好好写报告时，电话来了，原来是女朋友的叔叔家要装修，想让他帮忙查点信息。他推托不了，心想大不了损失一个上午，下午还有几个小时呢。

吃过午饭，他刚回到办公室，总经理办公室打电话过来说总经理有事召见。原来总经理收到一些投诉，与王健负责的工作有关，要求王健马上调查，下班前汇报调查结果。王健想，总经理的命令怎么可以不理呢，报告等下班后再写吧，那时更清静。在被投诉的员工做了检讨，见过总经理后，王健稍稍松了一口气，有惊无险啊！到晚上6

点，王健终于坐下来构思开场白。就在这时，电话响起来。接完这个无聊的电话，王健再也进入不了状态，太疲倦了，还是先回家吧，吃过饭或许会精神一些。

下班时间总是堵车，他回到家已快7点。沐浴过后吃完饭，正准备工作时，刚巧电视在转播甲A联赛。王健最喜欢足球了，岂可放过。他一边看一边安慰自己，看一会儿，放松一下，做事会事半功倍。看完足球，已是晚上10点多，王健有点着急了，但越急越想不出怎么写。他想，什么灵感也没有，倒不如先睡觉，明早4点起床再写。

凌晨4点，闹钟准时响起。王健习惯赖床，在半梦半醒中挣扎了几下，终于在5点多起床。他坐在书桌前洋洋洒洒写好了几页，才发觉有些文件没有带回来，后面的部分写不了，只好先到办公室。

早高峰交通拥堵，他来到办公室已是8点多，还有两个钟头就要开会。忙碌了一个多小时后，王健总算完成了报告。这份报告总共花了王健3小时。一份原本希望“一鸣惊人”的报告，仓促完工，在会议上的效果可想而知。

仔细分析王健的工作方式，我们不难发现他不是没有时间。每个人每天都有24小时，那王健的时间去哪儿了呢？

资料来源：http：//www.doc88.com/p-292589043793.html.

科学分配时间

每天早晨，销售人员应将当天该做之事列出清单，分别注明紧急程度和重要程度，并依其特性列出优先次序：（1）紧急性高/重要性高（A）；（2）紧急性低/重要性高（B）；（3）紧急性高/重要性低（C）；（4）紧急性低/重要性低（D）。分别排列，并预估可能需要的时间。首先全力完成所有的A项工作，再依序完成B，C，D项工作，必要时将C，D项工作授权或委派属下代办，如图2-5所示。

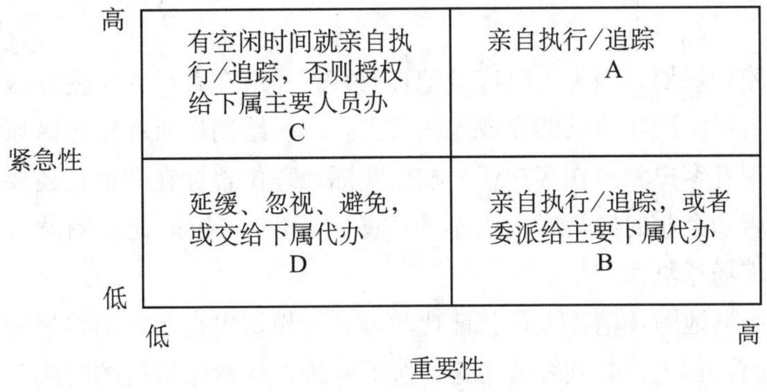

图2-5　时间分配管理图

排定每天工作的优先次序必须使下列因素取得平衡：紧急性；重要性；与其他工作之间的关联；完成工作所需的时间；人际关系。

延伸阅读

销售时间分配的其他方法

80/20法则

在时间管理中，关于优先顺序有一个帕累托原则，也称80/20法则。假定工作项目是按某价值序列排定的，那么80%的价值来自20%的项目，20%的价值则来自80%的项目。时间管理的重要意义在于通常以20%的付出取得80%的成果。因此，在工作或生活中，你应该把十分重要的项目挑选出来，专心致志地去完成，即把时间用在更有意义的事情上。

ABC法则

ABC法则源于经验。在所有任务的集合中，不同任务所占的百分比通常是固定的。字母A，B，C代表不同的任务，依照它们对达成职业目标与个人目标的重要性分成三个等级。一天里最重要的一件事情可能占少数，称为A级任务；次等重要的B级任务不多；其他不重要的是C级任务。从任务完成情况看，C级任务的成果比较小，次要任务的成果平平，而重要任务的成果比较大，这就是ABC法则。

资料来源：销售技巧：销售的成功秘诀在于时间管理，http：//mt.sohu.com/20170113/n478626352.shtml.

规划拜访路径

我国地域辽阔，一个销售人员往往要负责几个城市甚至几个省的销售工作，出差时间占销售人员可用工作时间相当大的比例。据统计，大部分销售人员把1/3的工作时间花在路上。因此，路径的规划就非常重要。我国的交通状况近年来有了很大的改观，但大部分的内陆省市和中小城市的交通还不够便捷，路径安排仍然是令销售人员头疼的一件事。

为了进行路径规划，销售人员应该把现有客户和潜在客户的位置在区域地图上标示出来。销售人员可将所在区域的商业地图备齐，然后绘制出所在销售区域的地图，再将销售区域内的现有客户和潜在客户逐一按照实际地理位置标在图上，还要在图上标出竞争对手的经销店和企业的经销店（用不同的颜色标出）。根据此地图就可以估算出企业在此区域内的市场竞争力。

有了销售区域地图，销售人员就能比较容易地规划出自己拜访客户的路径。必须注意以下几个方面：首先，必须综合考虑，统筹安排，尽量用最短的时间、最少的费用拜访尽可能多的客户。其次，销售人员每一次制定出差计划时，要先考虑和列出要拜访哪些客户或者目标客户，拜访的目的是什么，拜访的时机是否恰当，然后根据需要安排拜访的客户数以及出差日程和路径。再次，制定出差日程和路径时需要考虑当地的交通情况，避免因为交通工具的衔接不当而浪费时间和延误行程。最后，在出差路径的安排上，除非有充分的理由或特殊的原因，否则，应该避免来回折返而浪费时间和差旅费用。合理的出差路径安排能够节省时间，使销售人员将工作时间最大限度地用于与客户接触，增加销售额。合理的出差路径安排还可以减少差旅费用的开支，避免销售人员由于疲于奔波而厌倦。

确定拜访频率

拜访客户的频率一定要适度。许多销售人员都认为对于业务量大的客户或目标客户必须频繁拜访，这种想法并不一定正确。客户采购人员的工作一般都很忙，过于频繁的拜访会浪费他们的时间，影响他们的工作，但过少的接触又可能给竞争对手乘虚而入的机会。所以，确定拜访频率时必须考虑以下因素。

（1）是否有工作需要。要想留住客户，最关键的是满足对方的需求，既包括产品质量、交货安排、价格、服务等达到客户的要求，也包括销售人员的拜访次数恰当，能够满足对方采购工作的需要。

（2）与客户的熟识程度。对于熟识、关系稳固的客户，销售人员可以通过电话联系来解决一般的工作问题。通过电话交流，可以节省双方的时间，也可以节约销售人员的交通费用。如果双方的交易稳定，客户的需求比较固定，没有太多的细节需要商洽，也没有过多的特殊情况需要处理，可以由销售协调员承担一部分工作，以减轻销售人员的负担。但销售人员仍然需要主动与客户保持接触，询问客户是否有销售或服务上的工作需要协助处理。在间隔一段时间之后，销售人员应该安排时间对客户进行拜访，以维护相互之间的交情。

（3）客户的订货周期。这就需要销售人员与客户建立良好的关系，对客户的生产经营活动有比较全面的了解，可以准确地判断出客户会在什么时间订货等。

2.4　销售费用管理

这里的销售费用是指销售人员在开展销售业务过程中发生的人员差旅费、招待费、车船费、电话费等经营性费用，不包括固定成本费用。无论采用什么方法，销售费用的管理都不是一件容易的事情。如果管理不当，可能给企业造成巨大的浪费。

当企业想尽可能地压缩成本时，管理层会将销售费用与销售量挂钩，即企业会要求销售人员自己承担大部分甚至全部的销售费用，作为交换，企业会向销售人员承诺相对较高的提成率。高提成率意味着那些信心十足的销售人员会有更多的收入，同时他们会更节省费用。一些企业为了树立良好的形象，会让销售人员与客户联系时在住宿、交通等各方面享受较好的待遇。可见，销售费用的管理是一门艺术。

销售费用计划的制定原则

良好的销售费用计划可以为销售工作的推进和考评提供切实的依据。销售费用计划的制定应遵循以下原则。

1. 生活标准一致

在认识到消费水平存在差异的基础上，企业应该尽量保证销售人员在各地出差和在当地工作的生活水平一致，不因出差而导致生活品质下降。合理的费用计划应该使销售人员的付出与收获成正比。但在实践中，很多企业都会以费用补贴来代替报酬。其实这并不是明智之举，因为这样会使薪酬计划失效，甚至可能助长销售人员逃税的风气。

2. 无碍市场拓展

恰当的销售费用计划不能妨碍销售职能的履行，也不能妨碍新市场的拓展。如果将销售费用限制在一个范围内，比如销售额的1%，很可能会降低销售人员开拓新市场的热情，因为开拓新市场往往要花高额的费用，而前期的销售量却十分有限。

3. 简洁实用

销售费用计划应力求简洁实用，以方便对其加以控制。有些费用应力求节约，比如行政和管理费用。计划不必过分注重细节，但要避免与其他计划重复。

4. 表述明确

一份良好的销售费用计划应该表述明确，不会令管理层和销售人员误解。为了避免产生误解，管理层在制定计划时可以征求销售人员的意见，在执行前应该尽可能地向销售人员解释清楚。

5. 控制费用虚报

销售费用计划应控制和减少费用的虚报，但同时又要避免因费用支出过少而影响销售人员的士气和热情。对于销售费用虚报这一普遍存在的现象，企业可以通过良好的培训计划和恰当的薪酬设计来减少乃至避免。

销售费用控制

1. 销售费用控制的方法

销售费用控制的方法主要有：

（1）销售人员自付费用。企业必须决定是由企业支付销售费用还是由销售人员从自己的收入中支出。一般来说，拿提成的销售人员自己支付这部分费用，余下的就是自己的收入。销售人员喜欢这么做通常是因为可以有更大的自由，也不必向领导解释费用的情况。对于企业来讲，这样做可能使成本更低而且管理简单。但销售人员自付费用有一个比较大的问题，即公司对销售人员的控制力度比较小，在开拓新市场、挖掘潜力客户方面会有一定的阻力。

（2）无限额报销制度。公司对销售人员合理的业务和差旅费用实行没有限额的实报实销制度。这样做的好处是具有较大的弹性，不会因销售区域之间和产品之间的费用差异而产生问题，费用也不会成为销售人员开拓新市场和潜力客户的影响因素。但由于估计费用很困难，因此无限额报销制度会给预算编制带来一定的难度。

（3）有限额报销制度。企业可以对销售人员的费用确定一定限额，以使费用控制在企业认为合理的范围内。企业可以为每个支出项目规定报销限额。比如，每天餐费不超过50元，交通支出不超过100元，住宿费不超过200元，等等。另一种方式是为一段时间规定总的费用支出限额。比如，规定每天各项支出的报销金额不得超过300元。企业可以对不同的地区确定相同的限额，也可以根据地区消费水平差异确定不同的限额。

有限额报销制度适用于一些有规律的销售活动以及出差路线重复的情况，而且企业只有在保证限额对销售人员公平的情况下，才能使这一制度发挥较好的作用。有限额报销制度能够帮助企业制定预算规划，也可以减少企业与销售人员在费用账目方面的争议。

当然，有限额报销制度也会产生一些问题，比如有些销售人员可能认为这是企业对他们不信任的表现，一些非常规的花费在计划中可能没有列入，因此这种方法缺乏弹性。对于非常规的费用，企业可以让销售人员单独申请报销。

（4）组合控制方法。有限额报销制度和无限额报销制度各有优缺点，企业可以通过对两种方法的组合应用来保证控制更加灵活有效。例如，企业可以对住宿费用规定限额加以控制，而对交通费用无限额控制。企业也可以确定总的费用限额，但是规定限额与一些指标的比例关系，比如总费用为销售额的3%。这样既有利于企业对销售费用的控制，又可以让销售人员有一定的灵活性。

在实际应用中，企业也可以使用一些辅助方法对费用进行控制。比如，规定违反费用制度的销售人员将受到批评或严厉的处罚，如罚款甚至辞退。有的企业会指定旅馆或饭店来控制销售人员的食宿支出。有的企业可能会提倡电话销售以减少登门拜访所带来的高额费用。

2. 销售费用控制的步骤

第一，明确目标。即要确定企业是否要控制销售费用，在多大程度上控制销售费用。如果不考虑企业历史等因素，突然控制费用可能会遇到很大的阻力，甚至会在一定程度上影响企业的发展。

第二，制定销售费用计划。一份良好的计划是费用控制的基础。它能够让管理层和销售人员有清楚的认识，做到心中有数并有据可依。需要注意的一点是，在有条件的情况下最好让销售人员参与计划的制定，这对费用计划的沟通和执行会有很大的帮助。

第三，加强与销售人员的沟通。企业可通过书面或面谈的形式与销售人员沟通最终的销售费用计划，让销售人员了解计划内容，没有任何疑问。

第四，建立完善的费用报告审核体系。良好的审核体系可以规范审报流程，减少整个费用审报过程的用时。

第五，对违反费用政策的行为加以处理。既然制定了政策就要认真贯彻执行，如果有销售人员违反，企业应采取措施对其进行处罚，以保证政策的有效性。

延伸阅读

企业销售费用控制及管理方法

（1）重视销售费用预算，制定合理的控制标准。在企业的发展过程中对销售费用编制有效的预算有利于企业顺利运营。销售费用预算出现变更的情况比较少见，但需要修改时要作出调整。让相关人员重视销售费用控制，加大管理力度，有助于企业增加经营利润，更好地参与市场竞争。

（2）控制企业销售费用的无限增长，加强审核。在销售费用的管理中要尽量节约费用、减少支出。企业在选择相应的承包形式时要结合具体的经营状态，努力实现企业开拓市场的目标，减少企业的相关销售支出。另外，企业还需要结合不同客户之间的差异，对客户的消费心理进行分析，考虑产品的具体运输方式等问题，以便能够做到在原有销售费用不增加的情况下改善产品的包装，减少相关费用支出。按照生产产品的不同特性以及销售地区、运输距离等存在的差异，选择恰当的运输方式，减少运输费用。此外，企业要合理地分析产品的消费群、产品特性以及宣传费用等情况，正确选择宣传媒体，以低成本取得较好的产品推广效果。

资料来源：王伟英．企业销售费用控制及管理方法研究．商场现代化，2016（2），109－110.

案例分析

在地产酒区域市场如何单品称王

某地方白酒企业在最辉煌时销售额达到5亿元，后来因改革不顺利导致销售额急剧下降，消费者对品牌的记忆淡化，品牌难以有效刺激消费。

亮剑咨询公司与该企业合作后，针对以上状况进行了调整。

（一）产品重新定位

亮剑咨询公司通过对消费者、客户和企业内部员工的全方位调研，了解到企业之前一直在宣传“生态酿造更健康”，当时主卖的一款产品定价600元/瓶，但是生态酿造这个卖点不够精准，消费者更喜欢“看得见，摸得着”的实惠，为此建议企业开发柔雅系列产品，定位为大众产品，利用消费者对“绵柔”概念的广泛认知，在产品性价比上下功夫，着力推广一款零售价40元、口感质量与市场上百元产品不相上下的产品，并且在包装上大胆采用淡绿色，与“绵柔”概念相吻合，提升材质的档次感，让消费者有低价高档的超值感觉。

（二）组织升级

组织升级的目的是合理解决“营”和“销”分工的问题，实现分工的明确化和操作的精细化，促使企业与经销商密切配合、通力协作，快速占领市场。企业的主要职责是品牌传播、动销推广、合理调控渠道价格等。经销商的职责是提供资金支持、补充网络、物流配货。因此，要着力打造两个队伍对市场进行精细化运作，产生“1＋1＞2”的效应。

（三）形成区域市场深耕模式

未来的竞争是商业模式的竞争，亮剑咨询公司根据服务多家企业的经验提出：坚持主打根据地市场，放弃省会市场，形成三级市场——根据地市场、成长性市场、渗透性市场。根据地市场负责创造利润，总结经验，打造样本，培养人才；成长性市场的后期发力与根据地市场形成辐射与联动；渗透性市场以客户为主导，尝试性地进攻。

1. 资源聚焦

必须做到优势资源有效聚焦。

聚焦市场。当前期不能全面攻破一个地级市场时，就选择一个县集中突破，突破不了一个县，就先选择一个乡镇集中资源实现深度占领，而后再逐步攻取第二个乡镇、第三个乡镇，推行滚动式发展策略，直到实现一个县、一个地级市场的深度占领。

聚焦渠道。如果全部渠道不能同时进入，就要选择一个渠道重点投入，直到深度占领，如果一个渠道也不能做到绝对强势，就要在这个渠道的几个点做到绝对强势。以点带线，以线带面。一定要个个击破，形成强势排他性占有。

聚焦人员。采用“人员集中，快速击破”战术，集中团队铺货、集中人员搞规模化促销推广，团队作战，速战速决，打出气势，让竞品在短时间内来不及反应。先集中人力做好一个乡镇市场，留下一个人维护，再集中人员开发下一个乡镇。在围攻一个核心终端时，可多人参与促销活动，直到彻底占领。

2. 样本街与重点乡镇

样本街的标准：(1) 选择餐饮终端或流通终端相对集中的街道；(2) 有效铺货率不能低于80%；(3) 每个店库存数量不能低于6箱；(4) 符合店内终端生动化标准。

重点乡镇的标准：(1) 有配合度与积极性高的客户；(2) 有效铺货率不能低于80%；(3) 每个店库存数量不能低于6箱；(4) 符合店内终端生动化标准；(5) 本品牌的广告或陈列必须在店铺最显著的位置；(6) 核心店与联销体数量不能低于5家；(7) 产品品鉴会每月举办15场，宴席用酒每月不低于25场。

为营造氛围，实施135工程，即1个县城市场、城区3个样本街、5个重点乡镇，统一调换门头，店内包柱，综合运用灯箱、座套、台卡、海报、展架等造势，制定终端生动化建设的标准及考核标准，并要求市场部不定时进行抽查。

3. 渠道深耕

在根据地市场改变过去的独家代理模式，在县城与乡镇同时开发客户，对小区域精细化运作，采用乡镇代理模式，乡镇代理商享受与县城代理商一样的代理政策；实施渠道扁平化，确定销售区域范围，签订区域销售保护协议，对跨区域窜货制定严格的处罚措施；摸排终端，实施村村通工程，加强核心店与联销体的合作，抓好村长工程，拓展宴席渠道。

4. 精细化管理

细节决定成败，天下难事必作于易，天下大事必作于细。执行七个原则：定人，定车，定线路，定区域，定客户，定销量，定拜访频次。每天严格按照规定召开晨会，拜访终端严格遵循八步骤，并引入业绩看板、业绩排名、信用管理等。

5. 新型保姆式贴身服务

新型保姆式贴身服务要求实施车销模式，协同作战，为每个客户配备业务员一名、车辆一部，依托客户的网络及客情资源，每天与客户的员工一起进行终端拜访，开发新网点，维护老网点，宣传促销政策，做好社区推广，同时增进与消费者的互动。

资料来源：朱朝阳．揭秘：地产酒区域市场如何单品称王？．中国营销传播网，http：//www.emkt.com.cn.

讨论题

案例中区域市场开发的成功之处主要有哪些？

重点名词

销售区域　区域型销售组织　客户型销售组织　产品型销售组织　复合型销售组织

思考题

1. 简述确定销售队伍规模的方法。
2. 销售组织的类型有哪几种？各有什么特点？
3. 设计销售区域应遵循哪些基本原则？
4. 销售区域设计一般包括哪几个步骤？
5. 市场区隔化的原则有哪些？
6. 销售区域的开发主要包括哪些内容？
7. 销售经理如何对销售人员进行时间管理？
8. 销售费用的控制方法有哪些？

实训练习

材料：汤加王国位于南太平洋赤道附近、国际日期变更线的西侧，是世界上每天第一个看到太阳升起的国度。汤加由173个大小不等的岛屿组成，西距斐济650千米，西南距新西兰1 770千米，陆地面积700多平方千米，人口10万多。汤加1970年摆脱了英国殖民统治走向独立，但仍保留君主立宪制，是南太平洋众岛国中唯一维持君主制的国家。汤加以农业为主，经济相对落后，当地主要农作物为木薯、芋头、山芋等，这些淀粉含量很高的食物造就了汤加人高大魁梧的身材。汤加人以肥胖为美，只要稍微瘦点，就自卑得不行，非得用布把自己一圈圈缠起来“装肥”。首都努库阿洛法位于汤加最大群岛汤加塔布岛，当地人纯朴善良，城市和家庭充满田园的宁静。全国民众普遍信奉基督教，每逢周末人们会携全家老小去教堂做礼拜。

练习：如果你是一家生产经营减肥茶的公司的销售经理，分析汤加是不是公司的一个目标市场。如果要去开发汤加市场怎么办？请结合实际分小组完成减肥茶的汤加市场开发策划方案。

第3章
设计促销方案

本章要点

1. 沟通过程决策
2. 促销的基本方式
3. 公共宣传决策
4. 销售促进决策
5. 销售促进策略

引　例

屈臣氏促销到底用了哪些招数

屈臣氏的促销活动每次都能让顾客获得惊喜，在白领丽人的一片“好优惠”“好得意”“好可爱”的叫好声中，商品被“洗劫”一空。屈臣氏的促销活动不但频繁，而且流程复杂、内容繁多，每一次促销活动都需要花很多的时间去策划与准备。屈臣氏在促销活动方面的举措值得其他零售连锁企业借鉴。

招数1：超值换购

在每一次的促销活动中，屈臣氏都会推出3种以上的超值商品。顾客一次性购物满50元，就可以加10元选购其中任意一件商品。这些超值商品通常会选择屈臣氏的自有品牌，所以能在实现低价位的同时保证利润。

招数2：独家优惠

这是屈臣氏经常使用的一种促销手段。屈臣氏在寻找促销商品时通常避开其他商家，别出心裁，既带给顾客更多新鲜感，也可以提高顾客忠诚度。

招数 3：买就送

买一送一、买二送一、买四送二、买大送小，送商品、送赠品、送礼品、送购物券、送抽奖券，促销方式灵活多变。

招数 4：加量不加价

这一招主要是针对屈臣氏的自有品牌产品。屈臣氏经常会推出加量不加价的包装，用鲜明的标签标识，以加量 33%或加量 50%为主，对消费者非常有吸引力。

招数 5：优惠券

屈臣氏的促销宣传手册或者海报上经常有剪角优惠券，当顾客购买指定产品时，可以享有一定金额的优惠，节省五元到几十元。

招数 6：套装优惠

屈臣氏经常向生产厂家定制专供的套装商品，以比较优惠的价格向顾客销售。

招数 7：震撼低价

屈臣氏经常推出系列震撼低价商品，并且规定每个店铺必须把这些商品陈列在店铺最显眼的位置，以吸引顾客。

招数 8：购某个系列产品满 88 元送赠品

例如购护肤产品满 88 元，或购屈臣氏自有品牌满 88 元，或购食品满 88 元，送屈臣氏手拎袋或纸手帕等。

招数 9：购物 2 件，额外 9 折优惠

购指定的同一商品 2 件，额外享受 9 折优惠。

招数 10：赠送礼品

屈臣氏也会开展一些赠送礼品的促销活动，有的是由供应商提供礼品的促销活动，还有的是由屈臣氏提供礼品的促销活动，如赠送自有品牌试用装，购买某系列产品送礼品装，当天前 30 名顾客赠送礼品一份。

招数 11：VIP 会员卡

屈臣氏每两周会推出数十件贵宾独享的折扣商品，额外 8 折，每次消费有积分。

招数 12：感谢日

举行为期 3 天的感谢日小型主题促销活动，推出系列重磅特价商品，商品单价降幅在 10 元以上。

招数 13：销售比赛

销售比赛也是屈臣氏非常成功的一项促销活动。每期指定一些比赛商品，店铺按级别（屈臣氏的店铺根据面积、地点等因素分为 A，B，C 三个级别）进行推销比赛，销售额排在前三名的店铺将获得奖励。销售比赛中指定商品的销售业绩会迅速增长，供货厂家非常乐意参与这类有助于销售的活动。

资料来源：袁耿胜．屈臣氏促销到底用了哪些招数，全在这儿了，http：//www.linkshop.

com. cn/web/archives/2016/358230. shtml.

启示：促销决策是销售管理中最复杂、最富技巧、最具风险的一个环节，当然也是有才华的企业家大显身手的领域。每个企业家都可以在这一领域中展示其独特个性，大胆创新，创造市场销售的奇迹。

3.1 促销沟通理论

企业营销人员了解和掌握沟通的基本理论，能够更好地制定和执行企业的促销方案。不仅仅是促销组合，整个营销组合都必须有利于最大限度地发挥沟通的作用。

促销是指企业为向目标客户传递产品信息，促使目标客户作出购买决策而进行的一系列说服性沟通活动。它是市场营销组合的四个构成要素之一。促销（promotion）一词来自拉丁语，原意为“前进”。有人把促销和销售促进（sales promotion）混为一谈，还有人把促销简单地理解为派人员去推销，这些都是不准确的。实际上，销售促进和人员销售都只是促销的组成部分，促销具有更加广泛的含义。

促销实质上是一种沟通活动。沟通是指信息提供者或发送者发出作为刺激物的信息，并把信息传递到一个或更多的目标对象，以影响其态度和行为。在社会化大生产和市场经济条件下，企业必须与客户、供应商、金融机构、政府和社会公众进行广泛的信息沟通。在这些沟通活动中，企业最关注的是它与目标客户之间进行的说服性沟通。说服性沟通是指沟通者有意识地利用有说服力的信息，通过特定的渠道发布，以便对特定沟通对象的行为与态度产生有效的影响。促销在把产品及相关信息传递给目标客户的同时，试图在特定目标客户中唤起沟通者预期的意念，从而对目标客户的行为和态度产生有效的影响。

沟通过程模式

营销人员需要了解沟通是如何进行的。多年来逐渐形成的有九个要素的沟通模式，揭示了市场营销沟通过程（见图 3-1）。

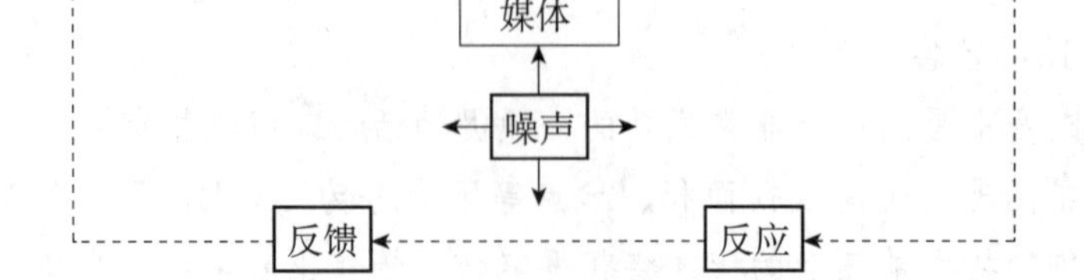

图 3-1 沟通过程模式

图3-1所示的九个沟通要素中，发送者与接收者表示沟通的主要参与者；信息和媒体表示沟通的主要工具；编码、解码、反应和反馈表示沟通的主要职能；噪声表示沟通系统中的干扰因素。这些要素的含义如下：

发送者——又称信息源或沟通者，是指把信息发送给另一方的主体。在沟通的过程中，企业常常扮演这一角色。

编码——把沟通内容编成符号形式的过程。符号可以是语言、文字，也可以是音像、图片等，因不同的传递途径而有所不同。

信息——发送者传播的一组符号。

媒体——发送者向接收者传播信息所通过的沟通途径。

解码——接收者确认发送者所传递的符号含义的过程。

接收者——接收另一方所发送信息的人，又称受传者或信息传播终点。

反应——接收者在获得信息后所作出的一系列反应。

反馈——接收者向发送者传递回去的那部分反应。

噪声——沟通过程中非计划的干扰或歪曲，其结果是接收者接受了与发送者所传递的信息不同的信息。

该沟通过程模式强调了有效沟通过程中的关键因素，从而揭示了有效沟通过程决策的内容。有效的沟通过程要求发送者必须知道要把信息传播给什么样的沟通对象，期待目标沟通对象作出何种反应；他们必须是编译信息的能手，要考虑目标沟通对象倾向于如何解译信息；必须通过能触及目标沟通对象的有效媒体传播信息；必须建立信息反馈渠道，以便了解沟通对象对信息作出的反应。

沟通过程决策

一个有效的沟通过程要求营销沟通者必须作出如下决策：确定沟通对象、决定传播目标、设计沟通信息、选择传播渠道、建立反馈系统。

1. 确定沟通对象

沟通者必须从一开始就明确其目标沟通对象是谁，因为目标沟通对象将会极大地影响沟通者实现有效促销沟通的一系列决策。在促销沟通中，目标沟通对象可能是企业产品的潜在购买者或现有使用者，也可能是购买决策的决定者或影响者，还可能是某些个人、团体、特殊公众或一般公众。目标沟通对象是由沟通者运用市场细分原理确定的。

在目标沟通对象确定之后，沟通者还必须调查研究目标沟通对象的特征，作为确定信息传播目标的前提。沟通者的首要任务是调查目前的企业形象，分析评价沟通对象对企业产品及竞争产品的印象。沟通者还须调查特殊的目标沟通对象是如何处理收到的信息的。西方学者一直在寻找与可说服性有关的沟通对象特征，如有人指出，一般认为智力与可说服性呈负相关，女性比男性更容易被说服；也有人认为，自信心与可说服性之间呈曲线关系，那些具有适度自信的人最容易被说服。沟通者应注意寻找与可说服性相关的沟通对象特征，并利用这些特征来指导信息及媒体的选择。

2. 决定传播目标

沟通者在确定了目标沟通对象之后，必须确定期待目标对象作出何种反应。当然，最终的反应是购买行为，但在决定购买某一产品之前，客户大多经过一系列准备阶段，如认识阶段、情感阶段和行为阶段，相应地形成一系列认识、情感和行为层次的反应。营销人员可能期待从目标沟通对象那里得到认识反应、情感反应或行为反应。但是，目标沟通对象的反应模式、反应组合是不一样的。图 3－2 表明了四种主要的反应层次模式。所有这些模式都假设购买者要依次经过认识、情感和行为三个阶段。AIDA 模式表明购买者经过知晓（awareness）、兴趣（interest）、欲望（desire）和行动（action）的连续反应阶段；效果层次模式表明购买者经过知晓、认识、喜欢、偏好、确信及购买阶段；创新采用模式表明购买者经过知晓、兴趣、评估、试用、采用各阶段；沟通模式表明购买者经过展露、接收、认识反应、态度、意图以及行为各阶段。这四种模式通常只存在语义上的差别，实际应用过程中的区别并不十分明显。

阶段＼模式	AIDA模式	效果层次模式	创新采用模式	沟通模式
认识阶段	知晓 ↓	知晓 ↓ 认识 ↓	知晓 ↓	展露 ↓ 接收 ↓ 认识反应 ↓
情感阶段	兴趣 ↓ 欲望 ↓	喜欢 ↓ 偏好 ↓ 确信 ↓	兴趣 ↓ 评估 ↓	态度 ↓ 意图 ↓
行为阶段	行动	购买	试用 ↓ 采用	行为

图 3－2　购买者反应层次模式

3. 设计沟通信息

在了解目标沟通对象的反应后，沟通者应当设计有效的信息。有效的信息设计必须将引起购买者注意、唤起其兴趣、激发其欲望、导致其行动的意识贯穿整个设计过程。沟通者必须解决以下几个问题：表述什么（确定信息内容）？如何合乎逻辑地表述（确定信息结构）？以什么信息符号进行表述（确定信息格式）？由谁来表述（确定信息源）？信息设计是将沟通者的意图用有说服力、合乎逻辑、有情感、个性化的信息表达方式表现出来的过程，这是一个操作性极强的问题。

4. 选择沟通渠道

沟通者必须选择有效的信息沟通渠道来传递信息。信息沟通渠道可分为两大类，即人员信息沟通渠道和非人员信息沟通渠道。人员信息沟通渠道是指两个或两个以上的人相互之间直接进行信息沟通。人员信息沟通渠道可进一步分为提倡者渠道、专家渠道和社会渠道。提倡者渠道由企业的销售人员在目标市场上与购买者接触所构成；专家渠道由具有专门知识的独立个人对目标购买者进行讲述所构成；社会渠道由邻居朋友、家庭成员与目标购买者的交谈所构成。

非人员信息沟通渠道是指不需要人与人的直接接触来传递信息或影响的媒体。非人员信息沟通渠道又可分为大众性的和有选择的媒体、气氛和事件。大众性的和有选择的媒体由印刷媒体（报纸、杂志、直接邮寄）、电子媒体（广播、电视、互联网）和展示媒体（广告牌、招牌、招贴等）构成。气氛是为促进购买者对所购产品的了解而设计的环境。事件是偶尔用来向目标沟通对象传递特别信息的手段，如召开新闻发布会及举办开业庆典等。

5. 建立反馈系统

沟通者在传播信息后，还必须调查研究这些信息对目标沟通对象的影响。这种调查通常须与目标沟通对象中的一组样本人员接触，询问他们对信息的反应、对产品的态度和购买行为的变化等。营销人员根据反馈信息决定是否需要调整整体营销策略。

促销的基本方式

企业的促销工具多种多样，归纳起来主要有五种基本方式，即人员销售、广告、销售促进、公共宣传和直复营销。

1. 人员销售

人员销售是指企业派出销售人员亲自向目标客户进行产品介绍、推广、宣传与销售，与消费者或用户进行面对面的口头洽谈交易的促销方式。

在现代营销观念的指导下，人员销售的作用不仅体现在出售现有货物，而且体现在配合企业的整体营销活动来满足客户需要。促销人员在与客户面对面、无拘束地洽谈的过程中，能更具体、更全面地了解客户的要求，收集更准确的有关信息。另外，促销人员与客户的关系可从原先单纯的买卖关系向人际友谊与感情方面发展，建立一种亲密的长期合作关系，这是其他促销方式所不及的。

2. 广告

广告是指企业按照一定的预算方式，支付一定的费用，通过一定的媒体把商品信息传递给广大目标客户的一种促销方式。在信息化程度越来越高的现代社会中，广告是企业促销活动中最有效和最常用的手段。广告能够迅速而广泛地向消费者和用户提供商品信息，因为广告媒体是大众化的传播工具。广告媒体有很多，包括广播、电视、报纸、杂志、互联网络、户外媒体、手机短信等。

广告促销决策做得好，会产生意想不到的效果。广告促销决策涉及广告目标、广告预算、广告媒体、广告定位、广告主题、广告表达、广告制作、广告时间、广告效果测定等方面的内容。

延伸阅读

植入式广告

植入式广告又称植入式营销，是指将产品或品牌及其代表性的视觉符号甚至服务内容策略性地融入电影、电视剧或电视节目内容，通过场景的再现，让观众对产品及品牌留下印象，继而达到营销的目的。植入式广告不仅运用于电影、电视，而且被“植入”各种媒介，如网络游戏、手机短信甚至小说之中。

2003 年全球品牌内容营销协会在伦敦成立。该协会的诞生预示着我们正从一个营销沟通的“打扰时代”进入一个“植入的时代”。

植入式广告的发展主要呈现以下四大趋势：

1. 发展的全球化趋势

随着经济全球化的加剧，尤其是电影、娱乐、传媒产业的全球化发展，植入式广告从欧美迅速向全球蔓延。作为一种营销方式，植入式广告随着好莱坞大片进入中国。

2. 涉及领域的广泛化趋势

欧美的电视产业最早开始运用植入式广告，好莱坞的电影产业使其成为一种令人注目的成功的商务运作模式。这种商务运作模式从传统的电影、电视、出版等领域，扩展至游戏、体育、事件、音乐、数据库乃至人们的生活形态和日常活动（比如夏令营）。

3. 媒体运用的多样化趋势

随着新媒体、新技术的发展，植入式广告所涉及的媒体几乎无所不包，从传统的媒体到互联网、手机乃至直邮和户外媒体，只要是能传递信息的介质，就可以成为植入式广告的载体。

4. 运作模式的复杂化趋势

在植入式广告的具体运作中，许多公司已突破单纯的在某一媒体或领域的内容植入，进行更复杂的交互性植入，或者将隐性的植入式广告与显性的广告活动相结合，使广告效果最大化。

资料来源：营销沟通：从“打扰时代”到“植入的时代”，https：//sanwen8.cn/p/2b0dTFN.html.

3. 销售促进

销售促进源于英文 sales promotion，它是构成促销组合的一个重要因素。

销售促进是指企业运用各种短期诱因，鼓励购买或销售企业产品或服务的促销活动。美国市场营销协会定义委员会认为，销售促进是指“除了人员销售、广告和宣传报道以外的，刺激消费者购买和增加经销商效益的各种企业市场营销活动，例如陈列、演出、展览会、示范表演以及其他非经常发生的推销努力”。该定义委员会还指出，在美国零售业，销售促进被理解为零售企业“刺激客户的一切方法，其中包括人员销售、广告和宣传报道”。因此，在美国零售业，销售促进和促销常被视为同义词。

由于市场竞争日趋激烈，企业越来越多地运用一些销售促进的手段来刺激中间商和消费者的购买行为，达到带动销售的目的。

销售促进是企业销售的开路先锋与推进器，历来被各企业视为促销利器。销售促进在鼓励试用、改变购买习惯、刺激购买数量、刺激潜在需求、吸引中间商、推广新产品、宣传附送品、防范竞争者、巩固品牌形象等方面具有独特的功效。

销售促进方式包括以消费者或用户为对象的推广方式、以中间商为对象的推广方式以及以销售人员为对象的推广方式。销售促进的最大特点是即期效果明显。在企业推销新产品和服务，或与竞争对手进行直接竞争时，销售促进的作用非常显著。

4. 公共宣传

公共宣传是指企业以非付款的方式通过第三者在报刊、电台、电视台、会议、信函等传播媒体上进行有关企业产品的有利报道、展示或表演，以刺激人们需求的一种促销方式。公共宣传的主要方式是与政府机构、中间商、零售商和有社会影响的专家学者以及有关的社会团体建立联系，提供各种新闻素材以及各种咨询服务，通过媒体的宣传报道，说明企业对国家、社会及消费者所作的贡献，使社会公众对企业产生良好的印象，提高企业产品的知名度和美誉度。公共宣传的最大特点是潜在效果明显，每一次有利的公共宣传不一定会带来企业产品销售量的陡增，但能提升企业产品在社会公众中的形象，使企业长期受益。

在考虑公共宣传的使用时机与方法时，企业促销部门应该作出如下决策：

(1) 确定公共宣传目标。企业首先应根据自己产品的特点确定公共宣传的具体目标。如美国加州葡萄酒制造商曾委托一家公共关系公司为其进行公共宣传，以使美国人相信喝葡萄酒是快乐生活的一部分，达到提升加州葡萄酒的形象和增加市场份额的目的。为此，公共关系公司确定了以下公共宣传目标：撰写有关葡萄酒的文稿，并设法刊登在最著名的杂志和报纸上；从医学观点出发，指出葡萄酒对身体健康的益处，并请医疗单位予以宣传；分别针对年轻人市场、大专院校市场、政府市场及各种团体拟出特定的公共宣传方案。

(2) 选择公共宣传的信息与工具。促销部门应确认企业产品有哪些具有新闻价值的内容可供报道。如果企业可供报道的素材不够多，宣传人员就应该举办有新闻价值的活动，这时宣传人员所做的与其说是找新闻，不如说是创造新闻。这类活动包括周年庆典、展览会、博览会、时装表演、捐赠仪式、学术讨论会、记者招待会和邀请名人讲话等。有时平凡的创意也能成大新闻。如北京某商场在雨天免费向顾客提供雨伞，只要求顾客凭觉悟在下次光顾商场时再将雨伞送还。尽管会有个别顾客一人带走两把雨伞，后来送回的雨伞也不多，但这一事件被新闻工作者拍成电视新闻播放后，影响很大，而这正是商家所期待的。

(3) 实施公共宣传方案。从事宣传工作必须慎重。一般重大新闻很容易被新闻媒体刊登出来，但企业有分量的重要新闻并不多，不一定都能被编辑采用。所以，宣传人员应与媒体编辑加强联系，了解编辑所需。如果宣传人员把媒体编辑看作一种市场，并满足其需要，编辑必然会采用他们提供的新闻。

(4) 评估公共宣传效果。测定公共宣传的效果是一件比较困难的事情，因为公共宣传通常都与其他促销工具一起使用，很难分清哪些是公共宣传的贡献。但如果在使用其他促销工具之前开展宣传活动，再评价其贡献就容易多了。公共宣传是根据某些沟通对象的反应目标而设计的，所以这些目标可以作为测量其活动效果的基础。一般来说，企业可根据展露次数、知晓—理解—态度方面的变化以及销售额和利润额的变化等来测定宣传效果，具体可参照广告效果的测定方法。

企业开展公共宣传活动应注意与社会热点和公众的心理动向结合起来，这样更容易使活动深入人心。企业开展重大的、专门的公共宣传活动制造新闻，只要活动本身符合新闻的要求，其形式可多种多样、不拘一格。一般来说，企业开展公共宣传活动主要有以下几种形式。

(1) 新闻发布会。新闻发布会又称记者招待会，是企业召开的公开传播重要新闻事件，邀请有关新闻机构的记者参加，让记者就此提问，然后由召集者回答的一种特殊会议。会议材料的形式有口头发言稿、新闻文稿、背景材料、照片、录像以及实物展示等，有的还当场分发新闻资料。会议地点的选择应主要考虑为记者采访提供各种方便，如录像和拍摄的辅助灯光、视听辅助工具、幻灯机等。主持人和发言人在新闻发布会上应注意如下几点：①尽量使会议的全过程生动活泼，主持人要引导记者踊跃提问，充分发挥主持和组织作用。②遇到不好回答或回答不了的问题，应采取灵活而又通情达理的方式予以回答。③在记者提问的过程中，不要随便插话或提出相反的意见，更不能表现出对记者的不满。④发布的消息必须准确无误，若有错误应及时更正，并解释清楚。

(2) 赞助活动。赞助是资助的现代形式，赞助活动不仅对社会有利，而且能赢得社会对组织的好感，树立企业的良好形象。赞助活动的主要类型有：①赞助体育运动。②赞助文化娱乐活动。③赞助教育事业。主要用于建设教育设施，设立研究基金、奖学金、奖教金及其他教育奖励金。④赞助社会慈善和福利事业。开展此类活动是企业与社会、政府搞好关系的重要途径，也是表明企业向社会承担义务和责任的手段，如赞助残疾儿童福利院等。⑤赞助宣传用品的制作。如赞助制作有特殊意义的录像带、电视片、纪录片等。⑥赞助其他活动。如赞助职业奖励基金、竞赛活动等。

企业赞助的形式有两种，一种是由企业主动选择对象进行赞助；另一种是接到请求后同意赞助。企业要想获得更好的信誉，应积极主动选择对象进行赞助。

企业的赞助活动应有计划地进行。应根据企业的赞助政策制定年度赞助计划，确定赞助对象的范围、费用预算、赞助形式等。有了具体的赞助计划才能有的放矢，控制赞助范围和赞助规模。对赞助项目要进行审核评定，确定可行性，决定具体的赞助方式和金额，选择赞助的最佳时机，制定具体的实施方案，同时必须对每项赞助活动进行效果测定。如果无计划地随意开展赞助活动，效果可能适得其反。

（3）特殊纪念活动。每个企业都有一些值得纪念的事件，如开业典礼、产品获奖、新产品试制成功等。利用特殊纪念日制造新闻，是影响公众的极好机会。

（4）展览会或展销会。展览会或展销会是典型的综合运用多种传播手段的形式之一，公共宣传活动中经常采用。它主要通过实物、文字、图表来展现企业的成果、风貌和特征。

展览会和展销会是一种直观、形象和生动的传播方式。它综合了多种传播媒介的优点，能以讲解、交谈、宣传手册、介绍材料、照片、录像、幻灯、广播等不同形式吸引观众，实现企业与公众的双向沟通。它还可以运用实物展示和现场示范来进行公共宣传，很容易给公众留下深刻的印象。它能当场收到公众的反馈信息，帮助企业迅速调整自己的活动或行动。展览会或展销会容易产生较大的社会影响，是新闻媒体追踪的对象，很可能成为新闻报道的题材。企业无论是独立举办展览会或展销会还是参展，都要充分利用机会制造新闻，扩大影响，与媒体广泛接触，达到树立良好形象、促进产品销售的目的。

此外，企业还可以借助消费者座谈会、用户洽谈会、企业商品研讨会、企业新产品介绍会、股东年会、与外商的签字仪式等活动开展公共宣传。

5. 直复营销

直复营销源于英文 direct marketing，即直接回应的营销。它是以盈利为目标，通过个性化和大众沟通媒介向目标市场成员发布产品报价信息，以寻求对方直接回应（问询或订购）的社会化管理过程。直复营销的定义有许多种，其中最具权威性且被普遍接受的当属美国直复营销协会的定义，即直复营销是一个与市场营销相互作用的系统，它利用一种或多种广告媒介对各个地区的交易及可衡量的反应施加影响。

由于直复营销人员直接针对每一个目标客户开展营销活动，因此，它具有广告等促销方式无法比拟的优越性。概括起来有以下几方面：

（1）目标客户的选择十分准确。直复营销人员可以从客户名单和数据库中挑选出潜在客户作为目标客户，然后与单个目标客户或特定的商业用户进行直接的信息交流。

（2）强调与客户的关系。在直复营销活动中，直复营销人员可根据每一个客户的不同需求和消费习惯开展有针对性的营销活动。这使直复营销人员更注重与客户保持良好的关系。

（3）激励客户立即反应。直复营销人员总是竭尽全力激励广告接收者立即采取某种特定的行动，并为客户的立即反应提供一切可能的便利。

（4）营销战略隐蔽。直复营销战略不是大张旗鼓进行的，因此不易被竞争对手察觉。即使竞争对手察觉也为时已晚，因为直复营销广告和销售是同时进行的。

（5）效果可测。在直复营销活动中，客户产生的直接反应很容易测定，直复营销人员可立即根据客户的反应了解产品的不足并不断改进产品。因此，直复营销具有很高的效率，可以避免无谓的浪费。

典型的直复营销方式主要有以下几种：电话营销、直邮营销、电视营销、印刷媒介营销、广播营销、网络营销。

（1）电话营销。电话是消费品和企业类产品直复营销不可或缺的工具。随着信息技术的发展，电话已超越了其传统的功能。如今，各种通信硬件和软件、数据库技术、拨入和拨出 WATS、呼叫中心和自动拨号等新兴技术在企业得到广泛应用。电话营销也发展成为对电信和信息处理技术加以综合运用的工具，在优化企业营销组合中扮演着重要角色。

一个能够自如驾驭电话这种营销工具的企业，对电话营销都有系统的规划和可操作的计划乃至流程，而不是随机、无计划地拨出或接入。而且，企业主动的电话拨出都是有针对性的，通话方是企业精心选择的目标市场成员，包括现有客户或潜在客户（准客户）。企业运用电话营销，不仅可以实现与客户的个性化互动，而且能够更好地满足客户的需要，提高企业经济效益。因此，在众多成功的企业中，电话营销都被作为一个专业性很强的职能来管理。

（2）直邮营销。直邮营销是通过向目标市场成员直接邮寄载有企业产品或服务报价的邮件进行信息沟通，目标市场成员通过寄回邮件或打订购电话进行购物。从广义上说，直邮营销包括所有以邮寄报价信息载体为手段寻求目标市场成员反应（订购或问询）的活动。具体地说，直邮主要包括独立的产品或服务报价信息的小册子和同时包含众多商品的目录两种形式。

独立的产品或服务报价邮件是一种为企业广泛使用的直复营销沟通工具，但也最容易造成收件人的反感。这种直邮的特点是产品单一、题材广泛、运用灵活，推广的标的从保险、工艺品到研讨会、计算机软件，种类繁多，不一而足。

目录不同于一般的独立产品报价邮件的突出特点是，它包含的产品数目远不止一种，而且这些产品大多属于同一类别。

（3）电视营销。电视营销是指通过在电视媒介发布直接反应报价信息（即直接反应电视广告），以寻求目标市场成员作出回应的直复营销活动。

从商业属性看，直接反应电视广告与普通电视广告截然不同。首先，普通电视广告的目标旨在告知和说服，并不寻求立即反应，而直接反应电视广告除了需要沟通和说服，最重要的是寻求目标受众的立即行动。其次，普通电视广告的目标受众是大众，而直接反应电视广告的目标受众一般是某个特殊群体，而且通常会附带电话号码，鼓励目标受众打电话订购或问询。

（4）印刷媒介营销。印刷媒介营销通常是指利用杂志、报纸和其他印刷媒介做直接反应广告，鼓励目标市场成员通过打电话或者回函订购。这类广告通常又称直接反应平面广告，一般包括至少一种反应机制，例如订购单回执或订购电话等。

杂志是最古老的直接反应媒介之一，许多产品或服务的营销者利用杂志做直接反应广告。报纸也是一种重要的直复营销媒介，在当今的新媒体出现以前，报纸是占主导地位的大众媒介。随着各种新技术的出现，报纸面临越来越激烈的竞争，尤其是近年来网络快速发展，使得报纸逐渐失去主导地位。报纸出版商纷纷寻求新的传播渠道，设立网站，发行报纸的电子版。此外，在印刷媒介中，杂志越来越具有明确的目标读者指向性和专业性，也对报纸构成了严峻的挑战。

（5）广播营销。广播既可以作为直接反应的主导媒介，也可以用于配合其他媒介。在这一点上，它与电视十分相似。广播与电视的不同之处在于，广播可以在人们做其他事情（例如开车、行走等）时收听，而且广播广告信息的制作和发布非常迅速，而电视不具备这一特点。

传统上，人们并不认为广播是一种适宜做直接反应广告的媒介，原因是：人们在收听广播时通常都在做其他事情，一般不方便停下来去找纸和笔记下地址或电话。等找到纸和笔，广告可能早就播完了。因此，考虑到这些局限性，许多直复营销者将广播作为一种支持性的媒介，在直复营销活动中配合其他媒介，以达到提高反应率或提升影响力的目的。

（6）网络营销。网络营销在近些年发展迅速。企业在自己的网站或相关网页发布产品或服务信息，并提供反应机制，目标市场成员通过点击相关的回应工具（例如订单）或者打电话问询或订购。因此，网络营销的主要信息沟通媒介是网页，其重要特征之一是购物方便快捷。企业自己的网站或网页实际上就相当于现实世界中的组织机构或部门，因此，网上营销站点又有“网上商城”或“电子商店”等形象的称谓。

随着移动互联网络的发展，网络购物人群大幅增长，网络营销进入一个新阶段，随之诞生了一类新型网络经营主体——微商。微商是继电商之后兴起的一种社会化移动社交电商模式。它是企业或者个人基于社会化媒体开店形成的新型电商，主要分为两种：基于微信公众号的微商称为 B2C 微商，基于朋友圈开店的微商称为 C2C 微商。这与电商拥有 B2C 平台（如天猫）和 C2C 平台（如淘宝）类似。所不同的是，微商基于微信连接一切的能力，实现商品的社交分享、熟人推荐与朋友圈展示。

延伸阅读

如何让你的沟通简单高效

国内的营销活动很多时候是形式大于内容，换言之，就是你做了什么不是最重要的，重要的是你要让人知道你做了什么。沟通对于营销人员来说很重要，下面重点介绍针对经销商的比较有效的沟通方法。

1. 负面新闻暴露法

这种方法对于增进与经销商的沟通很有效，很多营销人员总是认为自己是总部派到某个市场去管理经销商的，这个定位没有错，但是会让经销商有意见。为什么？因为经销商大多有多年从商经历，不论阅历还是身家都是营销人员所不及的。营销人员的优势可能是学历高，这对经销商来说不起作用，就算你是 MBA，他们也不认账，而且你亮出高学历有可能招致低学历的经销商的反感。但是营销人员有另外一个优势，那就是信息的来源广泛，尤其是掌握负面的信息多，比如，哪个经销商破产，哪个经销商被查等。这些负面的信息对经销商来说最有刺激作用，一是因为好奇，二是因为谁都不希望事情发生在自己头上。经销商一般听到这个负面的信息就会有兴趣听下去，在这个过程中，营销人员可以适当地提出个人的建议来获取经销商的认同。

2. 自身难处暴露法

营销人员初到一个新的市场，对很多情况不了解，如果让客户了解自己的处境和弱项，一般能够得到经销商的帮助，一是因为经销商想为以后争取好政策做准备；二是因为这符合国人同情弱者的心理。

3. 思维分析模仿法

这种沟通的境界很高，需要对人性加以分析。我们可以试着想一下，如果你知道一个人心里想什么，就很容易掌握他。但是要知道一个人在想什么，尤其是一个你不是很熟悉的人在想什么，是没有办法做到的。我们可以换一个角度来分析，他在想什么我不知道，但我可以分析他会怎样想，也就是分析他的思维方式。一个人的活动可能是代表个人的，也可能是代表团体的，若代表个人，可以按照马斯洛的需求层级来分析，若代表团体，他的思维方式就是混合式的。在这里借鉴牛根生的一句话——沟通三换思维：换位思考，换心思考，换向思考。

资料来源：黄会斌．如何让你的沟通简单高效，http：//www. emkt. com. cn/article/373/37319. html.

3.2 销售促进决策

鉴于销售促进的重要性和应用的广泛性，本节和 3.3 节对销售促进决策和策略进行专门阐述。

销售促进的特征

与其他促销方式相比，销售促进具有以下特征。

1. 非连续性

销售促进一般是为了某种即期的促销目标而专门开展的一次性促销活动。它不像广告、人员销售、公共宣传那样作为一种连续的、常规性的促销活动出现，往往着眼于解决更具体的促销问题，因而是非规则、非周期性地使用和出现的。

2. 形式多样

销售促进的方式多种多样，有优待券、竞赛与抽奖、加量不加价、集点优待、折价优待、包装促销、回邮赠送、付费赠送、退费优待、零售补贴、免费样品、POP 广告等。这些方式各有长处和特点，企业可根据不同的产品特点、不同的市场营销环境、不同的客户心理等灵活地加以选择和运用。

3. 即期效应

销售促进往往是在一个特定的时间里，针对某些消费者或中间商提供一种特殊优惠的购买条件，给买方以强烈的刺激。只要方式选择运用得当，其效果能很快地在经营活动中显现出来，而不像其他促销方式那样需要较长的周期。因此，销售促进比较适合那些突击式的、需要快速见效的促销目标。

销售促进决策的内容

企业在运用销售促进策略的过程中，需要进行一系列的决策活动。

1. 确定销售促进目标

一般来讲，销售促进目标是从总的促销组合目标中引申出来的，而它在总体上又受企业市场营销总目标的制约，表现为这一总目标在促销策略方面的具体化。在不同类型的目标市场上，销售促进的具体目标各不相同。就消费者而言，目标可以确定为：鼓励大量购买和重复购买；吸引潜在购买者试用；说服竞争者的品牌使用者放弃原有品牌而改用本企业产品。就中间商而言，销售促进的目标可以确定为：吸引中间商购买新的产品项目和提高购买水平；鼓励非季节性购买；对抗竞争者的促销活动；建立零售商的品牌忠诚和获得进入新的零售网点的机会。就促销人员而言，销售促进的目标可以确定为：鼓励对新的产品或型号的支持；刺激非季节性销售；鼓励达到更高的销售水平。企业促销部门要分析多种因素，确定一定时期内销售促进的特定目标，并尽可能使其量化且切实可行。

2. 选择销售促进工具

销售促进的工具多种多样，各有特点和适用范围。一个特定的销售促进目标可以采用多种销售促进工具来实现，所以应对多种销售促进工具进行比较选择和优化组合，以实现最优的促销效益。在选择销售促进工具时主要应考虑以下因素：

（1）市场类型。不同的市场类型对销售促进有不同的要求。如消费者市场和中间商市场的需求特点和购买行为有很大的差异，所选择的销售促进工具必须适应企业所处市场类型的特点和相应要求。

（2）销售促进目标。特定的销售促进目标往往对销售促进有较明确的条件要求和制约，从而规定了销售促进工具的选择范围。

（3）竞争情况。应考虑企业自身的实力、条件、优势与劣势以及企业外部环境中竞争者的数量、实力、竞争策略等因素，选择最适合自己、最有效的销售促进工具。

（4）促销预算及每种销售促进工具的成本效益。企业市场营销费用中有多少用于促销，促销预算中又有多大比例用于销售促进，往往对销售促进工具的选择形成一种硬约束。另外，每种销售促进的成本效益以及不同销售促进工具组合的综合效益也是有差别的。

3. 制定销售促进方案

在确定了销售促进目标和工具后，接下来就要制定具体的销售促进方案。在制定具体方案时要就以下几方面作出决策。

（1）激励规模。销售促进对象的激励规模要根据费用与效果的最优比例来确定。要使销售促进活动取得成功，一定的激励是必要的，关键是找出最佳的激励规模。最佳激励规模要依据费用最低、效率最高的原则来确定。只要销售促进工具选择恰当，有一定的激励规模即可，如果激励规模过大，虽然也会促使销售额上升而产生较多的销售利润，但效率将相对递减。例如，企业选择一种或几种刚上市的新产品实行有奖销售，效果可能不错，但如果所有经营品种都这样做，就可能得不偿失了。一般来说，一定的激励规模足以使销售促进活动引起客户的注意；当激励规模超过一定水平时，将使销售反应的增加呈递减之势。通过考察销售和成本增加的相对比率，企业营销人员可以确定最佳激励规模。一些大公司专门设立一名销售促进经理，主要研究过去各种销售促进活动的成本与效益，科学地计算合理的激励规模，然后提出建议，品牌经理根据实际情况采取适当规模的激励措施。

（2）激励对象。激励是面向目标市场的每一个人还是某部分人？将范围控制在多大？哪类人是主攻目标？选择正确与否会直接影响销售促进的最终效果。通常，某种赠品可能只送给那些寄回包装物的购买者；抽奖可能限定在某一范围内，不允许企业员工的家属或一定年龄以下的人参加。企业在选择激励对象时，要尽量限制那些不可能成为长期客户的人。

（3）送达方式。企业营销人员还必须研究通过什么送达方式才能达到理想的效果。企业要根据激励对象以及每一种渠道的成本和效率来选择送达方式。此外，企业还要考虑费用与效果的关系，反复权衡选择最佳的送达方式。

（4）活动期限。任何销售促进方式在实行时都必须规定一定的期限，不宜过长或过短。如果销售促进活动的时间过短，可能使一些潜在客户错过机会而无法获得利益，这时他们可能无暇顾及或来不及再次购买该产品，达不到预期的效果。如果持续时间过长，又会引起开支过大和损失刺激购买的力量，并容易使企业产品在客户心目中降低身价。具体的活动期限应综合考虑产品的特点、消费者购买习惯、促销目标、竞争者策略及其他因素，依实际需求而定。

（5）时机选择。销售促进日程的安排也值得研究。一般来讲，销售促进的时机应根据消费需求的时间特点，结合总的市场营销战略来确定，其日程安排应与生产、分销、促销的日程协调一致。在不同地区推出销售促进活动应与区域营销管理人员一起根据整个区域的营销战略来研究与决定。

（6）预算及其分配。销售促进活动的支出较大，事先必须确定预算。从销售促进实践来看，有一些销售促进预算工作的失误值得我们注意。主要表现为三个方面：第一，缺乏对成本效益的考虑；第二，编制方法过于简单化，比如沿用上年的预算开支数字，按预期销售的一定百分比计算，广告支出维持一个固定比例，或利用“剩余法”，即将总的促销预算减去当期的广告支出，剩余的才用于销售促进；第三，广告预算和销售促进预算分开编制，而不是结合起来综合考虑。

4. 试验、实施和控制销售促进方案

销售促进方案制定后一般要经过试验才予以实施。通过试验，可以知晓所选用的销售促进工具是否恰当，刺激规模是否最佳，实施效率如何等。一些大公司常在选定的市场区域中对不同的策略进行试验。面向消费者市场的销售促进较容易进行试验，可邀请消费者对几种优惠措施作出评价，给出评分。

对于每一项销售促进工作都应该确定实施和控制计划。实施计划必须包括前置时间和销售延续时间。前置时间是实施这种方案前所必需的准备时间。在此期间主要的工作包括：最初的计划和设计工作，包装设计的修改、批准以及材料的邮寄或者分发；配合广告宣传的准备工作；通知现场促销人员；为个别分销店建立地区的定额；购买特别赠品或印刷包装材料；预期存货的生产及发放，等等。销售延续时间是指从开始实施优惠措施起到大约95%的执行此优惠措施的商品到达消费者手中为止的时间。这段时间可能是一个月，也可能是几个月，主要取决于活动持续时间的长短。在实施计划的过程中，有相应的监控机制做保障，并有专人负责控制进展，一旦出现偏差应及时纠正，对意外情况应及时处置。

5. 评估销售促进效果

销售促进活动结束后，应立即对其效果进行评估，总结经验与教训。很多企业往往忽视这一工作，有关销售促进活动获利性的评估少之又少。实际上，评估销售促进效果是销售促进决策的重要一环，对整个市场营销战略的实施具有重要意义。

评估销售促进效果的方法依市场类型的不同而有所差异。企业在评估对零售商销售促进的效果时，可根据零售商销售量、商店货架空间的分布和零售商对合作广告的投入等进行测定。企业在评估对消费者销售促进的效果时，可采用以下四种方法。

（1）销售绩效分析。这是最普通、最常用的方法，即对销售促进活动开展前、开展期间和开展后的销售额或市场份额进行比较分析，根据数据变动来判断。在其他条件不变的情况下，增加的销售额或市场份额就归因于销售促进活动的影响。

（2）消费者固定样本数据分析。这种方法可用来评估消费者对销售促进的反应。

（3）消费者调查。这种方法是在目标市场中找一组样本消费者面谈，了解事后有多少消费者能回忆起这项销售促进活动；他们如何看待这次活动，有多少人从中受益；对他们后来的品牌选择行为有什么影响，等等。还可以进一步采用某些标准对消费者进行分类来研究更具体的结果。这种方法常用来研究某种销售促进工具对消费者的影响。

（4）实验研究。这种方法是指通过变更刺激程度、优待期间、优待分配媒体等属性

来获得必要的经验数据，供比较分析和得出结论。将优待属性的改变与地理区域的变换相结合，可以了解不同地区的销售促进效果。运用这种方法还需对客户进行追踪调查，以了解不同优待属性引起消费者的不同反应的原因及其规律，为改进销售促进活动、提高其效果提供依据。

实践观察

淘宝网的销售促进决策

1. 确定销售促进目标

随着互联网技术的蓬勃发展，其用户群体迅速增长，数据库营销顺应了当代社会的发展规律，可以帮助企业更准确地确定促销目标。企业通过广泛收集有关消费者的信息(包括地理因素、购物偏好、习惯等)，推断预测消费者购买概率较高的商品，借助这些信息对产品进行定位，有针对性地传递周边商品信息，促使消费者购买商品。

2. 选择销售促进工具

为了更好地应对电商平台的激烈竞争，淘宝网的管理者综合使用多种促销工具以赢得更多的消费者。在抵制竞争者的促销中，企业设计降价组合产品，通过价格优势促使价格敏感的消费者群体购买，以取得快速的防御性反应；对于有明显竞争优势或新推出的产品，为吸引消费者率先采用，通过赠送产品试用样品提高知名度及加快口碑传播；选择红包、折价券、特价包、抽奖、游戏等促销工具以获得更多的客流量，提高产品的成交量。

3. 制定销售促进方案

在制定销售促进方案时要考虑以下方面：

(1) 诱因的大小。比如线上旗舰店会在交易成功一周或一个月后以短信的方式通知顾客领取店铺的限时折扣券，淘宝网平时会不定期发放小面额店铺专用优惠券。在特殊时期，如“双十一”、春节期间，则采用较小面额的红包或品牌专用折扣券等方式实现销售促进的目标。2015 年“双十一”购物节后对网购消费者进行的问卷调查显示，75%的消费者通过各种抢红包活动获得了 20 元以下的现金红包，51.56%的消费者获得了 1～5 张价值 10 元的“双十一”购物券。消费者所得红包都可以在“双十一”当天使用，“双十一”购物券在不同的店铺有不同的满减使用要求。

(2) 参与者的条件。对于消费频率高、消费额度大的消费者，商家会发放更多优惠券；对于普通消费者，商家采用抽红包、抢红包的方式来吸引顾客，增加客流量。

(3) 媒体的选择。营销人员将决定如何在目标市场中实施销售促进方案。商家通过发送短信的方式将礼券赠送给回头客，提升消费者对品牌的好感度，使消费者发生再次购买的行为；用微博、微信等方式进行品牌宣传；在淘宝首页搜索关键词，消费者就可以参与抽奖、抢红包等活动，这些方式都有助于提高品牌知名度和亲和力。在 2015 年天猫推出的各种抢红包互动活动中，“天猫狂欢城玩游戏抽红包”“密令红包”“红包雨”这三种方式参与度较高，前两种方式中都嵌入了品牌店铺和品牌关键词。

(4) 时机的选择与时间的长短。淘宝与天猫打造的“双十一”购物节，已成为全国范围的大型电子商务网站购物促销日。这个人造节日让很多人积攒很久的预算在一天内释放。调查数据显示，“双十一”的全方位营销方式能够带来更多的客户流量和消费。

被称为全球华人“年夜饭”的中央电视台春节联欢晚会，具有极高的关注度和收视率。央视春晚不仅是传播中国传统文化的平台，而且是企业提高知名度的平台。在 2016 年猴年春晚直播期间，支付宝与央视春晚联手，推出跨平台互动“集五福，分 2.15 亿”营销新模式，在短时间内用低成本的方式实现了产品品牌宣传与销售呈指数级增长，在提高营销成功率的同时保持了较高的顾客满意度。

4. 评价销售促进结果

从消费者关注促销的时间统计来看，59.38%的消费者在 2015 年 11 月 1 日之前就开始关注当年的“双十一”活动，35.94%的消费者在 11 月 1—10 日开始关注，只有 4.69%的消费者在“双十一”当天及以后才关注。对于一些知名度较高的品牌来说，59.38%的消费者领取红包之后对品牌及店铺产生了进一步的关注。由此可以看出，红包优惠活动仍然具有一定的影响力和吸引力。22：30 发出的 66 元红包使用率较低，主要是因为其出现在“双十一”成交的尾声，而且设置的使用门槛金额较高，消费者对这种方式不太感兴趣。红包普遍面额小、抽中概率低，使多数消费者对抢红包的活动积极性不高，商家可以在提高红包金额的同时通过满减的方式刺激消费。

资料来源：张一帆．浅析淘宝网销售促进策略．现代商业，2016 (34)，77 - 78.

3.3 销售促进策略

随着企业销售促进活动的增加，各种销售促进策略得到广泛运用。销售促进策略可归纳为 10 类：赠送优待券、折价优待、集点优待、退费优待、竞赛与抽奖、赠送样品、付费赠送、包装促销、零售补贴和 POP 广告。

赠送优待券

赠送优待券是指企业向客户以邮寄、放在商品包装中或广告等形式附赠一定面值的优待券，持券人凭此优待券在购买某种商品时免付一定金额的费用。

优待券可分为两大类，即零售商型优待券和厂商型优待券。

1. 零售商型优待券

零售商型优待券只能在特定的商店或连锁店使用。通常，此类优待券由总经销商或零售店策划，并用在平面媒体广告或店内小传单、POP 广告上。运用此类优待券，绝大多数是以吸引消费者光顾特定商店为主要目的，而不是为了吸引消费者购买特定品牌的商品。另外，它也广泛用来协助刺激消费者对店内各种商品的购买欲望。零售商型优待券的种类主要包括：

（1）直接折价式优待券。即在特定期间内，在特定零售店购买特定品牌，可凭券享有折价优待。这种促销方式也可用于大量购买。

（2）免费送赠品优待券。即买 A 产品可凭券免费获赠 B 产品。

（3）积分点券。即购买某商品时，可获赠积分点券，凭这些积分点券可在该零售店兑换自己喜欢的赠品。此券的价值一般由零售商自行决定。

2. 厂商型优待券

厂商型优待券是由产品制造商的营销人员推出和发放的，通常可在各零售点兑换，并获得购买该品牌商品的折价或特价优待。厂商型优待券因发放方式不同又可分为以下四类。

（1）直接送给消费者的优待券。这种优待券通常是通过挨家挨户递送或邮寄方式直接送到消费者手里的。它既可单独寄送，也可附带介绍或宣传资料一起寄送。还可采用在街头发放、置于展示台上任人自取、以商店“欢迎取用”告示牌吸引客户索取、委托促销或直销公司代送等方式发送。联合邮寄是这类优待券较为常见的一种送达方式。

（2）媒体发放的优待券。通过媒体发放优待券时，应根据媒体受众的不同选择相应的媒体。如今，我国消费者在报纸、杂志、周末或周日附刊等印刷媒体上能看到许多公司的各类优待券。

（3）随商品发放的优待券。这是为消费者再次购买时提供优惠的一种形式。它包括“包装内”和“包装外”两种方式。前者是指将优待券直接附在包装里，运用此方式时，商品的盒子或纸箱上常以“标贴”的方式特别标明，以吸引消费者的注意。后者是指在包装上某处附有优待券，它可以印在包装标签或纸箱上。需要注意的是，食品类商品在使用包装内优待券时要特别小心，优待券的形式、规格、纸张材料、印刷方式等均应符合食品卫生管理的规定。

另外，某商品的优待券可以放在其他类别商品的包装内或包装上，称为交叉取胜优待券。此方式多用于相互依存的商品。比如，某品牌咖啡在其包装内或包装上附一张优待券，凭此券购买咖啡伴侣可享受优惠；在午餐盒上附一张兑换舞会门票的优待券，等等。交叉取胜优待券常被同一厂商搭配不同商品时采用，有时由不同厂商的产品联合采用。

（4）特殊渠道发放的优待券。目前市场上出现了多种规模较小却发展迅速的优待券发送方式，在零售业中尤其流行。较常见的是将优待券印在收银机打出的收款条背面、商店的购物袋上、蛋糕盒上、冷冻食品包装袋上、街头促销宣传单上等可利用的地方。这类优待券发放渠道多，运用灵活，但正因其发放方式新颖，无长期的记录轨迹可循，所以运用时要慎重。

折价优待

折价优待也是企业常用的销售促进策略之一。折价优待是指企业在一定时期内将商品售价降低一定幅度，也可以说是适当地减少自己的利润以回馈消费者的销售促进活动。企业采用折价优待主要是为了与竞争品牌产品的价格相抗衡。折价优待还可促进销售，扩大市场份额。从长远来看，折价优待也可增加企业利润。

大部分厂商常用折价优待来维系现有消费者，或抵制竞争者的活动。通常，折价优待在销售点能吸引消费者的注意，并能激起消费者的购买欲望，增加销售点的销售量，甚至可刺激消费者购买单价较高的商品。

折价优待的运用方式灵活多样，不胜枚举。较常用的方式有以下几种。

1. 标签上的运用

在商品的正式标签上可以运用锯齿形设计、旗形设计或其他创意，将折价优待信息告知消费者。

2. 软质包装上的运用

通常情况下，将折价标示在软质包装上不太容易，而且容易出问题，所以在设计制作时应请教有经验的设计师，以少走弯路。

3. 套袋式包装上的运用

当几种商品包装在一起做折价促销时，可以将折价金额标示在套袋上。

4. 买一赠一时的运用

买一赠一等商品折价促销形式深受消费者的喜爱，能吸引消费者积极参与。国内实行开架型自助式售货的超市越来越多，营销人员认为消费者大多是在店门口或货架前才作出购买决定，所以，折价优待在如今的营销活动中成为重要的促销手段。

集点优待

集点优待，又叫商业贴花，指消费者每购买一定单位商品就可以获得一张贴花，若筹集到一定数量的贴花就可以换取商品或奖品。消费者对集点优待的偏好不一，但总的说来，不失为一种重要且具影响力的促销手段。此促销手段的最终目标是让客户再次购买某种商品，或再度光顾某家商场。

集点优待与其他促销方式最大的差别在于时间上的延迟。消费者必须先购买商品，再收集点券，在达到符合赠送要求的数量后才可获得赠品。

通常，消费者如果参加了某一集点优待活动，就会积极地收集点券以兑换赠品，不会转而购买其他品牌的商品。可见，集点优待对解决某些促销问题颇具效力，尤其是对促使消费者再次购买及保护现有使用者免受竞争品牌的干扰等更有效。

退费优待

退费优待是指企业根据客户提供的商品购物凭证给予一定金额的退费，以吸引客户，促进销售。

退费优待适用于各行各业，效果明显。退费优待适合绝大部分商品。

有些厂商在促销过程中运用全额退费优待，事实上该方式只适用于价格较低的商品。目前更多的营销人员采用退还固定金额的方式。

退费优待的运用方式主要有以下几种。

1. 单一商品购买优待

为单一商品购买而提供的退费优待，常偏重于个性化、理性购买型商品，或高价位的食品、药品、健康和美容用品等。国外有的汽车厂商甚至对购买新车者给予 500～1 000 美元的退费优待。

2. 同一商品重复购买优待

此种方式是指两次或两次以上购买同一种商品时所采用的退费优待。

3. 同一厂商多种产品购买优待

通常，厂商在开展这种促销活动时提供不同的产品系列，以便客户任意选购所需商品，同时收集不同的标签以获得相应的退费优待。

4. 相关性商品购买优待

将相关性商品合并在一起提供退费优待，是产品促销中运用最普遍的一种方式。比如巧克力饮料公司与鲜奶公司联合实行退费优待，客户买了巧克力饮料公司的饮料，再去购买鲜奶就可获得一定金额的退费优待。此种方式的关键在于促销经理的创意和经费。

竞赛与抽奖

竞赛与抽奖是指企业通过某种特定方式，以特定奖品为诱因，让消费者感兴趣，积极参与并期待中奖的一种销售促进活动。一项规划完善的竞赛或抽奖活动能帮助企业达到既定的促销目的和销售目标。

美国广告代理商协会认为，竞赛是一种请消费者运用和发挥自己的才能以解决特定问题或完成特定任务的活动。在现实中我们常见到这样的竞赛方式，比如要求消费者针对某商品写一首诗，或给产品命名，或为配乐加上几个音符等，然后依水平优劣或摇号选出优胜者。竞赛活动要靠才能和运气才能获胜。

通常，竞赛活动的参与者必须提供购物凭证或具备一定的条件。因此，竞赛通常需要具备三个要素，即奖品、参与者的才能和学识以及某些参加条件限制，据此评选优胜者。

美国广告代理商协会认为，抽奖不是针对部分有才能的消费者举办的，获奖者是从所有参与者中抽出的，也就是说，奖品的赠送全凭个人的运气。参与者只要填好姓名、身份证号码或其他个人资料即可。

赠送样品

将产品免费送达消费者手中的销售促进方式称为赠送样品。在绝大多数促销活动中，消费者须完成某些事情或符合某些条件才可获得馈赠。免费赠送样品则不同，消费者无须具备条件即可得到商品。实践证明，免费样品是企业吸引消费者试用其产品的好方法，特别是在新产品进入市场时。

但并非所有的商品均适合采用赠送样品方式来进行销售促进。在商品极特殊或市场需求小且有选择限制时，赠送样品的效果欠佳；当产品有差异性或优于竞争品牌，并值得向消费者进行宣传时，赠送样品的效果较好。根据经验，大众化消费品最适合采用此方法。因此，当广告难以详尽表达产品的特性时，通过赠送样品来推介产品效果明显，因为只要展示产品的利益，即可得到消费者的认可。

经验证明，在为新产品上市做广告宣传之前的 4～6 周，先开展赠送样品促销活动，不仅可有效地激发消费者的兴趣，还可增强其尝试购买的意愿。但有一点必须注意，那就是要保证货源充足、渠道顺畅，以免出现消费者想买却买不到的情况，因为这会挫伤购买者的积极性。

赠送样品按发送方式的不同可分为以下七种。

1. 直接邮寄

直接邮寄即将样品通过邮政部门邮寄，或由快递公司或促销公司直接送到潜在消费者手中。

2. 逐户分送

逐户分送即将样品以专人方式送到消费者家中。通常通过运送公司或委托专业的样品促销和直销服务公司执行。一般是将样品放在门外、客户信箱内，或者交给应门的消费者。此种方式直接面对消费者，无中间的转递，效果很好。

3. 定点分送

定点分送即选择在零售店、购物中心、主要街道、转运站或其他人流汇集的公共场所等地点，将样品直接交到消费者手中。同时，要向消费者宣传有关产品的销售信息，使消费者了解产品。此法若与优待券或其他举措相结合，则效果更加明显。

4. 联合或选择分送

联合或选择分送即由专业的营销服务公司来规划不同的分送样品方式，以便有效地送到目标消费者手中。比如对于新娘、军人、学生、婴儿、母亲或其他特定的消费群体等，根据其个别需求将有相关性但无竞争性的一组商品放入一个样品袋送到他们手中。

此法因构思巧妙、样品袋精致、送得贴切自然而备受消费者喜爱。另外，此法是针对特定对象分送组合样品，可以既迅速又直接地接触目标客户，而且各品牌分摊费用使成本下降。

5. 媒体分送

部分消费品可经由大众媒体，特别是报纸、杂志将免费样品送给消费者。比如，样品体积小且薄，可附在杂志中分送给订阅者。此法的最大优点在于能将样品送到家庭和机构中，同时能够传播商品信息。

6. 凭优待券兑换

消费者可持优待券到零售店兑换免费样品，或者将优待券寄给厂商换取样品。这一促销方式的效果往往不错，但是费用较高，因为厂商要支付零售点样品兑换处理费或样品邮寄费。

7. 入包装分送

入包装分送即在主打商品中放入非竞争性商品作为附送的免费样品。样品通常被视为主打商品的赠品。因消费者的购买及尝试意愿不能充分地展现，所以此法的运用效果较差，但由于费用较低合作双方都没有损失。例如，某药品公司与剃须刀公司联合，将一种感冒药样品装入剃须刀内，这一促销方式使双方各享其利。

付费赠送

付费赠送即消费者在购买特定商品时支付赠品的部分费用，就可获得赠品。

成功的付费赠送促销活动，关键在于所提供的赠品只能在此次赠送中获得，而很难从别处找到。因此，越来越多的营销人员极力挖掘独特的赠品，特别是流行、时尚的商品，因为这类商品特别受欢迎，所以促销效果很好。

包装促销

开展包装促销活动最主要的目的就是凭借特殊的包装，在零售店的货架上以独特之处吸引消费者。特别是当商品的差异性不大时，效果明显。

通过包装内、包装上、包装外或可利用包装等进行促销，在激励消费者尝试购买方面特别见效。若消费者因赠品而购买本商品，经试用后深感满意，会继续使用，进而成为该商品的忠实客户。

尽管采用不同方式促销的目的相同，但这些方式存在差异，适用的产品类别也有差异。

1. 包装内赠送

包装内赠送是指将赠品放在产品包装内附送。此类赠品通常体积较小、价格较低，但目前也有将规格大、价格高的商品（如餐具、酒具等）附在电冰箱的箱体内赠送的例子。

2. 包装上赠送

包装上赠送是指将赠品附在产品上或产品包装上。包装上赠品的种类较多，比如用橡皮筋将赠品与商品扎在一起，或用透明成型包装将二者放在一起，也有的将优待券、折价券等印在包装盒或纸箱上，以便消费者剪下来使用。

3. 包装外赠送

当赠品体积较大，无法与产品包装在一起时，可在零售店内将赠品摆放在产品附近，以便消费者购物时一并带走。

4. 可利用包装赠送

此促销方式的最大特点是：产品通常被装在容器内，当产品用完后，此容器可用来装其他东西，是个很好的储物罐。这类赠品在药品、保健品和饮料类产品中使用得相当普遍。

零售补贴

制造商激励零售商积极促销的惯用法宝是零售补贴，又称零售折让。其运作方式是短期的特别销售奖励。通常，制造商为鼓励零售商大量进货并积极配合商品促销活动，特别给予降低进货价的优待。此种降价折扣也促使零售商的售价随之降低，从而给消费者提供实质性的优惠。对于制造商和零售商而言，零售补贴均是备受重视的重量级促销手段。

零售补贴有许多种，可归纳为两大类：一种是无条件补贴，即不对零售店做任何硬性规定，仅提供折扣，以创造销售佳绩。这样一来，有些零售店会主动降价以优待消费者，有些则不一定降价，对此制造商并无强制性要求。另一种是有条件补贴，零售商作出某种承诺才能享受补贴或折让。通常，制造商会要求零售商调低商品零售价，或将补贴用于优待消费者。

需要指出的是，这里介绍的零售补贴是假设制造商直接出货给零售商，并未通过中间的总经销或地区代销商。当然，绝大部分情况是制造商拟定零售促销方案，提供给经销商，再发给零售商。经销商有时会增大商品折扣，有时不向零售商提供折价优待。为便于理解，在此基于制造商—零售商渠道来阐述。

1. 无条件补贴

无条件补贴有以下几种：

（1）凭发票扣抵补贴。它是指在一定期间内凭发票即可享受的补贴。比如，若 5 月 2 日到 6 月 8 日期间，购买任何数量的某商品均可享受每箱 10 元的折价补贴，此促销优待只与进货时间有关，与数量无关，而且可直接凭发票扣抵。如每箱原价 100 元，零售商进货 50 箱应付 5 000 元，因开展促销活动可扣除补贴 500 元，则凭发票只需实付

4 500 元。

此类补贴简便易行，深受制造商及零售商的喜爱。有时制造商还可说服零售商在折价期间降价优待消费者。凭发票扣抵补贴也可能造成零售商借机囤货，即利用折让优待大量进货，享受高额利润，而后再慢慢销售。

(2) 延期付款。延期付款即零售商可以先进货，过一段时间再付款。比如，零售商于 6 月 1 日进了 7 500 元的货，货款本应于 8 月 1 日付清。由于制造商给予延期付款优待，该零售商可以延迟到 8 月 1 日支付 2 500 元，到 9 月 1 日再付 2 500 元，最后的 2 500 元于 10 月 1 日付清。此方式的特色是零售商无须先付货款，可等到商品卖出后再慢慢分期付款，这是制造商给予零售商财务支援却不计利息的一种优惠方式。

制造商之所以运用延期付款方式，是因为制造商无须另外花钱对零售点促销，即可将库房中的存货送至零售商的仓库中，以节省库存管理费。此外，这一促销方式对季节性产品的流通特别有效。比如，暖气机制造商可在 4—6 月送货给零售商，然后到 10—12 月才收款。这样可确保零售商在旺季来临时有货可卖，制造商事先安排生产线按计划生产，避免供需失调。

2. 有条件补贴

有条件补贴有以下几种：

(1) 现金折让。这种促销方式的条件最简单，只要零售商根据要求大量进货，增加货架陈列位置，购买全系列产品并在显著位置展示等，制造商均会同意给予双方认同的现金折让（如每箱折现，或总价折让一定百分比等）。凡是零售商配合，切实执行合约所列事项的，制造商即会开出折现支票，以回报零售商的支持。

开展现金折让优惠活动对制造商的最大好处是，零售商必须完成某些事先商议的配合工作，才能享受折现优待。

(2) 广告补贴。这种补贴方式与现金折让类似，零售商也需要达到某些要求才能获得折价补贴。它与现金折让的最大差异是：零售商获得累计折让额度，而不是获得现金。此外，零售商还必须实施一些配合行动，如商品降价、刊登报纸广告或在货架上标示折价告示牌等。通常，制造商会就零售商刊登促销广告的媒体、时间及版面大小提出要求。

制造商之所以实行广告补贴，就是为了鼓励零售商多发布广告，争取稳固的经销场所，从而达到抑制竞争者促销的目的。

(3) 大批展示补贴。此促销方式与广告补贴类似，要求的条件是必须在店内展区展示或提供特别的货架陈列。该方式虽不易为店方所接受，却也有其独特之处。

在运用大批展示补贴时，对消费者是否需要给予特别优待，完全由零售商自行决定。至于展示的方式，最常见的是把商品大批陈列在过道两端，或在货架外另设区域展示，以提高销售量。此外，零售店会再搭配一些陈列物、告示牌、海报等加强店内宣传，以获得制造商的促销补贴。

与广告补贴一样，大批展示补贴常以每家店或每一次展示的平均花费为基础，给予零售商一定金额的补贴，或以展示区大小、位置为衡量标准给予补贴，不同的展示有不同的计费方式。如过道两端展示补贴 1 000 元，店面显著位置展示或大型展示则补贴 2 500 元等。

（4）点存货补贴。点存货补贴是奖励零售商的补贴类型中最特殊的一种，其主要的目的是鼓励零售商将经销商仓库中或自己仓库中的商品尽量陈列于店内的货架上，以减轻库存压力，并增加销售机会。运用此促销策略的原因是零售商库房空间小，无法储存太多商品，当零售店大量进货时，必然会增加商品陈列，并积极促销。

点存货补贴的执行方式为：促销通常持续 30～90 天，在活动开始时盘点存货量，再加上进货量，到活动结束时清点所余库存，其差额就是应付补贴的销货量。

此促销方式容易执行，只需按已销售数量支付补贴，不必为运送、销售辅助等事宜费心，因而备受制造商喜爱。其不利之处在于：无法强迫零售商参加，而且可能会出现零售商大量进货，但在销售方面毫无进展的现象。

（5）恢复库存补贴。当点存货补贴促销结束后，若想有效解决零售商不积极进货的问题，给予恢复库存补贴是一个好办法。制造商基于折让优待激励零售商增加进货，恢复到促销活动前的库存量。

不论是制造商还是零售商，都乐于采用恢复库存补贴的奖励方式，因为制造商可借机多卖些产品，零售商则可以较低价格进货从而达到原来的库存量。

POP 广告

POP 广告（point of purchase advertising）是指在超市、百货商店、连锁店、药房、杂货店等零售点的橱窗里、走道旁以及货架、柜台、墙面乃至天花板上，以消费者为对象设置的彩旗、海报、标贴、招牌、陈列品等广告物。

使用 POP 广告通常是为了弥补媒体广告的不足，强化零售终端对消费者的影响力。超市、百货商店、一般商店的很多商品都是通过 POP 广告抓住消费者的心理，促使其采取购买行为的。

根据制作者的不同，POP 广告通常可分为两种，即零售店自制自用的和由制造商或营销公司制作后供零售店使用的。从零售店橱窗上张贴的某商品清仓甩卖的粗糙标示牌，到全套精美的店面广告，都属于零售店自行制作的 POP 广告。制造商或营销公司也常制作大量的 POP 广告供零售店使用，以强化零售店的宣传效果。

延伸阅读

折扣促销和赠品促销的效果比较

1. 促销幅度对促销效果的影响

促销幅度是消费者用来评估促销活动的价值的一项重要因素（Delvecchio，Krishnan，& Smith，2007），它指的是促销价值相当于产品正常售价的百分比。促销幅度会影响消费者的购买决策（Briesch，Pradeep，Chintagunta，& Matzkin，2002）。Raju（1992）发现，折扣幅度越大，销售量的变动也越大；大幅度折扣的价格促销对消费者的购买意向可能有积极影响（江明华、董伟民等，2004）。赠品促销幅度指的是赠品价格相当于主产品的价格的百分比（曾忠蕙、楼永坚和别莲蒂，2009）。赠品折扣幅度越大，消费者对产品的购买意愿越强（Delvecchio et al.，2007）。但是，并不是赠品促销幅度越大，效果越好；因为赠品促销的效果与品牌形象有很大的关系。品牌形象好时，赠品促销的深度转折点为50%；品牌形象差时，转折点为40%或20%。促销幅度过大（合理范围外）会使得主产品与赠品的价值降低，从而影响客户的购买意愿（曾忠蕙，2009）。Mumger & Grewal（2001）也认为，在价格减让幅度相同的情况下，对三种促销方式（免费赠品、打折、现金返还）从消费者的感知质量、感知价值和购买意向等方面进行评价，消费者对免费赠品这种促销方式的评价最高，对打折的评价次之，对现金返还的评价最差。较大的促销幅度不一定会带来较高的销售额，超出合理范围的促销幅度会使消费者对于产品的整体评价产生怀疑，进而带来负面的品质知觉，影响其购买意愿。所以，折扣幅度对促销效果有一定的影响。

2. 产品价值对促销效果的影响

不同产品价值对促销效果的影响不同。Diannond & Sanyal（1990）直接比较了在单价相同时折扣促销和赠品促销的效果差异，发现后者效果更好。研究者认为，赠品促销会使购物者知觉为“额外获得”，而打折促销会使购物者知觉为“损失减少”。Raju（1992）的研究则发现，价格昂贵、体积较大或者竞争激烈的品类，因价格促销而产生的销售量变动会较小。另外，促销方式的效果也受产品类型的影响，价格促销对低可存储性商品的效果比赠品促销更好（Sinha & Smith，2000）。

综上所述，促销效果不仅受促销方式和促销幅度的影响，还会受产品价值的制约。企业在制定促销策略时，应综合考虑这些限制因素。

资料来源：麦映萍，黄旺明．折扣促销和赠品促销的效果比较分析．中国市场，2015（38），60－66.

案例分析

小米的网络营销策略

小米营销是当今互联网时代最成功的营销模式之一，广受营销人士称赞，其近乎免费的营销模式使广大营销精英望尘莫及。也许它的成功模式无法复制，但是它的成功经验带给人们很多启示。

一、通过论坛做口碑

创业初期黎万强带领团队在论坛上下功夫，通过论坛寻找资深用户。具体做法是：（1）找一些流量大的知名 Andriod 论坛（和前期小米推广的 MIUI 论坛的主题相关）；（2）几个人注册上百个账户到论坛里灌水发广告，顺带拉人；（3）从拉来的 1 000 人中选出100人作为超级用户，参与MIUI的设计、研发、反馈等。当然这100个人也成了MIUI操作系统的点火者，是小米粉丝文化的源头。通过这种方式，小米慢慢积累用户，如今MIUI的用户数达到1 700万。

二、建论坛

2011年，借鉴MIUI论坛的做法，小米的手机论坛迅速建立。之后陆续建立了几个核心的技术板块，如资源下载、新手入门、小米学院等，后来又增加了生活方式的板块，如酷玩帮、随手拍、爆米花等。这些板块的人气为小米手机后期实施饥饿营销起到了极大的宣传推广作用。

三、微博造势

早期的小米微博仅仅用于客户服务，但小米赶上了微博蓬勃发展的时期，搭上了顺风车，宣传效果迅速增强，影响力快速扩大。

小米微博的营销步骤如下：

（1）数据炒作。通过微博你可以看到，很多公司甚至名人在极短的时间内粉丝快速增长。其实这是在数据上做了文章，人们通常都有从众心理，喜欢粉丝多的微博。小米公司充分利用了这一点。

（2）推广。雷军的名气对于推广产品发挥了巨大的作用，雷军纵横互联网行业多年有人气，其个人微博对于官微的推广意义重大。另外，小米公司的员工动员了不少私人力量为微博造势。当然，论坛上的忠实坛友也功不可没。

（3）营销。小米善于炒作新闻，每隔一段时间就会拿出几台小米手机，让粉丝们抢，目的就是让粉丝关注事件并转发他们的微博，带动他人关注和转发的人有机会得到一部小米手机，这往往会吸引更多的人去关注和转发。毕竟关注和转发是不需要花钱的，而一部手机价值数千元。小米抓住了人的趋利心里，以最少的付出获得了最大的回报。

四、有效实施饥饿营销

小米每一款手机上市都赚足了眼球，首发20万部的限量总在半小时内哄抢完毕。小米1s在10个月内销量达到500万部，每10分钟售出一部。这得益于小米的网上预售与饥饿营销。

谈到小米的网络营销，不得不提小米的营销团队。小米是一个新兴的互联网公司，主要借助网络营销。所以其营销团队在组织上和其他的公司大相径庭，小米新媒体营销团队有近百人，负责小米论坛的有30人，负责微博的有30人，负责微信的有10人，负责百度、QQ空间等的有10人。从小米的组织架构可以很清晰地看其网络营销战略。

黎万强在解读几大新营销渠道的配合时说，论坛是我们用户的大本营，一些深度的用户沉淀还是会通过论坛来完成，微博和微信所能提供的方式有限，使用数据库来管理也存在问题。微博本身是一种媒体，在客服管理的基础上会有很多天然的营销传播的优势。对于微信，我们更多地把它当作客服工具来用，还没有想把它当作营销工具，因为它本身是私密的圈子。

资料来源：小米的网络营销策略，http：//wenku. baidu. com/view/91867851f5335a8102d220e5. html.

讨论题

小米的促销与传统的促销有何不同？它的优势是什么？

重点名词

促销　广告　销售促进　公共宣传　直复营销　直邮营销　微商　集点优待　POP 广告

思考题

1. 沟通过程决策包括哪些内容?
2. 促销的基本方式有哪些?
3. 广告促销决策包括哪些内容?
4. 公共宣传决策包括哪些内容?
5. 企业开展公共宣传活动主要有哪几种形式?
6. 直复营销的方式主要有哪些?
7. 销售促进决策包括哪些内容?
8. 在制定具体的销售促进方案时要作出哪些决策?
9. 企业在评估销售促进活动的效果时，可采用哪几种方法?
10. 企业可以运用哪些销售促进策略?

实训练习

请分析小米手机的营销现状和市场状况，分小组完成小米手机的校园促销方案。

第4章
建设销售团队

本章要点

1. 销售人员的职责与素质要求
2. 销售方格理论
3. 招聘销售人员
4. 培训销售人员
5. 激励销售人员

引　例

华为海外销售团队的魅力

2016年，华为年度销售额突破5 000亿元，成为全国舆论热点。在5 000亿元的背后，是华为团队努力转型，由以运营商业务为主全面转向以销售业务为主的写照。

2015年1月28日，华为消费者业务CEO余承东谈及海外市场的突破时如此表态："从2015年起，华为消费者业务将多头并举，重兵布局海外十多个国家，并开始探索软件服务和构建生态系统，创建华为消费者业务的全新格局。"

华为最新发布的数据显示，华为终端海外收入所占比重比以往有了很大提升，超过了50%，这也是华为终端业务海外收入首次超过内地市场。

目前，华为在全球11个国家手机市场的份额超过5%。其中，在缅甸的市场份额达到50%，在哥伦比亚超过16%，在中国为8%。

在中国华为的体量已很大，要想像海外市场那样增长超过50%难度很大，而海外市场的空间依然巨大。

余承东坦言："华为开发很多海外市场，主要的问题在于销售团队不太懂得怎么去做开放市场，因为华为是做运营商起家的，一线的销售主管还在学习怎么做开放市场，有的学得不错，有的还需要时间。海外市场对于华为终端还有很大的增长空间。"

面对部分难以攻克的海外市场，华为的策略是一方面继续巩固关系，实现转型；另一方面开辟新的渠道，找到最佳突破口。

事实证明了余承东的眼光，凭借日益精锐的销售团队的努力，华为开辟了更大的海外市场，成功突破5 000亿元销售额，证明了销售团队对于企业的重要性。

资料来源：余承东：华为海外销售团队不懂怎么去做开放市场，http：//finance. eastmoney. com/news/1360，20150128472876266. html.

启示：销售团队是现代企业中一支最传统的也是最不可缺少的力量，在现代企业市场营销乃至整个社会经济中占有相当重要的地位。销售团队对企业业绩的提升至关重要，销售团队由销售人员组成，销售人员应具备高素质，尽职尽责。

销售团队建设是销售管理中最需要重视的环节之一。本章主要阐述销售人员的职责与素质要求以及销售人员的招聘、培训与激励等。

4.1 销售人员的职责与素质要求

销售人员的职责

由于销售对象不同，对销售人员的工作要求有所不同，销售人员的具体活动也不尽一致，但一些基本的销售工作是绝大多数销售人员都应该完成的，具体来说有以下几项。

1. 收集信息资料

销售人员在实际销售前必须先收集有关的信息资料，包括企业产品销售情况、竞争对手、市场现状及发展趋势等。

销售人员必须了解和掌握与销售工作密切相关的信息和资料，如企业的基本销售目标、经营方式、信贷条件和交货期限等；必须掌握有关产品的全部知识，能向客户说明购买和使用企业产品所能得到的效益及产品的售后服务情况；必须了解竞争对手的产品与企业产品的区别、竞争对手的市场营销战略和战术等。总之，销售人员对产品市场方面的情况掌握得越多，销售工作就能做得越好。

2. 制定销售计划

销售人员在掌握了必需的信息资料之后，就应着手做销售前的准备工作，制定销售计划。

3. 进行实际销售

在实际销售过程中，销售人员要争取引起购买者的注意和兴趣，提升购买者的购买欲望；借助提供产品鉴定证明、示范使用产品、请购买者试用产品等方法，争取客户的信任；善于正确处理反对意见，运用策略和技巧达成交易。

4. 做好售后服务

在产品售出后，销售人员还必须与客户保持联系并继续为其服务；定期了解客户对产品的意见和建议，并采取改进措施，充分履行安装、维修、退货等方面的承诺。

销售人员的素质要求

销售人员是企业开拓市场的先锋，是企业形象的重要代表，必须具备一定的基本条件。现代企业十分重视销售人员的素质，一个理想的销售人员应具备以下素质。

(一) 销售人员的外在特征要求

一般来说，销售人员应具有以下外在特征。

1. 有端庄整洁的仪表

销售人员只有给客户留下良好的第一印象，才有利于销售工作的进一步展开。第一印象大多来自销售人员良好的外部形象和得体的行为举止，销售人员必须衣着整洁，举止大方，展现出奋发向上的精神风貌。

2. 谈吐清晰，有良好的语言表达能力

语言是销售人员说服客户的主要手段。在任何一次销售过程中，销售人员在介绍产品、解答疑问等各个环节都要运用语言技巧。没有良好的语言表达能力，很难说服客户购买产品。销售人员要想熟练地运用各种销售技巧成功地说服客户，就要熟知销售工作的一般程序，了解客户的购买动机和购买行为，善于展示和介绍自己的产品，善于接近客户，善于排除客户的异议，直至达成交易。要做到这一切，销售人员首先必须相信自己，相信企业的产品，相信自己所代表的企业。只有这样，销售人员才能产生积极性和动力，继而获得成功。

3. 善于察言观色，有敏锐的观察能力

市场和客户的情况是很复杂的，不仅差别很大，而且受许多因素的制约。一个有敏锐观察能力的销售人员，能眼观六路，耳听八方，及时发现和抓住市场机会，揣摩客户的购买意图和购买心理，提高销售的成功率。

4. 待人接物真诚热情，服务态度好

销售人员在向客户销售产品时要热情周到，使客户感到销售人员确实在设身处地为自己着想，也感受到销售人员的诚意。销售人员不仅是企业的代表，而且是客户的顾问。应真正树立“用户第一”“客户是上帝”的思想，想客户之所想，急客户之所急，积极为客户服务。只有这样，销售人员才能赢得客户的信任。

5. 不急不躁，处变不惊

在销售过程中可能发生各种情况，客户也会提出各种异议来考验销售人员，这就要求销售人员处事稳重，不急不躁，妥善处理销售过程中的各种变故。

6. 有广泛的兴趣和爱好

共同的兴趣和爱好是拉近人与人之间距离的有效手段，可收到事半功倍的效果，因此，销售人员应注意培养多方面的爱好和兴趣，以有效地与各种客户打交道。知识面宽广与否一定程度上决定了销售人员的销售能力，所以，销售人员应有旺盛的求知欲，善于学习并掌握多方面的知识，这样运用起来才会游刃有余。

7. 有健康的体魄和充沛的精力

销售活动是对销售人员的体力和精力要求很高的一项工作。销售人员在销售中要时刻保持头脑清醒、思维敏捷。没有健康的身体，很难胜任销售工作。

8. 保持开朗乐观的心态

销售工作难度很大，销售人员往往在遭受多次挫折后才能迎来一次成功。销售人员只有保持乐观的心态，才能在一次次的打击下不丧失信心，继续尝试和努力。

（二）销售人员的内在特质要求

销售人员除具备上述外在特征外，还必须有以下几种内在特质。

1. 高度自信

销售人员有自信心，客户才会对销售人员有信心。销售人员不能畏惧和懦弱，否则必然与成功无缘。销售人员只有高度自信才能时刻掌握销售的主动权，并给客户以信心。但自信绝不意味着傲慢无礼，而是要礼貌、耐心地听取购买者的意见，然后有说服力地劝说对方。

2. 不断进取

在销售过程中，成功毕竟不常有。销售人员只有坚持不懈地努力，有毅力、有恒心，才能取得成功。销售人员应坚持加强学习，丰富各方面的知识，提高素质，不断充实自己。销售工作是一项辛苦的工作，有许多困难和挫折需要克服，有许多棘手的问题需要面对，这就要求销售人员必须有强烈的事业心和高度的责任感，把自己看成是“贩卖幸福”的人，有一股勇于进取、积极向上的劲头，发扬“五千万”精神，即

“过千山万水，进千家万户，尝千辛万苦，说千言万语，想千方万计”，达到开拓市场的目的。

3. 全力以赴

销售人员在工作中应不遗余力，全力以赴。向客户销售产品时要如此，向客户提供信息服务时更要如此。只有这样，销售人员才能拉近与客户的距离，赢得客户的信任，提高客户的重复购买率，并树立良好的企业形象。

4. 有感召力

成功的销售人员往往极富感召力，能充分地激起客户的兴趣和购买欲望，使客户主动购买产品。这样的销售人员往往很自然地就获得客户的信任，客户也愿意听从他的建议。

实践观察

“小红书”的爆红

2015 年，跨境电商“小红书”的爆红可谓当年第一经典销售案例。这个以网络社区为基础打造的跨境电商，利用社区营销、“鲜肉”营销、热点营销等，在无广告推广的情况下，销售额超 2 亿元，3 年积聚 2 400 万用户。在亮丽的成绩单下，“小红书”销售团队主打 85 后、90 后的社会化媒体营销，功不可没。

这个以 80 后、90 后为主的销售团队，根据自身需求和产品特点，准确抓住了互联网时代的社区营销手段，赋予产品以传播属性，成功实现了具有时间短、爆发性、热点性等特点的营销奇迹。

资料来源：小红书：3 年 2 400 万用户，最红社区电商大起底，http：//mt. sohu. com/20160711/n458736475. shtml.

销售方格理论

20 世纪 70 年代，美国管理学家布雷克和蒙东将行为科学理论中的方格理论引入销售学研究，形成了销售方格理论，使销售理论研究取得了重大进展。

销售方格理论从销售主体与销售对象在交易和交往两方面的心态出发，揭示出销售的达成取决于销售人员和客户之间心态的最佳协调的原理。

1. 销售方格

根据销售人员在销售过程中对买卖成败及与客户沟通的重视程度的差异，可将销售人员在销售过程中对客户和对销售的关心程度划分为不同的类型，将这种划分置于平面直角坐标系中，就形成了销售方格（见图 4－1）。

销售方格显示了销售人员对客户和对销售的关心程度不同而形成的不同的心理状

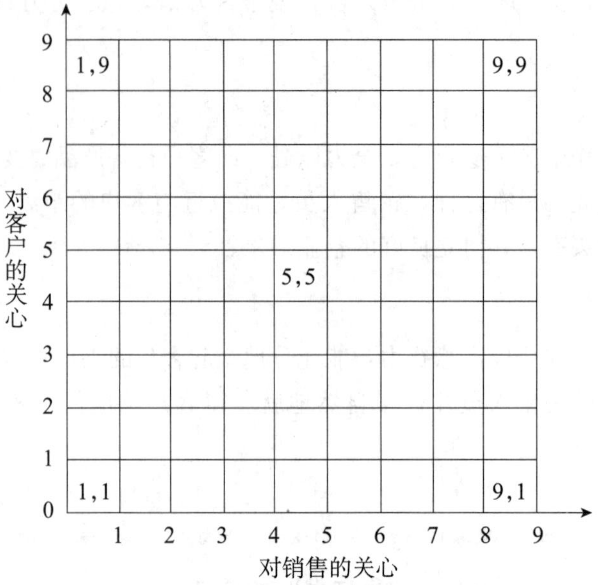

图 4-1 销售方格

态。其中，横轴表示销售人员对销售的关心程度，纵轴表示销售人员对客户的关心程度。关心程度越高，则相应的坐标值越大。销售方格中各个交点代表销售心态，下面重点介绍五种典型的销售心态。

(1) 无所谓型。如图 4-1 中的格（1，1）所示，具有这种心态的销售人员既不关心客户的需求，也不关心销售任务，而是抱着“要买就买，不买拉倒”的心态，毫无敬业精神。这种销售人员根本无法胜任销售工作，其销售业绩也必然是最差的。

(2) 迁就客户型。如图 4-1 中的格（1，9）所示，具有这种心态的销售人员非常重视与客户之间建立良好的人际关系，对客户能以诚相待，极易成为客户的参谋甚至朋友。但销售活动并不是单纯的人际交往，而应力求取得实实在在的销售成果，他们忽略了商品交易。这种销售人员不关心或羞于与客户谈论货币与商品的交换，坚持买卖不成仁义在。销售人员抱着这种心态虽能建立起良好的客户关系，却很难取得销售成果，所以说，这也不是良好的销售心态。

(3) 强硬销售型。如图 4-1 中的格（9，1）所示，这种销售心态与迁就客户型恰恰相反，销售人员只重视完成销售任务和达成交易，完全忽视与客户保持良好的人际关系。他们为达到销售目的不惜欺骗客户，很少了解客户需求或分析客户心态。只重视“一锤子买卖”，忽视客户重复购买的价值，这种心态是非常不可取的。

(4) 销售技巧型。如图 4-1 中的格（5，5）所示，这是一种折中的心态，具有这种心态的销售人员虽关心销售，但不特别重视销售；虽关心与客户之间的沟通，但不全心全意为客户服务。他们注重二者在一定条件和一定程度的结合。这种销售人员对销售不求甚解，虽有可能取得成功，但不追求创新，很难有大的突破。

(5) 解决问题型。如图 4-1 中的格（9，9）所示，这是最理想的销售心态。具有这种心态的销售人员既能全力研究并实践销售技巧，关注销售成果，又能最大限度地解决客户困难，注重开发客户的潜在需求和满足客户的现实需求，能实现二者的结合并保持良好的人际关系。

2. 客户方格

销售人员对客户的销售具有不同的心态，客户对待销售和商品购买也存在不同的心态。在销售方格理论中，依据客户对销售人员和购买商品的重视程度可将其划分为不同的类型。当客户购买商品时，心中至少存在两种想法：一是希望购买到满意的商品；二是希望得到销售人员热情周到的服务。但客户对于这两方面的重视程度是不同的。有的客户最重视商品本身，有的客户则最希望得到满意的服务。布雷克和蒙东两位教授依据客户对这两方面关心程度的不同，建立了客户方格（见图 4－2）。

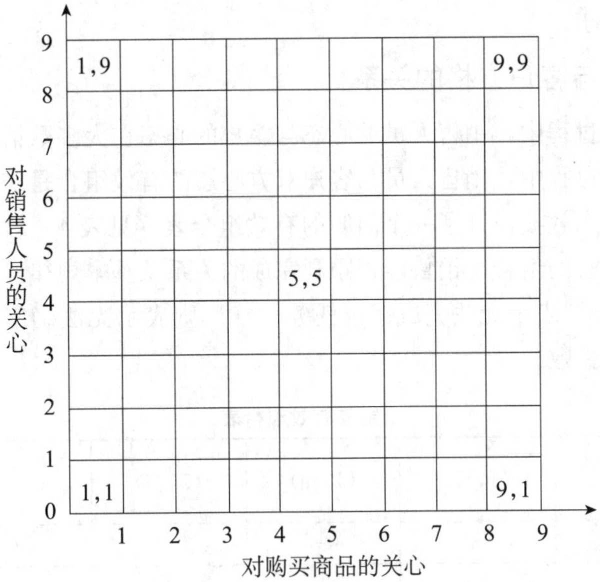

图 4－2　客户方格

客户方格中显示了客户对得到销售人员的服务和对商品的关心程度不同而形成的不同的心理状态。其中，横轴表示客户对购买商品的关心程度，纵轴则表示客户对销售人员的关心程度。坐标值越大，表示关心程度越高。下面着重分析五种典型的客户心态。

（1）漠不关心型。如图 4－2 中的格（1，1）所示，具有这种心态的客户既不关心销售人员，也不关心购买的商品本身。他们往往只是受人之托购买，不愿意承担责任。他们对销售人员的态度是尽量避而远之，或敷衍了事。

（2）软心肠型。如图 4－2 中的格（1，9）所示，具有这种心态的客户非常重视与销售人员建立良好的人际关系，不大关心购买的商品本身。如果销售人员为了实现销售目标，表现得热情周到，这种客户往往会感到盛情难却，即便对销售的商品没有需求，也有可能购买。这种客户比较容易被说服。

（3）防卫型。如图 4-2 中的格（9，1）所示，这种心态与软心肠型恰恰相反。具有这种心态的客户极其重视购买的商品本身，对商品百般挑剔。他们并不相信销售人员，任凭销售人员如何解释，他们都只相信自己的判断，对销售人员的防卫心特别重。这种客户非常固执，一旦他不认同销售人员推荐的商品，就很难被说服。

（4）干练型。如图 4-2 中的格（5，5）所示，具有这种心态的客户既重视购买的商品本身，又重视销售人员的态度和服务。他们往往凭借自己的知识来判断商品，在决策前深思熟虑，但也愿意听取销售人员的介绍。这种客户既十分理智，又很重感情，在作出购买决策时，既考虑商品的实用性，又考虑人际关系的因素。

（5）寻求答案型。如图 4-2 中的格（9，9）所示，具有这种心态的客户注重销售和商品的完美结合。他们既关心购买的商品，又能与销售人员保持良好的关系。他们非常明确自己的购买数量和购买标准，又愿意接受销售人员的帮助，并主动与之合作，一般不会提出无理要求。

3. 销售方格与客户方格的关系

在现实的销售过程中，销售人员的心态与客户的心态在大多数情况下都不能实现最佳的匹配。在销售过程中，销售人员与客户双方心态的有效组合是实现销售成功的重要条件。布雷克和蒙东教授设计了一个简明的有效组合表（见表 4-1），初步揭示出销售人员与客户两种心态的组合与销售能否顺利完成的关系及基本规律。表中“＋”表示可完成销售任务；“－”表示无法完成销售任务；“0”则表示无法确定，既有可能顺利成交，也有可能成交失败。

表 4-1　　销售有效组合表

客户方格 \ 销售方格	（1，1）	（1，9）	（5，5）	（9，1）	（9，9）
（1，1）	－	－	0	0	＋
（1，9）	－	＋	＋	＋	＋
（5，5）	－	0	＋	＋	＋
（9，1）	－	－	－	0	＋
（9，9）	－	0	0	0	＋

由于内外部各种条件的影响，表 4-1 中所列的各种组合是极其复杂且多变的，并没有绝对精确的划分，而且销售人员与客户的心态并不是简单地受到关心对方与关心商品这两方面因素的影响，因此销售方格理论只是大体上概括了两种心态的组合，还应结合实践不断充实和完善。

4. 销售心态自我测验

为了帮助销售人员了解自己的心态，布雷克和蒙东两位教授合编了一份销售方格试题（见表 4-2），供销售人员自我测验。

表 4-2　　销售方格试题

每题有 A～E 5 个陈述语句，先将 6 道题粗看一遍，然后逐题回答。将每题的 5 个陈述语句加以排列，对你认为最适合你的陈述语句给 5 分，次之的给 4 分，依此类推，对不适合你的陈述语句给 1 分。

第一题

A. 我接受客户的决定。

B. 我十分重视维持与客户之间的良好关系。

C. 我善于寻求一种对双方均有益的结果。

D. 我在任何困难的情况下都要得出一个结果。

E. 我希望在双方相互了解和同意的基础上获得结果。

第二题

A. 我能够接受客户的全部意见和各种态度，并且避免提出反对意见。

B. 我乐于接受客户的各种意见和态度，更善于表达自己的意见和态度。

C. 当客户的意见和态度与我的意见和态度发生分歧时，我就采取折中办法。

D. 我总是坚持自己的意见与态度。

E. 我愿意听取别人不同的意见和态度，我有自己独立的见解，但是当别人的意见更完善时，我能改变自己原来的立场。

第三题

A. 我认为多一事不如少一事。

B. 我支持和鼓励别人做他们所想做的事情。

C. 我善于提出积极的合理化建议，以有利于事情进展顺利。

D. 我了解自己的真实追求，并且要求别人也接受我的追求。

E. 我把全部精力倾注于我正从事的事业，并且热情关心别人的事业。

第四题

A. 当冲突发生时，我总是保持中立，并且尽量避免惹是生非。

B. 我总是千方百计避免发生冲突，万一出现冲突，我也会设法去消除冲突。

C. 当冲突发生时，我会尽力保持镇定，不抱成见，并且设法找出一种公平合理的解决办法。

D. 当冲突发生时，我会设法击败对方，赢得胜利。

E. 当冲突发生时，我会设法找出冲突的根源，并且有条不紊地寻求解决办法，消除冲突。

第五题

A. 为了保持中立，我很少被人激怒。

B. 为了避免个人情绪的干扰，我常常以温和友好的态度来对待别人。

C. 当情绪紧张时，我就不知所措，无法承受进一步的压力。

D. 当情绪不佳时，我会尽力保护自己，抗拒外来的压力。

E. 当情绪不佳时，我会设法将它隐藏起来。

第六题

A. 我的幽默感常常让人觉得莫名其妙。

B. 我的幽默感主要是为了维持良好的人际关系，用来冲淡严肃的气氛。

C. 我希望我的幽默感具有一定的说服力，可以让别人接受我的意见。

D. 我的幽默感很难觉察。

E. 我的幽默感显而易见，别人很容易觉察到，即使在高压力下，我仍然能够保持自己的幽默感。

答完上述试题后，将 6 个 A、6 个 B、6 个 C、6 个 D 及 6 个 E 的得分分别相加。若 A 得分最高表示较接近（1，1）型；B 得分最高表示较接近（1，9）型；C 得分最高表示较接近（5，5）型；D 得分最高表示较接近（9，1）型；E 得分最高表示较接近（9，9）型。

4.2 招聘销售人员

销售人员的招聘是销售管理的重要环节。大公司一般都设有人力资源部负责人员的招聘等，把人力资源当作一项重要资本来管理。

招聘的途径

销售人员的来源主要有两个：一是从企业内部选拔业务能力强、素质高的员工充实到销售部门；二是从企业外部招聘。从企业外部招聘主要有以下几种途径：

（1）校园宣讲。这是招收应届毕业生的主要途径。各类大专院校培养中高级专门人才，职业技工学校培养初级技工人才。企业可以有选择地去物色人才，派人到有关学校举办招聘会。为了增进学生对企业的了解，鼓励学生毕业后到企业工作，招聘人员应当向学生详细介绍企业情况及工作性质与要求，最好印发企业简介小册子或播放录像等。

（2）人才交流会。各地每年都要组织几次大型的人才交流会。用人单位可支付一定的费用在交流会上设展位，方便应聘者前来咨询。这种途径的特点是时间短、见效快。

（3）职业介绍所。许多企业利用职业介绍所来获得所需的销售人员。如果企业有详细的工作说明，让职业介绍所的专业顾问帮助遴选，能使招聘工作简单化，也可以找到不错的人选。

（4）招聘广告。最常见的招聘广告为报纸的分类广告，可吸引众多的应聘者，但合格者所占比例一般较低。如果详细限定申请人的资格，则申请人数会大大减少，合格者的比例会提高，因而可节省招聘费用。

另一种广告刊登在各类专业杂志上，一般效果较好，能招聘到较高级的销售人员。此外，还有电视招聘广告，大中型企业或前景特别诱人的企业可利用这一途径招聘优秀的人才。

（5）内部员工介绍。许多规模较大、员工众多的企业定期让内部员工动员自己的亲属、朋友、同学、熟人加入企业的外勤销售队伍。这种途径有许多优点。由于被介绍者已对企业及工作的性质有一定的了解，工作时可以减少因生疏带来的不安，离职率较低。而且，新加入者与内部员工比较熟悉，容易沟通，有做好工作的责任感，能提高团队作战的效率。

（6）行业协会。行业组织对行业内的情况比较了解，经常联系制造商、经销商、销售经理和销售人员，企业可通过他们的介绍或推荐获得希望转职的销售人员。

（7）业务接触。企业在开展业务的过程中会接触客户、供应商、非竞争同行及其他各类人员，这些人员都是未来的销售人员。

（8）猎头招聘。猎头公司专门为企业招聘高级人才，能招到在大众人力资源市场上很难招到的高级营销人才，同时招聘过程也较隐蔽，但是其成本较高。

（9）网络招聘。随着互联网的发展，越来越多的中小企业通过网络招聘。网络招聘的优点是成本低，不易被竞争对手发现。但是，利用网络招聘并不是所有的招聘流程都在网上进行，通常企业利用互联网完成简历收集、筛选工作，而面试、测验等程序还是在线下进行。有条件的企业一般都会采用网络招聘这种形式。

观点聚焦

网络招聘渐成主流

在网络招聘渐成主流的当下，网络招聘市场逐渐细分化、层次化，出现了一批不拘一格的招聘网站。以拉勾网为代表的垂直类招聘网站，瞄准有工作经验的互联网从业人士，具有专注性、行业单一性优势，提升了用户体验和效率。以猎聘网为代表的中高端人才招聘市场，针对 3 年工作经验以上、年薪 10 万以上的求职人员。此外，出现了多元化的社交网络招聘形式，微博上线的“微招聘”日均招聘信息超过 6 万条。

一些勇于创新的互联网公司把各类互联网手段运用到招聘中，比如，网易在 2014 年的校园招聘中全部使用在线笔试方式，吸引了不少眼球；腾讯则直接开设了一档直播节目，通过综艺形式展开招聘。

资料来源：网络招聘渐成主流，http：//paper. ce. cn/jjrb/html/2014 - 09/16/content _ 215905. htm.

招聘的程序

要组建一支高效率的销售队伍，关键在于选择优秀的销售人员。一般的销售人员与优秀的销售人员的业务水平有很大差异。在美国，一项针对 500 多家企业的调查发现，27%的销售人员创造了 52%的销售额。选用不胜任的销售人员不仅会影响销售业绩，还会造成巨大的浪费。在这些企业任职的 16 000 名销售人员中，只有 68% 表示会坚持工作到当年年底，而留下来的人中只有 50%是企业希望在下一年继续聘用的。

甄选销售人员的程序因企业而异。最复杂的甄选程序一般包括以下步骤：填写申请表→初试→复试→资格审查→体检→正式录用。一个步骤通过后才能进入下一个步骤，以确保选出优秀的销售人员。下面详细介绍与前几个步骤相关的内容。

填写申请表

填写申请表的目的是防止明显不合格的人员继续参加以后阶段的选拔，以节省甄选的时间及费用，提高效率。

申请表由求职者通过网络填写或在招聘现场填写，一般包括个人基本资料、教育背景、工作经历、兴趣爱好、求职意向等内容。申请人应据实填写，必要时出示有关证件资料。申请表的作用主要在于：(1) 据此初步断定申请人是否具备工作所需的一般条件或资格；(2) 以此作为面试时提问的导向；(3) 便于对申请人所提供的各项资料进行全面衡量。

申请人填完申请表后，负责招聘的人可根据申请表的资料进行初步筛选。此时，可以一些必备条件（如年龄、学历、工作经验等）为筛选标准，不具备必备条件者予以淘汰，具备必备条件者进入下一环节。可采用记分制，分数高者优先通过筛选。

测验

目前许多企业为招聘到素质较高的销售人员，都采用了测验这一形式。测验能以更客观的方式考察应聘者的个性及能力，并以定量的方式区分不同应聘者的特性，便于比较衡量。

1. 测验的类别

按测验的内容主要分为以下几类：

(1) 专业知识测验。主要是对应聘者进行销售知识方面的测验，旨在衡量应聘者是否具备所需的销售基本知识。这种测验可以用笔试形式，也可用口试形式。

(2) 心理素质测验。主要是对应聘者进行智力、个性、兴趣等心理特征的测验。这些心理特征对销售工作具有重要影响，关系到销售工作的成败。心理素质测验又包括智力测验、个性测验、兴趣测验及素质测验。

①智力测验主要测定应聘者的智商，如记忆、思考、理解、判断、辩论等方面的能力。

②个性测验主要测定应聘者的脾气、适应力、推动力、感情稳定性等方面的个性。

③兴趣测验主要测定应聘者学习或工作方面的兴趣所在，以便在录用后分派工作时尽量满足他们的意愿。

④素质测验主要测定应聘者的销售才能、社交才能等方面的潜在素质，以便在安排职位时作为参考。

(3) 环境模拟测验。主要是模拟工作环境中出现的各种情况，考察应聘者在各种销售工作压力之下如何作出反应。应聘者也可据此推测自己能否适应这种工作环境。主要方法有销售实习法、挫折处置法、实地试验法。

①销售实习法是指给应聘者提供一些资料，要求应聘者表演如何向购买者进行推销，然后由考官作出评判。

②挫折处置法是指由考官利用批评、设置障碍或告知应聘者落选等方式营造一种情

境，就如同在销售工作中遇到的挫折一样，考察应聘者如何应对和处理。

③实地试验法是指让应聘者随销售人员一起工作，使其了解实际工作环境，面对真正的客户。由此，销售人员可以看出应聘者接待客户的能力及对待工作的兴趣与态度等。

2. 进行测验时应注意的问题

（1）测验只是甄选程序中的一环，不能因此而减少其他甄选环节。

（2）测验工作必须由负责测验设计、管理与分析的专门人才来指导与执行。

（3）测验管理必须标准化。每次执行时的程序及环境都必须相同，否则，测验成绩可能会产生较大差异，没有可比性。

（4）测验材料要严加保管，以保证材料的正常运用及延续价值。如果测验材料落入即将参加测验人员之手，就失去了它的意义。

（5）对于测验的内容及其结果必须加以分析和研究，通过不断改进来提高测验的科学性及实际价值。

（6）对测验的结果须审慎鉴定。测验成绩可视为对应聘者的客观、定量的衡量，但要注意测验的各种局限性，其结果有时不完全可靠。统计结果显示，测验成绩与工作效果的相关系数最高只能达到 0.70。

延伸阅读

测验举例

1. 如何用桶分油。有一个农夫卖油，一只能盛 10 升的桶装满了油，只借助另两只分别盛 7 升、3 升的空桶，不借助其他工具，请帮忙把油分成 2 个 5 升。

2. 你有一根有刻度可以七等分的金条，让工人工作 7 天，每天结束时必须付给工人 1/7 的金条，金条只能分割两次，请问你每天怎么付工人费用？

面试

1. 面试的类别

（1）标准式面试。标准式面试与非正式面试相对应，也叫记分面试或组织面试。即事先安排一整套结构严谨的面试问题，并配有计分标准，视应聘者的不同回答来计分。这种方法太死板，缺乏弹性，适应性不强，不利于发挥面试的作用。

（2）导向式面试。导向式面试是上述两种方式的折中方案。即只规定提出若干典型问题，由面试官灵活掌握，引导应聘者回答有关方面的问题，根据需要，深浅适度，从而考察应聘者的情况。这种方法又叫典型面试或引导面试。很多企业采用这种面试方式。

（3）流水式面试。流水式面试是指每个应聘者按次序分别与几个面试官面谈。面试结束后，各面试官聚集在一起，汇总并比较各面试官的观察与判断。这种方法能对应聘者进行比较全面的考察，一般不会有遗漏。这种方法具有较大的优越性，近年来为许多企业所采用。

（4）无领导小组讨论面试。这是一种采用情景模拟的方式对考生进行的集体面试，面试官可以通过考生在给定情景下应对危机、处理紧急事件以及与他人合作的状况来判断其是否符合岗位要求。在无领导小组讨论中，面试官评价的依据主要是：应聘者参与有效发言的次数；是否善于提出新的见解和方案；是否敢于发表不同的意见；是否善于消除紧张气氛，说服别人，调解争议，创造一个使不大开口的人也想发言的气氛，把众人的意见引向一致；能否倾听他人的意见，是否尊重他人，是否侵犯他人的发言权；语言表达能力、分析能力、概括和归纳不同意见的能力如何，发言的主动性、反应的灵敏性等如何。

小组讨论

无领导小组讨论面试题举例

背景材料：如果你们是本公司的业务员，正坐在一辆载着过期面包的本公司的卡车上（过期面包是公司的次品和积压存货），准备到偏远的地区将这些面包销毁，但在半路遇见了一群贫困者，他们十分饥饿，把路给堵住了。现场还有刚刚赶来的记者（记者可能想报道公司的产品质量问题），那些贫困者知道车里有吃的（假设吃那些面包不会导致生命问题）。你们会怎么办？（注：车不可以回去，车上只有面包，不可以贿赂记者。）

讨论要求：五人为一个小组，自由讨论，提出解决方案，最后推荐一个人向面试官陈述。面试官在旁观察每一位应聘者的表现。

2. 面试官的主持技巧

面试官是面试的召集者，也是面试的主持者。面试官在面试的准备及实施过程中应总结经验，运用技巧，以提高面试效率，达到面试目的。以下几点可供参考：

（1）未雨绸缪，成竹在胸。面试官要事先确定面试的内容及范围，写下面试提纲，包括问话的次序及方式，并进行合理的安排及组合，把想问的问题及方式与自己希望获知的信息加以配合。在面试之前还要详细查阅应聘者的资料，了解应聘者的个性、社会背景、工作态度以及发展潜力。对应聘者的资料了解得越多，面试官在面试时越能运用自如。

（2）常规发问，切入正题。面试官应该以应聘者预料到的常规问题开始发问，如工作经历、文化程度等，然后慢慢过渡到正题部分。

（3）察言观色，烘托气氛。要密切注意应聘者的行为及反应，为避免气氛太紧张、有压迫感，保证应聘者提供的资料完备或不受曲解，应尽量创造和谐自然的环境。面试官不可对应聘者进行人身攻击、打击其自尊心，对所问的问题、问题间的转换、问话时机以及应聘者的回答都要多加注意。

（4）面试记录，适可而止。对面试情况做记录是很必要的，但不要一直不停地记，这样反而会遗漏一些重要的信息，也会给应聘者以束缚之感。有经验的面试官会尽量少地当面记录，只记下一些必要的信息，如应聘者期望的收入、待遇、上班日期等，其他大部分内容只是记在心里，待面试完毕后立即做简要的记录。如果应聘者对做记录的做法十分敏感或感到不安，面试官应尽量少做记录。

（5）态度和缓，以静制动。面试官试探应聘者时要态度和缓，认真地听他回答自己的问题，力求获得更多信息。当应聘者暂停时，要安静地等待，不要有任何暗示。观察他的举止，注意他的音调、回话的态度和反应，对想知道的问题要问得仔细。对他提供的资料要有信心，不要表现出优越感或不耐烦，更不要争论、说教。

（6）言辞诚恳，掌握进程。控制谈话，不要让谈话变成面试官单方面发问，或者任由应聘者滔滔不绝地谈论他的销售经验。

（7）予人机会，圆满结束。在结束之前，面试官要确定是否问完了所有预先准备好的问题；同时给应聘者一个机会，看有无遗漏之处要加以补充，有无需要修正错误之处，然后圆满结束面谈。

3. 面试发问的技巧

一般来说，面试官发问的方式及问题可以决定从应聘者那里得到什么资料及多少资料，所以，面试官应运用一些发问的技巧来影响面试的方向及节奏。发问的技巧主要有以下几种：

（1）开放式发问，即希望应聘者自由地发表意见或看法。开放式发问又分为无限开放式发问和有限开放式发问。无限开放式发问没有特定的回答范围，目的只是让应聘者讲话，如“请你谈谈自己的工作经验”。有限开放式发问对回答的范围和方向有所限制，如“你在原公司完成工作任务时经常遇到的困难是什么？”开放式发问一般在面试开始阶段或讨论某一方面问题的起始阶段运用。

（2）封闭式发问，即希望应聘者就问题作出明确的答复。封闭式发问要比开放式发问更深入、更直接。典型的封闭式发问只让应聘者回答“是”或“否”，如“如果延长时间，是否有助于你顺利完成销售任务？”封闭式发问可以表示两种不同的意思。如果在应聘者回答后立即提出一些与回答有关的封闭式问题，则表示面试官对他的回答十分关注。如果面试官一直问封闭式问题，则表示面试官不想让应聘者多发表意见，或对他的回答不感兴趣。

（3）诱导式发问，即以诱导的方式让应聘者回答某个问题或表示同意某种观点，如“你对这一点怎么看？”或“你同意我的观点吗？”面试官在运用这种发问方式时一定要把握好分寸，否则会令应聘者紧张，被迫说出一些他认为面试官想听而并非自己真正想说的话，导致面试官难以获得有价值的信息。

实践观察

《职来职往》电视节目中的求职面试

知名求职类节目《职来职往》中有两种人，一种是面试成功者，一种是面试失败者。同样的平台，成功者和失败者又有怎样的区别呢？

研究表明，在整个求职面试过程中，相对面试失败者而言，成功的应聘者能主动争取话轮、遵守合作原则、讲求用语礼貌、选用恰当的言语行为等，利用交际策略取得最佳的语用效果。而失败者除了个人展示、措辞用语方面不成熟外，还缺乏自信，这是更深层次的原因。

资料来源：徐洋．《职来职往》电视节目中求职面试成功者与失败者的语用差异的对比研究．太原理工大学硕士学位论文，2015.

4. 面试追问的技巧

如果应聘者回答问题不完全、不正确，面试官还要追问。下面介绍如何分析回答的不完全程度及其原因所在，以及应该采取怎样的追问方式。一般来说，追问的技巧有以下两种：

（1）探询式追问。可询问“为什么”“怎么办”“真是这样吗”“你为什么这样想”，或者以一些表情、手势表达追问之意。

沉默也是探询式追问的方式之一，但把握时间很重要。据研究，如果想鼓励应聘者说下去，最有效的方法是在双方谈话中断时，保持3～6秒钟的沉默，这样应聘者会很自然地继续说下去。

应聘者在回答问题时有时只绕着谈话主题兜圈子，提供的信息没有价值；有时答非所问或避而不答。此时，先要分析一下，是应聘者误解了问题、没听懂问题还是不想回答。然后用探询式追问，要求应聘者做进一步的说明。

（2）反射式追问。就是把应聘者所说的再重述一遍，以此来了解应聘者的反应及其真实意图。例如，当应聘者认为待遇不合理时，面试官可以问：“从工作的性质、任用条件及其他因素来考虑，你认为这样的待遇不合理吗？”

当应聘者回答问题不完全或值得怀疑时，就要用反射式追问，鼓励应聘者对其尚不完整的回答加以说明或引申，以确认其全面真实的想法。

5. 面试的评估

面试官应对面试的结果作出明确的评估，以便决定应聘者合格与否，如应聘者合格则进入下一环节。评估时大多采用面试评估表，就表内的各项内容进行评分，最后作出全面评价（见表4-3）。

表 4-3　　　　销售工作应聘者面试评估表

应聘者：　　　　　　　　　　　　　　　　时间：

评估项目	评估标准	评估等级			
		优	良	中	差
仪表	外表整洁，着装得体				
口才	吐字清楚，用词恰当，表达清晰，逻辑性强				
知识	知识丰富，思路宽广				
经验	专业工作经验及同类工作经验丰富				
智慧	思维敏捷，考虑周到，分析合理，理解力强				
进取	上进心强，不过分计较地位、权力				
诚意	言必由衷，态度明朗，不易动摇，毫不做作				
毅力	不屈不挠，不轻易变更工作				
说服	辩论有力，能引人注意，激发兴趣，使人领悟				
友情	能唤起他人同情，建立亲密友谊				
成熟	目标明确，责任心强，现实理性，自律性强				
抱负	谋求发展，发挥潜能，争取最好的工作成绩				
综合评估					

评语：

招聘面试人：　　　　　　　　　　　　　　　　职位：

延伸阅读

全球 500 强企业面试问题举例

1. 举一个因为你展现自己的亮点而最终实现目标的例子。

2. 概括你发起并组织他人执行重要任务且发挥你的领导才能达到既定目标的经历。

3. 描述你找出相关信息、明确关键环节并实现目标的主要步骤。

4. 举一个你有效利用条件来取得他人共识的例子。

5. 举一个你通过与他人有效合作达到目标的例子。

6. 描述你设计的对一个活动或项目作出显著贡献的创意。

7. 举一个你通过锁定最关键因素从而准确判断情况并很好地完成任务的例子。

8. 举一个你掌握一项技术并应用于实践的例子。

9. 假设有这样一种情况：你的工作能力绰绰有余，取得的成绩也很突出，但并未赢得领导的信任，而公司里一些工作能力不如你的同事却因为能说会道博得了领导的欢心。对此你有什么看法？

10. 请问从小到大，你做过最捣蛋、最让父母头痛的事是什么？

11. 如果你的父母忘记了你的生日或者其他关于你的很重要的日子，你会怎么办？

12. 假设下周是你的女朋友或男朋友的生日，你准备送一份礼物，却苦于囊中羞涩，这时你会怎么办？

13. 假设你进入了一个新环境，周围有很多人让你觉得不舒服，他们有一些很不好的习惯，做事的方式让你很不喜欢，而且他们看起来对你也不太友好。你会怎么做？

14. 我觉得你是乖学生，很听话，但问题是如果你的工作要面对很难缠的顾客，你会怎么办？

15. 请给出一个事例，表明你在面对非常复杂的局面时是如何进行分析和评估的。

16. 当你面对一个有矛盾冲突的问题时，你会怎么做？

17. 假设你刚结婚，如果因公司需要让你在国外工作一年，你愿意作出牺牲吗？为什么？

18. 请给出一个你满足消费者或客户需求变化的例子。

19. 你最近的一次创新活动是什么？

20. 你是否曾经将一些想法或实践方法从外部世界带到自己的工作或学习中？

21. 能否给出一个你提供给其他同事不同的方式方法或看待问题的角度的例子？

22. 什么时候你处理过一个在最终期限前自己无法完成的项目？

23. 请给出一个你必须在同一时间完成多项任务的例子。

24. 在你的大学生活中，让你最引以为豪的一件事是什么？请具体说明。

25. 你期望的工资是多少？为什么？

26. 就你申请的这个职位，你认为自己还缺乏哪些知识与技能？

27. 说说你的家庭。

28. 你是怎样管理自己的时间的？

29. 说说你最大的优点和缺点。

30. 你是怎样对待压力的？

资格审查

在笔试与面试合格后，就可对应聘者所提供的资料进行查验，以确认资料的真实性。可向申请人所提供的证明人或其他与之有关的单位及个人询问，但要注意证明人与申请人之间的关系，以便考虑其保证的真实性。

1. 查核的主要内容

（1）通过咨询应聘者以前的工作单位或客户，获取应聘者过去工作的真实情况，看是否与其所提供的资料一样。

（2）通过咨询应聘者的大学老师或同学，来查证应聘者的人品。

(3) 通过咨询当地的信用调查机构或其他公司的同类专业工作者，以查核应聘者的信用状况、经济状况及有无案底。

2. 查核的主要方式

(1) 拜访证明人。派人专门拜访证明人，迅速有效地获取有关资料予以查核。

(2) 电话联系。直接打电话询问证明人，便利又快捷。但对方可能怀疑访问者的身份，不愿在电话中告知详情。所以这种方式具有一定的局限性。

(3) 利用信函查核。这种方式获取资料的速度较慢，并且多数证明人不愿以书面形式说别人的缺点或不足。

4.3 培训销售人员

大企业一般设有专门的培训中心或培训学校，专门负责本企业人员的培训。

分析培训需求

在制定培训计划前，先要对培训需求进行分析与估计，即明确销售部门对培训的需求，以及制定为满足这些需求而要达到的目标。

对培训需求进行估计时需要考虑不同类型销售人员的具体需求。首先，应该估计新招聘销售人员所需要的初步培训和后续培训；其次，应该随时对现有销售人员的培训需求进行估计；最后，销售经理的工作职责要求他随时估计不同人员对培训的需求，以保证自己所管理的人员能够得到全面具体的培训。

1. 对组织的分析

培训经理首先将销售部门的目标和战略计划作为制定培训目标的基础。公司的目标是什么？为实现这些目标销售部门必须执行哪些战略和策略？通过回答这些问题，培训人员可以制定出针对销售人员的具体培训目标。马氏公司（M&M-Mars）的培训主管布鲁斯·斯卡盖认为，成功的培训工作必须坚持以下四个原则：

(1) 价值。培训的重点必须放在那些能够获得最大回报的绩效领域。实际绩效与理想绩效之间的差异越大，获得改进的概率也越大。

(2) 重点。培训和开发的重点应该放在数量有限的关键绩效领域，这些重点不应随着时间的推移而发生变化。

(3) 规模效应。培训和开发的关键目的是实现回报的最大化，因此应该尽可能地为每个人提供参与培训和开发自身潜力的机会。

(4) 持续性。培训是一个持续性的过程，在这个过程中，企业的培训主管可以用表4-4这个框架理解各种关键的培训需求。

表 4-4 各种关键的培训需求

销售目标/目的	关键绩效领域	能力需求	所需的资源
销售额增长 $x\%$	提高关键客户 X，Y 和 Z 的销售额	改善绩效所要求的知识、信息、技能	人员、资金和设备

这个框架把销售部门的目标和关键绩效领域与培训和开发需求（能力需求）联系在一起，从而为销售部门和培训部门提供对资源进行优化配置以提高劳动生产率的方法。

2. 经营分析

在经营层次上，培训经理可以通过分析职位说明书和任职条件，确定在培训中应该重点强调的具体能力。同时，他们还要分析和了解实际绩效水平，以确定销售部门是否达到了预定的目标，在此基础上确定哪些人需要培训。

困难分析可以揭示销售人员所遇到的问题。通过这一分析可以反映销售人员可能遇到的各种问题，例如，销售人员在向顾客介绍公司产品的特点时可能会遭到顾客的否定，或者顾客开始购买另一家竞争对手的新产品，而销售人员无法说服他，使之相信自己的产品不比竞争对手的产品差。

3. 销售人员分析

对销售人员的工作任务进行分析也就是明确其具体工作行为，这些行为是即将参加培训的人员为实现工作目标而必须实施的。行为目标为培训人员和被培训人员确定了培训目标。这种方法适用于所有的销售人员——无论是新销售人员还是有经验的老销售人员。

4. 顾客分析

培训部门可以通过对顾客进行调查，从具体的关键技能角度出发，预测公司销售部门对培训的需求。公司向特定的顾客群发放调查问卷，由顾客就每一种技能对于维护双方关系的重要性以及销售人员实施每一种技能的具体情况进行评价。顾客的反馈可以反映他们对每一名销售人员的印象和看法，揭示顾客的看法与销售人员实际表现之间的差异，表明销售人员在哪些方面还需要通过培训加以改进。根据顾客调查结果，确定每一名销售人员最需要改进的三个方面，由销售人员及其销售经理以这三个方面为突破点共同制定具体的培训课程。

5. 需求分析

需求分析是制定培训计划的基础。这是一个对培训计划不断进行调整以适应具体情况和具体需求的过程。这个过程包括以下步骤：

（1）确定某一职位的具体要求（职位说明书）。

（2）确定绩效目标和实际结果之间的差异（评估）。

（3）确定差异存在的原因。

（4）对培训计划进行调整（如果有必要的话）。

（5）制定培训目标。

（6）实施培训计划。

（7）评价培训计划。

（8）对培训计划进行调整（如果有必要的话）。

6. 收集培训信息的来源

培训经理既可以从公司的人力资源部门获取培训信息，也可以从竞争对手和顾客那里获取。一般来说，企业可以通过以下途径收集培训信息：

（1）向销售人员发放调查问卷。

（2）向顾客发放调查问卷。

（3）采访销售人员。

（4）在销售会议期间进行测试。

（5）在销售现场进行观察。

（6）对销售额、利润和销售活动报告进行分析。

有些公司还利用失败分析、成功分析以及离职面谈对培训需求进行分析。失败分析可以确定销售人员由于绩效不佳而未实现销售目标的原因，以便通过培训加以改进。成功分析则可以确定促使销售人员在工作中取得成功的要素，这些要素可能包括进行更多的销售拜访、有效利用产品样品或者采用有效的销售展示技巧，通过培训可以把这些成功的要素介绍给其他销售人员。

离职面谈往往可以反映员工对工作的态度和观点。在员工提交辞职申请或辞职之后可以进行离职面谈。在面谈中经常会提出这样的问题："公司采取什么样的措施可能会有助于你在工作中取得成功？""你认为应增加销售方面的哪些知识培训？"如果离职人员能够诚实地回答这些问题，那么离职面谈在估计培训需求时可能是一种非常有价值的手段。

制定培训计划

培训计划的制定应考虑新人培训、继续培训、主管人员培训等不同类型培训的差异。培训计划需要包括以下方面。

1. 培训目的

培训的目的有很多，每次培训至少要确定一个主要目的。总的来说，培训目的包括：挖掘销售人员的潜能，增进销售人员对企业的信任，训练销售人员工作的方法，改善销售人员工作的态度，激发销售人员工作的热情，奠定销售人员合作的基础等。最终目的是提高销售人员的综合素质，以增加销售，提高利润水平。

2. 培训时间

培训时间可长可短，根据需要来确定。确定培训时间需要考虑：（1）产品性质。产品越复杂，培训时间应越长。(2) 市场状况。市场竞争越激烈，培训时间应越长。(3) 人员素质。人员素质越差，培训时间应越长。(4) 要求的销售技巧。要求的销售技巧越高，培训时间应越长。(5) 管理要求。管理要求越严，培训时间应越长。

3. 培训参与人员

依培训参与人员不同，培训可分为集中培训和分开培训。集中培训一般由总公司举办，培训企业所有的销售人员。一般知识和态度方面的培训可采用集中培训，以保证培训的质量和水平。分开培训是由各分公司自行培训其销售人员。有特殊目标的培训可采用此方式，并与销售实践相结合。

4. 培训方式

培训方式有在职培训、个别会议培训、小组会议培训、销售会议培训、定期设班培训和函授等。企业可根据实际情况选择适宜的方式。

5. 培训师资

培训人员应由学有专长和富有销售经验的专家、学者担任。培训人员应具备如下条件：对所授课程有全面的了解，对任教工作有较大兴趣，对讲授方法有充分的研究，对所用教材随时进行补充和修正，具有乐于研究及勤于督导的精神。

6. 培训内容

培训内容常因工作的需要及受训人员已具备的才能而异。培训内容一般包括：(1) 企业的历史、经营目标、组织机构、财务状况、主要产品和销量、主要设施及主要高级员工等企业概况。(2) 企业产品的生产过程、技术水平及产品的功能用途。(3) 目标客户的不同类型及其购买动机、购买习惯和购买行为。(4) 竞争对手的策略和措施。(5) 各种销售技巧、公司为每种产品概括的销售要点及提供的销售说明。(6) 实地销售的工作程序和责任，如恰当分配时间、合理支配费用、撰写报告、拟定有效销售路线等。

7. 培训方法

常用的培训方法如下：

(1) 课堂培训法。这是一种正规的课堂教学培训方法。一般由销售专家或有丰富销售经验的销售人员采取讲授的形式将知识传授给受训人员。这是运用最广泛的培训方法，主要优点是费用低，能增加受训人员的实用知识。缺点是单向沟通，受训人员参与讨论的机会较少，培训人员无法顾及受训人员的个体差异。

(2) 会议培训法。这种方法一般是指组织销售人员就某一专门议题进行讨论，会议由主讲老师或销售专家主持。此法为双向沟通，受训人员有表达意见及交流思想、学识、经验的机会。

(3) 模拟培训法。这是一种由受训人员亲自参与并具有一定实战感的培训方法，为越来越多的企业所采用。具体又可分为实例研究法、角色扮演法、业务模拟法等。实例研究法是指由受训人员分析销售实例材料，并说明如何处理实例中遇到的问题。角色扮演法是指由受训人员扮演销售人员，由有经验的销售人员扮演客户，“销售人员”向“客户”推销产品。业务模拟法是指模拟多种业务情况，让受训人员在一定时间内作出一系列决定，观察受训人员如何适应新情况。

（4）实地培训法。这是一种在工作岗位上练兵的培训方法。新来的销售人员在接受了一定的课堂培训后即可安排到工作岗位上，由有经验的销售人员带几周，逐渐放手，让其独立工作。这种方法有利于受训人员较快地熟悉业务，效果很好。

实施培训计划

培训主管掌握以下培训计划实施要领，有助于增强培训效果。

1. 注意受训人员的销售反应能力

培训主管要在不同的场合下试探受训人员在销售方面的反应，下面的几个要点可供参考：

（1）受训人员能否恰当地介绍产品的优点，使客户了解产品而产生需要。

（2）受训人员能否判断客户对其表述的反应及购买信号。

（3）受训人员能否判断客户的说辞是表示对产品有兴趣还是真的不喜欢。

（4）受训人员能否在介绍产品的过程中设法促成交易，其产品介绍及说明一直在引导客户下订单，而不是在绕圈子或磨时间。

这些都是培训主管在每天结束培训后要检查的事项。培训主管可能会问：“你觉得某位客户会购买吗?”也可能要求受训人员解释采取某些做法的原因。开展有意义的讨论，互相沟通，有利于激发创新。

2. 帮助受训人员建立责任感

要注意受训人员能否准时参加培训。如果迟到三次以上或无故不到，培训主管在处理时态度要坚决，并指出准时是纪律要求，也是受训人员的责任。受训人员在有人督导时尚有松懈的表现，在单独作业时更可能出问题。应要求受训人员合理有效地安排时间。

3. 帮助受训人员养成写报告的习惯

培训主管要强调写报告的重要性，并为受训人员作出榜样，每天按时做好培训评价表，让受训人员认识到及时完成报告是一种良好的习惯。

4. 注意受训人员的可塑性及学习态度

在评估受训人员的学习进展时要注意以下几个要点：

（1）受训人员能否提出足够的问题?

（2）受训人员对于以建设性方式指正或检查过的错误，是否会再犯?

（3）受训人员能否不断地丰富自己的产品知识、提高工作积极性，并改进自己的销售方式?

（4）受训人员能否每天研读资料以全面提升绩效?

5. 促使受训人员建立积极、乐观、自信的心态

高昂的士气、积极的态度，是销售工作成功的要件，而培训主管的做法、看法及态度对受训人员有很大的影响。积极的想法或心态会产生积极的行动及效果；反之，消极的心态就会有消极的结果。培训主管应多做建设性的辅导，以帮助受训人员向积极的方向前进。

为受训人员指点一种新方法或提供一个新观念，可以增强他们的信心，用积极的行动方案取代消极的行动方案；建议受训人员多阅读励志的书，积极乐观地面对工作和生活。

培训主管要在受训人员的思想及态度方面产生影响力，否则便不能算尽职尽责或获得成功。

6. 应对受训人员士气不稳定

有时，受训人员辛苦一天却一份订单也没拿到，会不可避免地认为这是一种失败。培训主管要设法减弱这种情况对受训人员产生不利的影响，鼓励他们相信付出的努力不会白费，长期坚持就会有收获。

7. 说明销售的平均数法则

下面这个有关销售成功的方程式也叫平均数法则。

拜访客户的次数＋积极的态度＋不断进步的推销技巧＝订单数

任何成功的销售主管都知道这一方程式的含义。等式左边的三项中变数最大的是积极的态度，因为销售技巧在短期内不会变化太大，但态度却可以不时改变而且变化很大。态度之所以经常改变，是因为没有销售经验的人只有在拿到订单后才会有信心，进而有成功的感觉。

培训主管要协助受训人员调整好心态，比如在受训人员拜访客户多次却无收获时，可告诉他，根据经验，每拜访多少个客户，至少会有一个人购买。受训人员不泄气，始终保持高昂的斗志，最终会拿到订单。

观点聚焦

现代企业销售培训的常见问题

1. 培训课程体系不完善。企业开展培训工作，首先必须进行培训需求的调查，形成培训的相关课题，继而开发设计相应的职能别和层级别的体系化的课程。很多销售型企业没有专门的培训机构，销售培训需求分析的有效性和准确性难以保障，课程开发的系统性和针对性令人质疑，导致课程整体设置不能与员工职业发展有效关联。

2. 培训方式方法单一。在实际工作中，企业培训与高校的脱产教学有很大差异。企业培训的目的性和针对性极强，大多数培训师只注重培训内容和结果，忽略了知识灌输时的趣味性和技巧性，培训效果往往不佳。

3. 培训实践效果差。销售培训的目标就是通过提高销售人员的个人绩效来提升企业的销售业绩，因此其实践效果非常重要。很多企业在培训时只注重培训现场的状况，如只对培训的组织、讲师的表现等最表面的东西进行考评，而忽略了培训对销售行为的影响，甚至不考评培训对企业整体绩效的影响，造成培训效果转化率低的局面。

资料来源：江帆．现代企业销售培训课程现状与规范．现代企业，2015（7）：60－61.

评估培训效果

培训效果评估所涉及的工作包括收集与培训计划目标有关的数据，对这些数据进行计算和分析，以确定培训计划的有效性。整个过程包括以下四个步骤。

（一）确定需要衡量的内容

在确定需要衡量的内容时，培训人员应该对评价所涉及的四个方面、要素以及项目的重要性达成一致。

1. 需要衡量的四个方面

根据唐纳·克柏屈格的四阶层评估模型，培训效果评估分为四个方面：

（1）反应。针对受训人员对课程及学习过程的满意度进行评估。

（2）学习。针对受训人员完成课程后所保留的学习成效进行评估。

（3）行为。针对受训人员回到岗位后，其行为或工作绩效是否因培训而如预期发生改变进行评估。

（4）效益。针对培训的整体投资报酬率进行评估。

2. 需要评估的要素

为了保证培训流程的有效性和实用性，评估必须涉及培训流程的每一个环节——从培训方案的设计，到培训计划的实施，一直到取得实际工作绩效。通过对以下要素进行评估可以达到上述目的：

（1）程序。评估培训流程中所包含的题目是否应该保持一致。

（2）培训人员。评估培训人员是否胜任工作，并成功地完成了自己的任务。

（3）受训人员。评估他们对培训方案实施的反应。

（4）实际工作绩效。评估培训是否对受训人员的工作绩效产生了实际的影响。

3. 需要衡量的项目

根据培训目标可以确定需要衡量的具体项目。只要涉及实际的资金支出，管理人员就可以从资金金额的角度加以考虑。需要衡量的具体项目可能会因公司不同而有所不同，但是，大多数公司会衡量培训对销售额、利润和客户满意度产生的影响。

（二）确定收集信息的方法

培训人员可以使用五种基本的数据收集方法，即问卷调查法、面谈法、测试法、观察法和公司数据法。

（1）问卷调查法。这是培训人员最常用的数据收集工具。这是一种易于实施和管理的方法。问卷调查法的优点在于，培训人员可以收集销售人员的感觉、看法、思想和信仰等信息。一般情况下，人们不愿意在公众场合表达个人的观点，而倾向于采取书面形式表达自己的真实感受，在可以采取匿名形式的情况下，这种倾向性更强烈。

（2）面谈法。这种方法有助于收集深层次的信息。面谈法的优势在于其灵活性。提问人可以根据被访问人所关心的问题调整提问方式。通过这种方法能获取有价值的信息。

（3）测试法。这是确定受训人员掌握培训内容程度的最有效的方法。通过测试可以对培训方案的总体以及各组成部分进行评价。培训人员可以根据测试的结果对培训方案的各组成部分加以调整或重新设计。

（4）观察法。这对于培训人员来说是最有价值的评价手段之一。培训人员深入工作现场了解受训人员在工作中利用培训中所学知识与技能的情况。在这个过程中，培训人员可以征求销售经理的意见，以便完善培训工作。

（5）公司数据法。这是整个评价过程中不可或缺的信息收集方法，具体收集绩效评估结果、客户满意度指数以及销售数据等。

（三）确定衡量方法

分析与评估培训效果的方法很多，大致可分为两类：定性方法和定量方法。

1. 定性方法

一般来说，要比较完整全面地把握信息，至少应从以下几个方面进行分析评价：

（1）受训人员对培训计划的反应。比如，他们是否喜欢这项培训计划？他们觉得这项计划是否有价值？他们愿意花很多时间和精力全身心投入吗？

（2）分析评析受训人员是否学到了预期应该学到的基本原理、基本方法、基本技能。

（3）分析评析受训人员的工作行为是否有了良性的变化。

（4）分析评价培训工作所带来的最终成果。

2. 定量方法

定性方法有其局限性，如果辅以定量分析方法，效果将更加显著。定量方法有很多，比如成本—收益评价法、机会成本法、边际分析法、假设检验法等。

（四）对数据进行分析，确定培训的结果，得出结论并提出建议

培训人员在使用正确的方法收集到合适的信息之后，就可以对培训结果得出结论，

并对以后的培训提出改进意见。如果培训效果不错，培训人员就可以进一步强化培训部门在公司中的重要性，提高培训部门的地位，争取更多的费用预算。如果培训经理能够证明公司的这笔投资可以获得良好的回报，就可进一步改进培训各环节，提高销售人员的劳动生产率。

实践观察

上海贝尔的高级销售管理人员培训

上海贝尔分公司总经理的离岗率一度高达 22.3%，而当时的行业平均离职率要低于 10%。作为阿尔卡特朗讯集团在全球的旗舰公司，上海贝尔遭受了极大挫折。仅以离职补偿为例，上海贝尔的补偿额比业界同期平均水平高 5%。偏高的离岗率以及新兴通信市场的快速发展与激烈的竞争，使如何打造卓越的销售团队领导力、如何提升销售能力成为上海贝尔必须面对的两大难题。

为此，上海贝尔斥资开发了为期 18 个月的高级销售管理人员培训项目（ASMP），以加快关键人才的开发，提升销售团队的整体绩效，保持市场份额。上海贝尔首先对产业规范、能力标准等开展了大量调研，并与区域主管及以上管理者进行战略访谈，设计了分层级能力模型。上海贝尔每年按员工工资的 1.5%～2%安排培训经费，ASMP 项目的费用约占国内销售人员总培训预算的 45%。每期 ASMP 项目中，高管每月至少投入 2 小时，折合人工费用高达 1.8 万美元；直接上级每月至少投入 8 小时，折合人工费用 1.75 万美元。

与此同时，上海贝尔还有四个值得借鉴的做法：

一是公司副总裁被要求担任评审顾问，并与个人发展计划的参与者直接沟通。在整个项目中，他们还将充当教练的角色。

二是为了实现目标，副总裁也会被要求参与每季度一次的商业反馈与交流，分享他们的卓越经验。

三是通过培养跨职能团队来打造商业头脑，包括职后培训、分享期望、合作交流等。

四是一线经理人被要求参与每次小组研讨中关键内容的培训，并辅导相关项目参与者，跟进实际应用情况。他们还要推动个人能力发展计划，像评估项目报告一样去管控实际的销售规划进程。

这样，一方面，通过实施 ASMP 项目，销售经理既能作为教练辅导销售人员，又能在每天的实践中学以致用，并结合公司战略提升市场竞争中的商务能力；另一方面，公司还会从继任者计划中挑选部分销售人才提前去参与相应的实际工作以提升销售业绩。

资料来源：如何打造高绩效销售团队？. 天涯社区经济论坛，http：//bbs.tianya.cn/list.jsp?item=develop & sub=1.

小组讨论

培训有经验的销售代表

王牌股份有限公司的培训经理武刚遇到一个问题：公司的一个老销售代表王港拒绝参加公司的销售培训。公司发现一些重要地区的销售量和顾客满意度都有所下滑。武刚受命从一家销售培训机构聘请了一位专家，为公司的销售代表举办为期5天的销售研讨会，拟通过案例研究、游戏、角色扮演等手段提高销售代表的销售技巧。

但是，王港却公开宣称不参加该培训。他告诉武刚，他是公司里最能干的销售代表之一，并不需要离开销售区域来参加这种销售技巧培训，因为这会使他的销售收入下降。

不得不承认，王港是公司里最成功的销售代表之一。从一所普通学校毕业后，他便进入公司，曾连续五年获得公司的“年度最佳销售代表奖”。但是，许多销售代表私下里向公司反映王港的团队合作精神不强。

讨论要求：分小组讨论武刚该如何处理这件事情。

4.4 激励销售人员

激励是对销售人员进行管理的重要内容。绝大多数销售人员都需要激励，良好的激励能使销售人员保持高昂的斗志和良好的精神状态，潜力得到更充分的发挥，把销售工作做得更好。

激励需要的分析

管理学认为，激励是一种精神力量或状态，起到加强、激发和推动作用，并引导行为指向目标。一般来说，激励包括三个维度：强度、持久度和选择方向。强度是指销售人员在给定任务上的努力程度；持久度指销售人员持续努力的时间；选择方向是指销售人员为完成与工作相关的任务所选择的特定行动。例如，销售人员可以决定将精力集中于某个特殊的客户（选择方向），可以增加拜访该客户的次数（强度）直到获得第一份订单（持久度）。

各种激励常会因为没有针对恰当的需要而失败。销售经理可以借助马斯洛需要层次论和双因素理论理解销售人员不同类型的需要。

1. 需要层次论

美国心理学家马斯洛首创了需要层次论，它是研究人的需要结构的一种理论。1943年，马斯洛在《人类动机的理论》一书中提出了需要层次论。该理论的构成基于三个基本假设：

一是人要生存，他的需要能够影响他的行为。只有未满足的需要能够影响行为，已经满足的需要不能充当激励工具。

二是人的需要按重要性和层次性排序，从基本的（如食物和住房）到复杂的（如自我实现）。

三是人只有在某一级的需要得到最低限度的满足后，才会追求高一级的需要，如此逐级上升，成为推动人继续努力的内在动力。

马斯洛提出需要的五个层次如下：

（1）生理需要。这是个人生存的基本需要，如吃、喝、住所。

（2）安全需要。包括心理上与物质上的安全保障，如不被盗窃，不受威胁，预防危险事故，职业有保障，有社会保险和退休基金等。

（3）社交需要。人是社会的一员，需要友谊和群体的归属感，人际交往需要彼此同情、互助和赞许。

（4）尊重需要。包括要求受到别人的尊重和自己具有自尊心。

（5）自我实现需要。指通过自己的努力实现对生活的期望，从而对生活和工作真正感到有意义。

马斯洛的需要层次论认为，需要是人类内在的、天生的、下意识存在的，而且是按先后顺序发展的，已经满足的需要不再是激励因素。

2. 双因素理论

20 世纪 50 年代末期，赫茨伯格和他的助手在美国匹兹堡地区对 200 名工程师、会计师进行了调查访问。访问主要围绕两个问题：在工作中，哪些事项是让他们感到满意的，并估计这种积极情绪持续多长时间；又有哪些事项是让他们感到不满意的，并估计这种消极情绪持续多长时间。赫茨伯格以对这些问题的回答为材料，着手研究哪些事情使人们在工作中感到快乐和满足，哪些事情造成不愉快和不满足。结果他发现，使员工感到满意的都是属于工作本身或工作内容方面的因素；使员工感到不满意的都是属于工作环境或工作关系方面的因素。他把前者叫做激励因素，把后者叫做保健因素。

保健因素的满足对员工产生的效果类似于卫生保健对身体健康所起的作用。保健从人的环境中消除有害健康的事物，它不能直接提高健康水平，但有预防疾病的效果；它不是治疗性的，而是预防性的。保健因素包括公司政策、管理措施、监督、人际关系、物质工作条件、工资、福利等。当这些因素恶化到人们认为可以接受的水平以下时，就会产生对工作的不满意。但是，当人们认为这些因素很好时，它只是消除了不满意，并不会导致积极的态度，这就形成了某种既不是满意又不是不满意的中性状态。

那些能带来积极态度、满意和激励作用的因素就叫做激励因素，指能满足个人自我实现需要的因素，包括：成就、赏识、挑战性的工作、增加的工作责任，以及成长和发展的机会。如果具有这些因素，就能对人们产生更大的激励。从这个意义出发，赫茨伯格认为传统的激励假设，如工资刺激、人际关系的改善、提供良好的工作条件等，都不会产生更大的激励；它们能消除不满意，防止产生问题，但这些传统的激励因素即使达到最佳程度，也不会产生积极的激励。按照赫茨伯格的观点，管理者应该认识到保健因素是必需的，不过它一旦消除了不满意，就不能产生更积极的效果。只有激励因素才能使人们有更好的工作绩效。

激励的方式

企业可以通过以下方式来提高销售人员的工作积极性。

1. 环境激励

环境激励是指企业创造一种良好的工作氛围，使销售人员能心情愉快地开展工作。企业对销售人员的重视程度很重要。有些企业认为销售人员不太重要，有些企业却认为他们是实现企业价值的人，给他们提供许多机会。事实证明，如果对销售人员不重视，其离职率就高，工作绩效就差；反之，其离职率就低，工作绩效就好。企业可以召开定期的销售会议或非正式集会，为销售人员提供一个社交场所，给予销售人员与公司领导交谈的机会，给予他们在更大群体范围内结交朋友、交流感情的机会。

2. 目标激励

目标激励是指为销售人员确定目标，以目标来激励销售人员上进。企业应建立的主要目标有销售定额、毛利额、拜访客户数、新客户数、拜访客户费用和货款回收率等。其中，确定销售定额是企业的普遍做法。

许多企业为销售人员确定销售定额，规定他们一年内应销售的数量，并按产品分类细化。销售定额是在制定年度市场营销计划的过程中确定的。企业先确定一个可能达到的合理的预计销售指标，然后管理部门为各区域确定销售定额，各区域的销售经理再将定额分配给本区域的销售人员。

关于如何确定销售人员的定额有三种观点。高定额观点认为，定额应高于大多数销售人员所能达到的水平，这样可刺激销售人员更加努力地工作；中等定额观点认为，定额应是大多数销售人员所能达到的，这样销售人员会感到定额是公平的，易于接受，并增强信心；可变定额观点认为，定额应依销售人员的个体差异分别设定，某些人适合高定额，某些人则适合中等定额。

确定销售定额的实践经验表明，面对定额，销售人员的反应并不完全相同，无论实行何种标准，均会出现有些人因受到激励而发挥出最大潜能，有些人则感到气馁的情况。销售经理在确定定额时对人的因素应极为重视。一般来说，优秀的销售人员对精心制定的销售定额会作出良好的反应，特别是当报酬根据工作业绩适当调整时。

在对销售人员个人确定销售定额时，应考虑销售人员以往的销售业绩、对所辖区域销售潜力的估计、对销售人员工作抱负的判断及对压力与奖励的反应等多种因素。

3. 物质激励

物质激励是指对取得优异成绩的销售人员给予晋级、奖金、奖品和额外报酬等实际利益，以此来调动销售人员的积极性。物质激励往往与目标激励结合起来使用。研究人员在评估各种可行激励的价值时发现，物质激励对销售人员的激励作用最明显。

4. 精神激励

精神激励是指对取得优异成绩的销售人员给予表扬，颁发奖状、奖旗，授予荣誉称号等，以此来激励销售人员上进。对于多数销售人员来讲，精神激励也是必不可少的。精神激励是一种较高层次的激励，通常对那些受正规教育的年轻销售人员更为有效。他们不仅有物质生活上的需要，而且有诸如理想、成就、荣誉、尊敬、安全等方面的精神需要。尤其当物质方面的需要基本满足后，精神方面的需要就会更强烈。所以企业负责人应深入了解销售人员的实际需要。有的企业每年都要评出“冠军销售员”“销售状元”等，效果很好。

延伸阅读

如何激励新生代销售人员

销售是企业与顾客之间非常重要的沟通、联系、互动的纽带，是企业赢得消费者和市场的根本因素。要组建一支高效、高素质、专业、热情的销售团队，有效激励销售人员十分重要。

可以新生代销售群体的个性特征及需求特征为基准，结合物质激励、精神激励和文化激励三个方面，参考波特-劳勒激励模型和斯蒂芬·罗宾斯激励模型等，针对新生代销售人员进行激励的设计。

(1) 因为物质激励的边际效益逐渐降低，而内在的精神激励和引导性的文化激励作用逐步加强，所以充分激励新生代销售人员需要有效结合可量化的物质激励、不可量化的精神激励和具有指引协调作用的文化激励，才能够使得激励效果最佳，激励时效最为持久，综合激励成本相对较低。

(2) 针对从销售人员招聘至其自我实现的全过程制定激励对策及保障支持措施。激励对策：根据销售工作特征选择性招聘；对销售人员进行职业规划，明晰职业发展路径；持续培训，不断提升水平；加强沟通，了解其深层次需求；健全优化绩效考核；帮助销售人员自我实现和自我超越。保障支持措施：优秀的企业文化和良好的企业环境。

资料来源：艾山江·尼亚孜．如何激励新生代销售人员——以中粮公司新疆区为例．新疆大学硕士学位论文，2015.

销售竞赛激励

销售竞赛是企业常用的激励销售人员的工具。它可采取多种形式，充分发挥销售人员的潜力，促进销售工作的完成。

（一）销售竞赛激励的设计原则

竞争能激发销售人员求胜的意志，提高销售人员的士气。开展销售竞赛是一种较好的激励方式。有的销售主管没有一套严格的制度，高兴起来就大奖小奖一起发，人人获奖等于没奖，结果花了大笔费用达不到激励效果，反而影响士气。出现这种情况的主要原因是销售主管未能很好地掌握销售竞赛的用意及要领。竞赛奖励的目的是鼓励销售人员付出比平时更多的努力，创造出比平时更高的业绩。销售人员追求可见的成功，需要主管的赞扬和鼓励。竞赛要能激发销售人员的工作热忱，鼓励销售人员使出不服输的拼劲，即竞赛必须营造“想赢”的氛围。

在设计竞赛项目及奖励办法时，应注意以下原则：

（1）奖励的面要宽。成功的奖励办法能鼓励大多数人。奖励面太窄，会使业绩处于中下水平的销售人员失去信心。

（2）销售竞赛要与年度销售计划相配合，以有利于企业整体销售目标的完成。

（3）要设立具体的奖励标准，严格按实际成果给予奖励，杜绝不公正现象。

（4）竞赛的内容、规则、办法力求通俗易懂、简单明了。

（5）竞赛的目标不宜过高，应使大多数人通过努力能达到。

（6）有专人负责宣传推动，并将竞赛情况适时公布。

（7）要召开启动销售竞赛的会议，并以快讯、海报等形式进行追踪报道，渲染竞赛的热烈气氛。

（8）精心选择奖品，奖品最好是大家都希望得到，但又舍不得自己花钱买的东西。

（9）奖励的内容有时可把家属考虑进去，如奖励销售人员带家属旅游。

（10）竞赛活动结束，马上组织评选，公布成绩，并立即召开总结会，颁发奖品。

（二）销售竞赛激励的实施方法

1. 销售竞赛目标的设定

销售竞赛费用是企业的常用开支。有了销售竞赛费用，就可以设定相应的竞赛目标。有些主管设想了许多竞赛形式，甚至构思了既响亮又吸引人的主题或宣传语，却忘了设定竞赛的目标和预期效果。在拟定竞赛办法时，首先要确立竞赛的目标定位。

竞赛是利器，可以制胜也可伤人，关键要看竞赛规则、办法、奖励方式与竞赛的目标是否一致。如果偏离了方向，竞赛就失去了意义，甚至会产生相反的效果。下面根据实际经验提供一些可行的销售竞赛目标及奖励方式：

（1）提高销售业绩奖。对达到目标者、超过上次销售业绩者、业绩排名前五者、团体销售业绩名列前茅者，都可以给予一定的积分或积点奖励。

（2）特殊产品销售奖。对特殊产品（如新产品、库存滞销品）销售业绩较好者给予积分或积点奖励。

(3) 开发新客户奖。对开发新客户的数量及绩效排名靠前者给予积分奖励。

(4) 新人奖。对新销售人员中业绩好者予以奖励。

(5) 训练奖。训练新人使绩效最高者得奖。

(6) 回款奖。对坏账率最低者、即期结账比例最高或总额最大者给予奖励。

(7) 淡季特别奖。在淡季、节假日可以举行特别的定期定时竞赛，对优胜者给予奖励。

(8) 市场情报奖。对协助企业收集市场情报最多、最准确、最快速者给予奖励。

(9) 降低退货奖。对退货量最小或占销售总额比例最低者给予奖励。

(10) 最佳服务奖。根据客户反应及企业考察，对服务态度最好、服务质量最高者给予奖励。

有些企业的营销目标是多元化的，在开展销售竞赛时也会有不同的目标。比如，销售消费品的企业要经过销售人员、批发商、零售商及消费者多个层次，才能将产品送达使用者手中。这类企业应制定多对象、多目标的竞赛办法，只有这样，才能环环相扣，形成推动销售计划的力量，也才能切实执行制胜的营销策略。按行业和产品的不同，竞赛体系可以是网络式的，也可以是多层次的。比如，家用电器产品是通过零售店（或专卖店）销售的，可采用两层式的竞赛方式，即同时激励企业销售人员和零售店。对于汽车零部件，则可采用包括制造商的销售人员、经销店及汽车修理厂在内的三层竞赛方式。无论选用何种方式，关键是把整个销售体系中的有关人员同时列为竞赛的激励对象。如果只以销售人员为竞赛对象，经销店或汽车修理厂不会积极参与产品的销售，就会造成负面效果或成为竞赛的障碍。所以，最好的办法是让大家都参与进来，调动大家的积极性。

不同目标、不同参与对象的多层次竞赛方式，得奖的层次不同、对象不同，竞赛的标准和评价方式也不同，但奖品可以相同。比如，对汽车修理厂可以给予抽奖券，每进货多少单位即发给一张抽奖券；对经销店，可将同期销售增长率换算成点数，积分点数高者有奖；对销售人员，则计算目标达成比率或与前期比较的业绩成长率，绩优者有奖。在这样的安排下，不同层次的销售人员相互激励，自然就会产生较大的推动力。

2. 销售竞赛的实施

实施销售竞赛需要做深入细致的准备，包括确定竞赛的主题、规则及注意事项，参赛对象及入围标准，时段时机、奖励方式及奖品等。具体涉及以下方面：

(1) 竞赛主题。任何竞赛都必须设定一个主题，如南北对抗赛、周末大竞技等。

(2) 参赛对象。规定资格限制，明确是只限外勤销售人员参加、内外勤均可参加，还是经销商、销售网络成员都可参加。

(3) 入围标准。明确依据是总额累计、个人业绩增长比率还是团体业绩总额；是否考虑特殊情况或问题。

(4) 奖励标准。明确是只取前几名还是达到要求者都有奖。

（5）竞赛办法。明确是否有需要加以解释及说明之处。

（6）评审过程。评审要及时、合理、公平，确保无漏洞及虚假之处。

（7）奖品选择。主要看奖品能否吸引参赛人员。奖品可以是奖金、奖杯、奖章，也可以是抽奖券、购物券或汽车、手表、皮包等。

（三）销售竞赛激励活动的管理及评估

（1）专项管理。销售竞赛是一项重要的活动，在销售主管的指导下，自始至终要有专人负责管理，一旦出现问题能够及时发现和解决。

（2）预算管理。销售竞赛的费用较大，绝不能公开办法、宣布奖品就算了事，而应进行成本效益分析。下面举例说明编制竞赛预算的一般方法。

假定竞赛的目标是竞赛期间的销售额比平时增加15%，若平时每月的销售额是2 000万元，竞赛的目标就是增加约300万元。若企业的利润率为20%，则竞赛所能增加的利润为60万元。假设盈利的20%可用来举办竞赛，则可花的竞赛费用为12万元。

设定获奖最低标准后，应估计会有多少人入围得奖，假定有20人入围，则平均每人可得奖金6 000元。

当然，以上只是确定预算费用的一种方法，销售主管还可采用其他合适的方法。

（3）时间管理。安排竞赛时间，要考虑全年度销售计划以及特殊季节、假日等因素。小型竞赛一般以2～6周为宜，大型竞赛为期1～3个月。时间太长，会使销售人员不愿太早冲刺或中途失去兴趣及热情。

（4）组织管理。竞赛期间，为了引起大家的关注，应加强宣传，营造气氛。销售主管应亲自到各营业单位宣布竞赛办法及意义，鼓舞士气。在竞赛中应定期发布竞赛信息，如每日快讯、每周报道、倒计时、冲刺日报等。对其他环节如存货的准备、后勤作业、送货及相关作业要谨慎作出安排，以免出现疏漏，影响竞赛效果。

（5）活动评估。许多主管在竞赛后仅注重公布的结果，成绩佳则风风光光颁奖或吃喝一顿，成绩不佳则草草收场。竞赛结束后，应及时进行正式的评估与分析，看目标是否达到、经验何在、教训何在。若发现作弊行为（如开假订单、报假账、联合报账等），要严肃处理。

激励士气的方法

任何一个销售集体，不论有多少成员，都是由既有优点又有缺点的人组成的。所以，集体成员可能不时出现这样或那样的问题。销售主管应密切注意下属的动向，及时了解销售人员的问题，这样可在心理上有所准备，在实际行动上有正确的应对措施。

（一）激励问题成员的方法

销售队伍中总会出现一些问题成员，这些成员有比较明显的毛病或遇到较大的困难，常常需要销售主管予以协助和监督，才能改掉毛病，克服困难。常见的问题成员的特征主要有：恐惧退缩、缺乏干劲、虎头蛇尾、浪费时间、强迫销售、惹是生非、怨愤不平、狂妄自大等。

销售主管应研究这些现象产生的原因及解决办法。下面针对不同类型的问题成员介绍一些引导方法。

（1）引导恐惧退缩型成员。办法主要有：帮助建立信心，消除恐惧；肯定长处，也指出其问题所在，并提供解决办法；陪同销售、训练，使其从容开展工作，由易到难渐入佳境；对其进行产品知识与销售技巧的培训。

（2）引导缺乏干劲型成员。办法主要有：指出缺乏干劲的弊端；外在激励和内在激励双管齐下；陪同销售并给予辅导；更换业务销售区域；提高业务定额；以增加薪水、提供奖品为动力；给予短暂休假，调养身心。

（3）引导虎头蛇尾型成员。办法主要有：带动或陪同销售；要求其参加销售演练或资料收集整理；分段式考核；多做心理辅导；确定各时段各作业区域的销售目标。

（4）引导浪费时间型成员。办法主要有：晓之以理，告知时间就是金钱，效率就是生命；动之以情，帮助制定拜访客户的时间表及路线，确定拜访客户的次数及交流的时间；严格制定工作时间表及时间分配计划书。

（5）引导强迫销售型成员。办法主要有：指出强迫销售的弊端及渐进式方法的好处；加强服务观念的教育，传授销售技巧；改变只计提成的计酬方式，开展多项目、多层次的竞赛。

（6）引导惹是生非型成员。办法主要有：指出谣言对个人及团体的危害；追查谣言的起源及用意，孤立造谣者，加以教育；尽量避免开玩笑。

（7）引导怨愤不平型成员。办法主要有：给予劝导及安抚，将心比心；引导多参加团体活动并充分发表意见；用事实说话，在销售绩效上比高低，使其心悦诚服；检查公司制度有无不合理之处，有则改之；若完全是无理取闹，则必须制止，尽量化解冲突，维系双方的关系，如果各种方法都无效，则可解聘。

（8）引导狂妄自大型成员。办法主要有：告知山外有山，天外有天，强中更有强中手，不可学井底之蛙，夜郎自大；以实例说明骄兵必败；提高销售定额，健全管理制度；肯定成绩，多劳多得；不搞特殊化。

（二）激励明星销售人员的方法

明星销售人员一般都有些特长，或善于处理与客户的关系，或精通销售技巧，总是能取得优秀的销售业绩。这些明星销售人员虽然绝技各异，但也有共同的倾向和特性。下面是各行各业业务主管领导明星销售人员的经验总结。

（1）树立其形象。明星销售人员通常追求地位，希望给予表扬与肯定，很注重自己的形象，并希望得到他人的认可，热衷于影响他人。

（2）给予尊重。因为他们需要别人的尊敬，特别是主管的重视，希望别人把他们当作专家，乐于指导别人。

（3）赋予成就感。起初销售人员要求的是物质上的满足及舒适，在物质需求得到满足后，他们更追求精神上的满足。此时，内在的激励能起到更重要的作用。

（4）提出新挑战。明星销售人员一般有更充沛的体力，愿意不断接受新的挑战，创造更高的销售纪录。不断提出新的目标，会激发他们的活力。

（5）健全制度。明星销售人员大多希望有章可循，不喜欢被别人干扰或中途放弃。制度要能保证充分发挥他们的潜力。

（6）完善产品。正所谓“巧妇难为无米之炊”，再能干的销售人员也要有优质的产品做后盾。明星销售人员一般对自己的产品极有信心，如果企业的产品失去信誉或他们对产品品质有所怀疑，他们就可能跳槽。因此，应不断地完善和发展企业的产品。当然，这需要产品研发部门和生产部门积极配合。

（三）激励老化销售人员的方法

销售人员业绩停滞，心态老化，是销售主管经常遇到的难题。有些销售人员工作了一段时间后，业绩突然停滞不前甚至不断下滑。在竞争激烈、市场环境不断变化的情况下，这种状况似乎有愈演愈烈之势。遗憾的是，大家对销售人员老化的问题了解有限，认识不够。有的销售主管不愿意承认存在销售人员老化问题；有的销售主管承认问题，但没有具体的数字；有的销售主管知道问题的存在，却毫无办法。

1. 销售人员老化的迹象

要防范销售人员的老化现象，必须及早发现老化问题。销售人员老化最常见的迹象主要有：

（1）业务报表、报告常常晚交或不交，内容不完整或没有深度。老化销售人员往往认为这些东西不值得花时间去写，没有什么有价值的内容。

（2）业绩平平或大幅下降。导致销售人员业绩平平或大幅下降的因素有很多，要多加分析。有些老化销售人员经常为之找借口。

（3）拜访客户的次数减少，拜访新客户的数量减少。如有的主管发现老客户的名字很少出现在拜访表上。

（4）没有创新意识。销售人员经常处理一些与销售无关的事，把更多的时间花在办公室内而不是出门找客户做生意，有时甚至连企业的新产品都忘了介绍给老客户。

（5）热情不足，懒散有余。销售人员缺勤、迟到、早退，吃顿午餐耗半天，对什么事都缺乏兴趣。

（6）客户抱怨增加。平时服务态度好、服务水平高的销售人员，若突然遭到客户的不断抱怨，就是该销售人员老化的表现。

（7）计划准备不周。销售人员未准备妥当辅助销售工具、产品介绍、价目表，与客户约会迟到或失约，反应迟钝。

（8）不修边幅，抱怨增加。销售人员由原来注重外表及形象变得不修边幅，经常抱怨企业、产品、后勤、其他同事，对客户也有不满。

观点聚焦

引发销售人员老化的因素

销售人员老化现象体现在多个方面：

（1）市场营销环境变化、商业竞争环境多变导致销售人员观念思路的老化。

（2）销售人员生活、家庭方面的原因导致对营销职业的个人情感老化。

（3）销售人员染上不良营销习惯导致职业道德老化。

（4）销售人员过分重视经验和经历而忽视创新精神导致营销能力老化。

（5）随着从事销售工作时间的延长，职业激情减退导致销售人员心态老化。

资料来源：林德殿．销售人员十大老化现象．现代营销（经营版），2012（4）：62.

2. 销售主管应对老化现象的方法

任何一支销售队伍在任何时候都有可能由于某种原因而出现老化现象，关键在于如何应对。有些销售主管面对销售人员的老化现象不能做任何改善，可以说毫无办法。有些销售主管则一味用提高提成或薪酬的办法来鼓舞士气，但也只能起到短期的作用，有时可能因此而带来更多的问题。那么，到底应该如何应对销售人员老化现象呢？下面介绍的方法是实践经验的总结，对销售主管会有所帮助。

（1）物质奖励与精神奖励。要运用物质奖励与精神奖励方式，对表现好的销售人员予以肯定。

（2）指导和鼓励。精心指导销售人员制定未来的事业发展计划，帮助他们根据企业目标制定个人发展目标。对已经努力但不成功的销售人员多给予鼓励。

（3）提倡公平竞争。对所有销售人员公开考核，作为改善绩效及奖赏升迁的参考。提拔有成就且成熟的销售人员作为领导者或给予更高的薪酬待遇。

（4）提倡团队精神。企业在制定长期计划与目标时多与销售人员沟通，多征求他们的意见与看法，以激发他们的团队意识。

（5）定期召开销售会议。每年至少举行 3 次分区域的销售会议，表扬先进，推广经验，为老销售人员举办销售研讨会。

（6）定期培训。对销售人员定期培训，提高他们的销售技巧，增强他们对企业、对自己的信心。培训应尽量针对个人需要，使每个销售人员的知识与技能水平达到要求。不要使用大家已有的教材，要准备新教材。多举办产品知识培训，安排一些鼓舞士气的课程。

（7）缓解生活压力。尽量给予销售人员一定的底薪，但其收入必须与销售业绩及工作表现挂钩。

（8）同甘共苦。与销售人员克难攻坚，打成一片，不断追求更高的业绩。

（9）提出新挑战。不断交给销售人员新的工作或任务，令其接受挑战，增加直面竞争的动力。

（10）适当调换岗位。允许销售人员在企业内部调换工作。如有的资深销售人员可调到研发部门，为新产品开发作出贡献。调换工作会给资深老化销售人员带来新的活力。

延伸阅读

对不同类型销售人员的激励方式

关于激励的重要性，哈佛大学的戈森塔尔教授做过一个有名的实验：他让加利福尼亚州某中学校长从学校随机抽出三位老师和100名学生，请校长把三位老师叫到办公室并告知，他们是学校里最好的老师。校长还告诉他们，学校挑选了100名尖子学生组成三个班级分别交由他们执教。一年后，这三个班果然成为全校最优秀的班级。这三位老师后来才知道，他们和那100名学生其实是学校随机挑选出来的样本。

这个实验证实了激励的重要性。在日常生活和工作中，每个人都需要激励，销售人员也不例外，他们甚至比其他人更需要激励。这是因为销售工作需要他们充满激情和理性。频繁的拒绝和挑战使得销售人员需要内心的激励，复杂的流程也要求他们具有理性、恒定的心理素质。销售人员的职业疲惫状况在企业里广泛存在，企业可能在投入了大量经济资源进行刺激后依然收效甚微。原因何在？根本原因在于我们没有真正了解销售人员内心的激发点。销售经理应设法增进对销售人员的了解，洞悉他们的真实需求，可以说，了解销售人员的需求是激励成功的前提。

那么，怎样才能真正了解销售人员的特点和内心需求呢？美国盖洛普管理顾问公司的研究结论很有指导意义。它将销售人员分成四种类型：竞争型、成就型、自我欣赏型、服务型。盖洛普公司认为，要提升销售人员的业绩，就要针对不同类型的销售人员采取不同的激励方式，简言之，销售激励应因人而异。下面简要介绍相关研究成果。

1. 竞争型销售人员

这类销售人员在销售竞赛中会表现得特别活跃。对于竞争性很强的人，最简单的办法就是清楚地告诉他成功的标准。他们需要各种销售定额，也渴望通过成绩来证明自己，销售竞赛是激发其潜能的最有效方式。

精明的销售经理能巧妙地挑起这类销售人员之间的竞赛。美国某知名公司的一位销售高手说："刚开始做销售时，我在公司里连续5个月都是最佳销售人员，因此便自鸣得意、趾高气扬起来。不久，公司新来了一位销售人员，我们的销售区域很相似，他开始超过我并成了当月最佳销售人员。这时，销售经理开始对我说，'嗨，大腕，新手就要打败你了，你再不赶上来，你的地盘就归他了'，这席话极大地鞭策了我，也激励了我的对手，于是，我便跟他较起劲来，我俩争先恐后，每个月都想打败对方，结果，我们的业绩都获得了大幅提升，简直难分高下。"

2. 成就型销售人员

许多销售经理认为，成就型销售人员是理想的销售人员，他会给自己定目标，而且会把目标定得比别人高。只要整个团队能取得成绩，他不在乎功劳归谁，他认为自己是一名优秀的团队成员。销售经理该如何激励这类能够自我激励的销售人员呢？正确的方法是：确保他们不断受到挑战。

比如，美国阿克里·沃斯公司总裁兰德尔·墨菲在长期职业发展计划中指出："和成就型销售人员一起坐下来，弄清楚其工作中很关键的三个方面（擅长什么、哪些方面有待提高、哪些方面是不擅长而需要学习的），接下来，一起为该销售人员制定改善目标。"再比如，美国某知名企业培训总监认为："激励成就型销售人员的最好办法就是放手让他们去做，把大目标交给他们，放手让他们去干，这种管理方式本身对他们来说就是一种很大的激励。"激励成就型销售人员的另外一种有效方法是培养其进入管理层。"如果他对管理有兴趣，那就在他身上进行投资。"美国奥丽酒店副总裁说，"培养他们，拉他们走出销售圈子，开阔眼界，这样做一定会有回报，因为成就型销售人员有主人翁精神，能做战略性规划并承担相应的责任。"

3. 自我欣赏型销售人员

自我欣赏型销售人员需要的远不止奖牌和旅行，他们希望感到自己重要，精明的销售经理应该设法让他们如愿以偿，这是对此类销售人员最有效的激励方式。比如，美国优利公司销售总监菲希特曼说："我们会让自我欣赏型的杰出销售人员带几个小徒弟，这些人喜欢被年轻人奉为大师。我们也乐意这样做，因为这样可以激励他们不断进取，如果新人能完成任务，就证明他指导有方。"再比如，盖洛普公司总经理赞盖里认为："最能激励自我欣赏型销售人员的方法是向其征询建议，比如，请其加入企业智囊团或就重大事项征询其意见。"

4. 服务型销售人员

服务型销售人员通常最不受重视，因为他们往往不能带来大客户，他们的个性比较保守，不喜欢张扬，甚至缺乏野心。美国优利公司销售总监菲希特曼说："我对这类人提不起兴趣，因为他们不出来争取新地盘，他们也许能在竞争中站稳脚跟并与客户维持很好的关系，却不能推动企业发展，他们更像默默无闻的英雄。"激励这类销售人员的最好办法是公开宣传其事迹。Inc 公司销售副总裁说："我们在全公司通报表扬其优质服务，在公司大会上宣讲其事迹。"

对于身心疲惫的销售人员，销售经理可做的是运用有效的激励方法去唤醒他。实际上，每个优秀销售人员的背后都有一个他喜欢的、能激励他的优秀销售经理。由于对不同类型的销售人员要采取不同的激励方式，销售经理有必要对自己的下属做深入分析，以便找到有效的激励方法。一言以蔽之，销售激励应因人而异！

资料来源：http://wenku.baidu.com/view/5abeec75af1ffc4ffe47aca0.html? from=search.

成功销售主管的特征

在激励销售人员士气的过程中，销售主管的作用是很重要的。要激励下属，销售主管本身要有坚强的意志及坚定的决心。成功的销售主管应该具有以下特征。

1. 贴心

怎样才能成为销售人员的知心朋友呢？具体来说应注意以下几点：

（1）对每个销售人员都要深入了解，鼓励他们发挥自己的特长，以有利于整个团队的成长。

（2）注重销售人员最关心的事物，抓住他们的心。

（3）注意销售人员未表现出来的欲望。有的人希望升迁，有的人寻求能力的认可，有的人想得到更多的培训与开发。销售主管要考虑如何去满足下属的这些欲望。

（4）利用多种技巧发掘下属的兴趣所在，并思考如何把他们的兴趣转到工作上，注意是否有具有特殊才能的人可用，是否有特殊的创意有助于团队目标的实现。

（5）多听下属的意见。要经常反省：下属说话时自己是否真正用心倾听？自己是否做结论太快？

（6）与下属交谈时，要避免打断，要全神贯注。

（7）与下属交谈时，观察他们的手势、眼神及其他隐秘的信号，以了解他们真实的未表达出来的意图。

（8）要能接受他人的看法、见解，让他人有提出新见解的机会。

2. 多面手

（1）销售主管是良师兼教练。他应能丰富下属的知识，增强下属的信心，改变下属的态度，提高其销售技巧，给予各方面的指导，使其更有效地开展工作，实现目标。

（2）销售主管是考评官。要对下属的表现和绩效加以评估，并给予适当的反馈，指明改进的方向。

（3）销售主管是团队的指挥官。他应指导下属熟悉每一种销售工具和技巧，让每个人充分发挥自己的才能，同心协力、步调一致，使全体人员都有突出的销售业绩。

（4）销售主管是鼓舞者。他应把下属的希望与梦想从内心激发出来，并用文字或图案表现出来，使每个人朝着自己及整体的目标不懈努力。

3. 高素质

（1）销售主管应具有洞悉下属内心的能力。他应了解如何促使下属主动地把时间和精力放在工作上，及时掌握下属的动向，为进一步采取措施做好准备。

（2）销售主管应能给下属指明方向。其领导一个团队最重要的职责就是制定一个合理可行的目标，使下属有明确的方向。要让下属了解全盘计划及目标，并知道每个人应承担的角色，更重要的是要使每个人有达成目标的决心并付出努力。

（3）销售主管应具有督导激励的能力。目标确定后，应督导下属全力以赴。要多利用公开场合对下属的小成就予以肯定，鼓励下属更上一层楼。

（4）销售主管应具有评估追踪的能力。当下属达成目标时，应立即给予鼓励；若有偏差，则应立即指出并加以修正。

4. 开明

销售人员流动率比较高。销售人员离职的主要原因有：未达到预期收入、管理上的问题、个人心态变化、其他环境因素等。此外，也有些人会为了自尊而不得不离职。

当下属要求离职时，销售主管要认真分析原因，如能解决其问题，就加以挽留；如果下属执意要走，也不要找借口不予放行，让他将工作任务和账目厘清，好聚好散。人虽然走了，但还是好朋友；如果反目成仇，不欢而散，往往会两败俱伤。

决定销售人员收入的因素，除了企业的产品及市场的竞争力，最重要的是销售人员本身的努力程度及对工作的投入程度。因此，能力的高低通常不是人员流动的主要因素。如果销售人员的能力不足或个性不适，就不应留在销售岗位上，而应另择职业。

有些销售人员会出现心态不平衡，因长期工作压力大而疲倦不堪，销售主管应设法与他们谈心，加以开导，甚至安排他们休息调整，待心情平静或问题解决后再工作。

有些人在一个岗位工作时间长了以后会想跳槽，此时如有其他同行或性质接近的企业许以高职或高薪，常常会导致人事变动。解决这个问题的对策是请他三思而行：一定要离开现有的公司及职位吗？有无其他可行的办法？新的工作及环境是否适合他的发展？当然，最终是否决定离职完全是当事人自己的权利。

如果销售人员离职是由于企业制度或管理上的问题，与其他人员的误会、纠葛、恩怨等，销售主管要以向欲离职人员求教的态度，请他说出自己的缺点和失误，以发现问题，寻找对策。如果销售主管都有这样的认识及做法，就可减少不必要的困扰和伤害。

销售主管若把离职者当作良师益友，保存对方的资料，经常保持联系表达关怀，珍惜过去共处的日子，那么双方可能会有再次合作的机会。人员流失对销售主管来说是一种危机，也是一种挑战，但只要有正确的态度，以有备无患的心理、坦诚开明的作风及接纳和学习的心态来处理人员的流动，则危机可转化为良机。

销售主管要具备各种能力，扮演不同的角色，目的是激励所有的下属。一个得到有效激励的团队应该有良好的团队精神，只有这样，才能成为一个常胜的团队。销售主管应致力于打造具有如下特征的优秀团队：(1) 具有明确的团队共同努力的目标。(2) 每个人有明确的个人目标，个人目标也是为了实现团队的目标。(3) 有具有威望、能带领团队的领导。(4) 具有互助合作的精神及能为团队利益牺牲个人利益的意愿。(5) 拥有坚强的意志。(6) 每个人都有被激励的潜力。(7) 每个人都有不同的才能与特性，每个人的角色明确。(8) 每个人都有达成目标的决心和信心。(9) 具有创新的勇气。(10) 每个人都有成为团队一员的成就感和自豪感。

案例分析

这个销售队伍怎么管

最近一段时间，金旗公司的总经理任先生一直被一个问题困扰。公司规模不断扩大，市场不景气，公司销售队伍的管理问题日益明显。一方面优秀的销售人员流失严重，另一方面新入职的销售人员缺乏经验，销售业绩较差。更严重的是，那些离职的销售人员要么加入竞争企业，要么开办自己的公司，带走了一部分重要的客户，成为对企业威胁最大的竞争对手。

金旗主要生产特种铁合金，其中氮化铁合金在国内及国际市场上占有较大的份额。目前，中国钢产量过剩，钢铁行业逐步淘汰落后产能，致使铁合金的使用量下降、产能开始过剩。近几年，金旗的经营业绩欠佳，销售额、利润额连续 3 年下降。

年底去参加公司客户的答谢晚宴的路上，任总在与销售经理聊天时发现，销售队伍的人才梯队建设和管理出现了严重问题。销售队伍的人员数量和素质都不能满足公司发展的需要，特别是新人素质不高。此外，企业没有系统的培训。新入职人员在接受一两次课堂培训后就上岗，有人连公司的产品都说不全，更不知道产品怎样使用，合同怎样签订，异议怎样处理。悟性好的人能够快速成长起来，悟性差的人工作几个月都摸不清门道，最后被淘汰。

在新来的销售人员开始跑业务时，销售经理或主管一般交给老的销售人员以“师傅带徒弟”的方式培养。这样做的问题是，新销售人员常常受到一些不好的影响。如果老销售人员开拓力不强，带出的徒弟就会畏缩不前。另外，带徒弟没有纳入考核，带徒弟的劳动得不到体现，即使在初期老销售人员还有些热情，之后其积极性会慢慢消退。“带好徒弟，饿死师傅”的思想也会令师傅对带徒弟心有疑虑。

虽然在销售例会上大家经常讨论销售业绩欠佳给公司造成的损失，但是销售队伍建设的推进迟缓。每次在销售出现重大工作失误和重大损失后，公司都试图对销售队伍进行整顿，但是由于未形成人才梯队，想裁人却不敢动手。

更让任总苦恼的是，在宴会上看到了昔日的创业伙伴陶总。几年前，陶总带着手下的一批人离开金旗，创办了自己的公司，两人成了竞争对手。不过这些年陶总都故意避免与金旗发生冲突，也相安无事。谁料，在如今艰难的市场环境下，他终于按捺不住，开始跟金旗抢客户订单。

这件事让任总不得不正视公司销售人员流失问题：一些能力强、有一定社会背景和客户资源的资深业务员，在有一定的业务积累后纷纷自立门户。一些业务精、年轻有潜质的业务员则因公司现有的发展空间有限或对公司考核激励机制以及业务经理的能力和工作方式不认同而离开公司。这些人出去以后，或自己成立公司，或进入竞争对手的公司，成为公司最强的竞争对手，对公司在一些地区的销售造成严重冲击。

宴会第二天，任总在经历整夜失眠后补了个回笼觉，终于清醒的时候收到了人力资源部经理的微信，告诉他销售总监老王辞职了，据说跳槽去了金旗最强劲的竞争对手那里做总监。王总监是去年通过猎头招聘的销售总监，履历丰富，在过去的一年里一直试图加强销售队伍建设，无奈效果不佳，他很泄气。王总监曾经在自己面前感慨，“销售难，金旗的销售人员管理尤其难!”那时任总没有察觉到他其实是在抱怨。这是不是意味着一批客户也会随王总监而去呢？昨晚陶总抢单的麻烦还没解决，这会儿王总监又来恼人。

资料来源：庄贵军，李美．这个销售队伍怎么管．商业评论网，http：www. ebusiness review. cn.

讨论题

你认为任总该怎么办呢？

重点名词

销售方格　客户方格　需要层次论　双因素理论　环境激励　目标激励

思考题

1. 销售人员的职责包括哪些？
2. 销售人员的外在特征与内在特质要求有哪些？
3. 简述销售方格理论。
4. 企业主要通过哪些途径招聘销售人员？
5. 企业招聘销售人员的程序是怎样的？
6. 测验的类型及应注意的问题有哪些？
7. 面试的类型及技巧有哪些？
8. 如何进行销售人员培训需求的分析？
9. 制定销售人员培训计划需明确哪些问题？
10. 常用的销售人员培训方法有哪些？
11. 销售人员培训效果的评估包括哪些步骤？
12. 企业可以选择哪些激励方式来提高销售人员的工作积极性？
13. 怎样设定销售竞赛的目标？
14. 问题销售人员可以分为哪几类？
15. 如何激励明星销售人员？
16. 简述销售人员老化的迹象及其应对措施。
17. 成功的销售主管有哪些特征？
18. 一个优秀的销售团队有哪些特征？

实训练习

模拟招聘活动流程：

第一周，选择招聘企业。各小组参加校园招聘宣讲会或者通过网络招聘信息选择一家实际的招聘企业，该企业必须招聘应届市场营销专业或相关专业的毕业生，而且同学们愿意去应聘。每个小组代表企业在课堂进行 5 分钟招聘宣讲。之后大家投票选出一家作为本次模拟招聘的企业，每个小组推荐一名代表组成企业招聘委员会。

第二周，初试。全班同学参加笔试选拔。笔试题目主要涉及营销人员综合素质考察及相关行业和产品的专业知识，由老师会同招聘委员会组长确定。笔试成绩前十名进入第二轮，每人做一分钟的自我介绍，其他同学投票表决，取前五名进入复试。老师点评自我介绍的情况。

第三周，复试。复试可以参考电视节目《职来职往》的形式，设多个环节，比如销售情景模拟、开放式抽题作答、随机问答、无领导小组面试等。面试内容、形式和评审标准由老师会同招聘委员会成员确定。老师主持，招聘委员会成员作为公司的评审官，五名同学参加面试，其他同学是大众评委，可以提问和投票。公司评审评分和大众评委投票各占成绩的50%，得分前两名被公司录用。老师点评同学们的表现及各环节应该注意的问题。模拟招聘结束。

第5章 指导人员销售

本章要点

1. 寻找客户
2. 拜访客户
3. 介绍产品
4. 处理异议
5. 建议成交

引　例

销售的根本

作为汽车销售人员，应该善待每一个顾客。很多销售人员喜欢挑顾客，看到顾客一个人来看车就不愿意接待，看到顾客骑着电瓶车来不愿意接待，看到顾客来自某些地域不愿意接待……最终的结果自然是成交量上不去。

有一次汽车展销，一个老妈妈拉着自己刚毕业的女儿，因为分不清东风本田和广州本田，跑进了我所在的东风本田展区。要是一般销售人员，肯定直接说往后走就是广州本田，我没有一句话了事，而是详细地问了她们选车的标准，为她们分析了买两个品牌的汽车的利弊，讲了我自己的看法和建议，并告诉她们所选车的行情价和需要注意的地方，之后送她们离开展区。

万万没想到，下午她们又来到展区，问我东风本田有没有合适的车型，我就介绍了一款红色的车给她们，结果她们当场就订车了。她们觉得我这个人热心，对于不买自己家汽车的老人都那么耐心，从我这里买车一定可以放心。

资料来源：http：//www.5888.tv/yingxiaocehua/InfoContent_4616.

启示：所有销售技巧都是建立在真诚对待顾客的基础上，让顾客更好地了解自己的真实需求和产品的特点，才是销售的根本。

销售管理人员必须对销售过程有全面的了解，才能带领销售团队完成销售任务。销售过程包括寻找客户、拜访客户、介绍产品、处理异议、建议成交等。

5.1 寻找客户

只有选择了恰当的客户，才有可能顺利地完成销售工作。在寻找客户时，不能大海捞针般盲目地寻找，必须先确定客户的范围，还应掌握寻找客户的方法。

确定客户范围

销售人员不能奢望所访问的每个对象都购买自己销售的商品，而是需要结合具体情况发现既能从自己销售的商品中获益又有能力购买这种商品的个人或组织，即准客户。寻找准客户的行为也称开发客户。

在开发客户的过程中，应该结合各方面的因素来确定客户的范围，并进行全面的分析，以保证销售活动有的放矢。

1. 根据商品因素确定客户范围

在确定客户范围时，非常重要的一点就是考虑商品因素，即所销售的商品应能够满足客户的需要。可从商品的性能、质量、规格、品种等方面考虑，进行全面分析。商品满足客户需求的能力越强，其使用价值满足需求的特点就越明显，商品扩散就越快，客户的范围也就越广。商品的性能越优越，相对的先进性越明显，客户的范围也就越广。商品所具有的有用性与客户的消费观念和价值观念越吻合，客户的范围也就越广。商品的质量越好，价格越低，操作越简便，客户的范围也就越广。反之，价格相对较高，操作较复杂或先进性不明显，甚至质量较差的商品，其需求量小，销售速度就慢，客户的范围也小。

2. 结合企业的特点确定客户范围

（1）企业所经营的商品的特点是在确定客户范围时要考虑的重要因素。例如，对于经营生活必需品的企业（如便利店、小超市等）而言，其位置对于确定客户的范围非常重要，因为这些企业所提供的商品不存在明显的差异，客户在选择商品时不存在明显的倾向性或偏好，一般选择邻近的商店购买。因此，在这类行业中，谁能为客户提供更多时间和空间的便利条件，谁就能赢得客户。

（2）商品的规模也是确定客户范围时应该考虑的因素。大型企业占地面积大，经营的商品品种较多，而且在商品质量、售后服务等方面比较有保障，客户容易产生信任感，相应地，企业确定的客户范围也相对较广。

企业的形象或信誉也是不可忽视的重要因素。它是一个抽象的、综合性的概念，是企业的商品质量、性能、价格、服务、技术、设备等方面的集中体现。如果企业形象良好，在客户中具有一定的知名度和美誉度，则在确定客户范围时可适当扩大。

（3）企业营销的力度和能力对确定客户的范围也有很大的影响。一般来说，企业营销的力度和能力与企业的客户范围正相关。企业的营销力度越大、覆盖范围越广，则客户的范围就越广。

3. 结合消费状况确定客户范围

销售人员在开发客户的过程中，应先确定所销售的产品面向的对象。向低收入者销售高档奢侈品是不可能达成交易的。销售人员在确定客户范围时应设身处地地为客户着想，使确定的客户范围更加准确合理。

实践观察

钢材产品的客户范围

在国内去产能的大背景下，钢铁行业在寒冬中迎来了新的发展机遇。工信部发布的资料显示，2016 年重点钢铁企业实现收入 2.8 万亿元，同比下降 1.8%，累计盈利 303.78 亿元，与上年同期亏损 779.38 亿元相比，利润增长超过 1 000 亿元。

钢铁行业能取得超高的利润增长速度，得益于其下游行业的强劲复苏，即与钢铁相关的行业对于钢材的需求量增加，如近两年新推的电动汽车的某些部件需要以钢铁为原材料，一些建筑用材需要钢材。一些企业在创新驱动之下寻找新的发展契机，对原本滞销的钢材采取以用户为导向的销售模式，既考虑到用户的需求，也考虑到产品的特点，在购买者与钢材提供者之间形成最佳的匹配。

对于客户的范围，是根据钢材产品的特点来确定的，比如大型企业、采购量比较稳定的重点施工单位、需要向钢铁企业进行直接竞标的施工单位等。

钢铁行业之所以获得发展机遇，与根据客户的需求改良产品并进行定向营销密切相关。

资料来源：杨照辉．当前钢材营销模式所面临问题思考分析．现代营销（下旬刊），2016（5）：59；去年中国钢铁行业赚了 400 亿 平均每公斤仅挣 5 分钱，http：//news.21so.com/2017/chanye_33/1428503.html.

寻找客户的方法

寻找客户主要指寻找潜在客户，它是销售工作的第一道关口。要充分挖掘潜在客户，除了依靠销售人员自身的努力，还必须掌握并正确运用基本的方法。

1. 逐户访问法

逐户访问法是指销售人员在特定的区域内挨门挨户地进行访问，以挖掘潜在客户。在访问中可赠送样品或产品说明书。逐户访问法又称地毯式寻找客户销售法，运用这种销售方法，可以对特定区域内的个人、家庭或组织进行逐一寻找。该方法的关键有二：一是无遗漏，不能放过任何有望成交的客户；二是对销售人员在人际交往方面的素质和能力要求较高。

逐户访问法具有多方面的优点，如访问的范围广，涉及的客户多，可借访问机会进行市场调查，了解客户的需求倾向并挖掘潜在客户。但该方法需耗费大量的人力，若赠送样品则成本更高。

2. 广告搜寻法

广告搜寻法是指利用各种广告媒体来寻找客户，又称广告开拓法。具体地说，它是利用广告媒体来发布产品信息，并对产品进行宣传，由销售人员针对被广告吸引来的客户进行销售。

广告搜寻法具有传播速度快、传播范围广的优点，比较节约人力和物力。但是，广告费用比较高，且企业难以掌握客户的反应。

这种方法的关键在于选择针对目标客户的适当的媒介，广告的制作效果也极其重要。

3. 连锁介绍法

连锁介绍法是指通过老客户的介绍来寻找有可能购买该产品的其他客户，又称介绍寻找法或无限寻找法。该方法已成为企业常用的一种行之有效的销售方法。

连锁介绍法的优点在于可以减少销售过程中的盲目性，由于经人介绍，易取得信任感，因而成功率较高。该方法一般适用于寻找具有相同消费特点的客户，也可在销售群体性较强的商品时采用。

4. 名人介绍法

名人介绍法是指在特定的销售区域内选择有影响的人物，使其成为自己的客户，获得其帮助和协作，将该范围内的销售对象转化为目标客户，又称中心开花法。

名人介绍法的关键在于中心人物，即名人。利用名人的影响力可以扩大企业及商品的影响力，因为名人往往是在某方面有所成就而为人尊重甚至崇拜的人物。名人具有相当大的说服力，对广大消费者具有示范效应，因而容易取得他们的信任。但将成交的希望完全寄托在某个人身上风险比较大，确定恰当的人选非常重要。

5. 会议寻找法

会议寻找法是指销售人员利用参加会议的机会，与其他与会者建立联系，寻找客户。运用这种方法时要注意技巧，以获得对方的信任（可暂时不提或委婉地提出销售意图）。此方法有时易引起对方的反感。

6. 电话寻找法

电话寻找法是指以打电话的形式来寻找客户。采用这种方法一定要注意谈话技巧，要能抓住对方的注意力并引发其兴趣，否则极易遭到拒绝。注意通话的时机和时间长短也非常重要。

7. 信函寻找法

信函寻找法是指以邮寄信函或发送电子邮件的方式来寻找目标客户。这种方法覆盖的范围比较广，涉及的客户数量较多，但成本较高，时间较长，除非商品有特殊的吸引力，否则回复率较低。

8. 资料查询法

资料查询法是指通过查阅各种有关的情报资料来寻找客户。我国可供查询的资料有：工商企业名录、商标公告、产品目录、各类统计年鉴、专业团体会员名册、市场介绍、专业报纸杂志、电话号码簿、邮政编码册等。

采用资料查询法，可以较快了解大致的市场容量和准客户的情况，成本较低，但时效性较差。

9. 市场咨询法

市场咨询法是指销售人员利用市场信息服务机构所提供的有偿咨询服务来寻找客户。现在社会上出现了许多专门收集市场信息的咨询机构，通过这些机构往往能获得有价值的信息。

利用市场咨询法寻找客户，方便快捷，可节省销售人员的时间，但要注意咨询机构的可靠性。另外，咨询费用也是一个重要的考虑因素。

10. 个人观察法

个人观察法是指销售人员通过对周围环境的分析和判断来寻找客户。这种方法具有成本低的优点，但对销售人员的观察能力和判断能力要求较高，且要求判断时尽可能客观。

11. 代理寻找法

代理寻找法是指利用代理人来销售产品、寻找客户。具体地说，是由代理人代理销售主体寻找客户、销售产品，从中收取中介费用。

12. 竞争插足法

竞争插足法是指渗透到竞争对手的销售市场中与之争夺客户。该方法易引来竞争者的报复行为。

13. 委托助手法

委托助手法是指委托与客户有联系的人协助寻找客户，又称销售助手法。在受托人找到目标后，销售人员立即联系进行销售访问或洽谈。

委托助手法可节省销售人员的时间，减轻其工作量。但助手的人选不易确定，而确定恰当的助手又是该方法成功的关键。

14. 行业突击法

行业突击法是指选择一些容易触发购买动机的行业作为销售访问的对象，进行集中性销售访问来寻找客户。

采用该方法要求销售人员关注经济发展的态势、国民经济产业结构的现状及其未来的发展趋势。若选择得当，销售得法，能够挖掘大批的潜在客户。

15. 设立代理法

设立代理法是指选择恰当的企业，与之签订代理合同，确定代理业务关系，使其成为企业的销售点来寻找客户。通过该方法可获得较稳定的潜在客户。

观点聚焦

经济下行期如何选择优质客户

不管是根据产品来选择客户还是根据企业、消费者的特点来选择客户，对于企业来说最重要的一点就是确定真正适合自己的客户。一旦选择这类客户，就需要用合适的方法进行卓有成效的拜访。下面重点讲述经济下行期选择优质客户进而拜访优质客户的一些方法。

（1）要找好“指挥棒”。也就是要研究国家的政策导向。比如，2015 年 7 月，国务院出台了《“十二五”国家战略新兴产业发展规划》，明确定义了新兴产业，这为金融企业找准发放贷款的对象指明了方向。

（2）不要在“死胡同”里钻牛角尖。对于营销人员来说，钻死胡同或者什么都要抓往往是失败的根源，尤其是在经济下行期，一定要分清楚重点与要点。不要一窝蜂地去寻找所谓的大客户而忽略大众消费群体，要结合企业的特点与消费者的消费阶层来加以考虑。

（3）学会“提问题”。问题在哪里？如何解决问题？当客户缩小到一定范围内之后，接下来就要成功地拜访客户。拜访客户的最终目的是找到与企业产品相关、与所在行业相关的客户，运用核心营销能力将潜在的客户一一归类，并对客户的重要程度做好等级分类。

资料来源：赵婷婷．经济下行期如何选择优质客户．中国农村信用合作报，2016（16）：1－2.

5.2 拜访客户

拜访客户包括约见和接近客户。约见客户是指销售人员事先征得客户的同意，在一定时间和地点，以一定方式接近或访问客户。约见是接近的前奏。

拜访计划的拟定

为了顺利达到拜访目的，需要制定周密的拜访计划。拜访计划的内容必须具体，主要包括以下几个方面：

（1）确定拜访客户名单。视工作时间与销售产品的难度，以及以往的销售经验来确定人数，从所拟定的潜在客户名单中挑选拜访对象。可以根据交通路线和客户地点将几个客户作为一个客户群。这样有利于节省时间，提高效率。

（2）选择拜访路线。根据确定的客户名单来确定拜访的路线，做到统筹安排。既要保证无一遗漏，又要保证节省时间和路费，尽量提高效率。

（3）安排拜访时间和地点。如果已与某些客户取得了联系，那么不妨根据对方的意愿来确定拜访时间与地点。一般来说，预约拜访时间有助于成功。所选的拜访地点应环境舒适，不受外界干扰。

（4）拟定现场行动纲要。即针对具体细节、问题和要求来设计行动纲要，拟定介绍的要点。在客户对产品已有深入了解的前提下，不妨将产品的功能、特点、交易条款以及售后服务等综合归纳为少而精的要点，作为销售时把握的中心。设想对方可能提出的问题，并设计答案。经验不够丰富的销售人员一定要在这方面多花一些时间，做到有备无患。

（5）准备销售工具。在拜访时除了带上自己精心准备的产品介绍材料和各种资料，如样品、照片、鉴定书等，还要带上介绍本人身份的材料，如介绍信、工作证、法人委托书、项目委托证明等。

如果销售任务较为复杂或需要开发新的市场，可以成立销售小组。小组可以分散对手的注意力，给每个人留下思考的时间，有利于观察客户，作出正确的反应。小组成员可以在知识、经验方面相互弥补，在工作中相互促进。如果准备成立销售小组来进行销售，那么必须制定小组销售的规划。

接近客户的方法

接近客户是销售洽谈的前奏，是销售人员与客户正式就交易接触见面的过程。接近客户是为了让客户了解和注意产品，了解和接近销售人员，也是为了让销售人员进一步了解客户的需求特征，为转入销售洽谈做准备。接近客户包括两层含义：一是指销售人员和客户之间在空间距离上的接近；二是指销售人员和客户之间消除感情上的隔阂，趋近同一目标。销售人员接近客户的方法有很多，要掌握各种方法并综合运用。

1. 商品接近法

商品接近法是指销售人员利用商品的某些特征来引起客户的兴趣，从而接近客户。这种方法对商品的要求比较高，商品应具有某些吸引力和突出的特点，最好便于携带，使销售人员能将有形实体商品展示给客户。

2. 介绍接近法

介绍接近法是指通过销售人员的自我介绍或他人介绍来接近客户。介绍的内容包括姓名、工作单位、拜访的目的等。为获取客户的信任，一般应递交名片、介绍信等相关证明材料。

在介绍时应注意语言简练、语调适中。该方法的缺点是接近客户太突然，双方没有感情基础和同化目标的中介，因此，销售人员的仪表和言谈举止显得尤为重要。由他人介绍的方式往往更有利于接近客户，取得客户的信任。

3. 社交接近法

社交接近法是指通过与客户开展社交活动来接近客户。采用这种方法一般不开门见山地说明用意，而是先与客户建立和谐的人际关系。

4. 馈赠接近法

馈赠接近法是指销售人员通过赠送礼物来接近客户。馈赠礼物比较容易博得客户的欢心，取得他们的好感，从而拉近销售人员与客户的关系。但赠送的礼品不宜太贵重，应符合国家有关政策规定。赠送的礼物应具有实用价值，尽可能制作精美。

5. 赞美接近法

赞美接近法是指销售人员利用一般客户的虚荣心，以称赞的语言博得客户的好感，接近客户。销售人员要注意观察客户的仪表，在称赞客户时要真诚、恰如其分，切忌虚情假意而引起客户的反感。

6. 反复接近法

反复接近法是指销售人员在一两次接近不能达成交易的情况下，多次进行销售拜访来接近客户。该方法一般在交易量较大的重点业务中采用。采用该方法，一方面要求销售人员有恒心、有信心；另一方面要特别注意与客户建立起良好的人际关系。通过反复接近将交易关系变成朋友关系，以促进交易的达成。

7. 服务接近法

服务接近法是指销售人员通过为客户提供所需要的服务来博得客户的好感，赢得客户的信任来接近客户。具体的服务内容包括维修服务、信息服务、免费试用服务、咨询服务等。采用这种方法的关键在于服务是客户所需要的，并与所销售的商品相关。

8. 利益接近法

利益接近法是指销售人员利用产品或服务为客户带来的实际利益引起客户的兴趣并接近客户。采用这种方法时，销售人员应把产品给客户带来的利益放在第一位，以引起客户的兴趣，增强其购买信心。例如，一位销售人员在介绍产品时说："我们厂出品的账册、簿记比其他厂的产品便宜三成。"从客户关心的重点入手，引发客户对所销售产品的兴趣。

9. 好奇接近法

好奇接近法是指销售人员通过引发客户的好奇心来接近客户。好奇是人们普遍存在的一种心理。销售人员在采用该方法时应注意新奇但不荒诞，要选择恰当的时机将谈话引入正题。如一位销售办公用品的销售人员对客户说："我可以让你每年花在办公用品上的费用减少30％。"

10. 求教接近法

求教接近法是指销售人员通过请客户帮忙解答疑难问题来接近客户。例如，销售人员问："李工程师，你是机电产品方面的专家，你看看与同类老产品相比，我厂研制并生产的产品有哪些优势？"销售人员采用这种方法主要是利用对方好为人师的特点。注意一定要问对方擅长回答的问题，并在求教后及时将话题引到有利于促成交易的方面。

11. 提问接近法

提问接近法是指销售人员通过直接向客户提问的方式来接近客户。采用这种方法时，要注意所提出的问题必须是对方所关心的。可以循序渐进地提出一系列问题，也可在一个问题之后迅速转入销售劝说。在提问时，切忌含混不清、模棱两可，而要语气恳切、明确具体。如一位销售人员对一位业务经理说："我有一本书能帮助您改善业务流程，如果您打开后发现很有趣，会读一读吗？"

12. 调查接近法

调查接近法是指销售人员利用市场调查的机会接近客户。这种方法现在被许多企业采用。它既可以帮助企业了解客户需求，又可以借机提高企业产品的知名度。采用这种方法对销售人员的专业知识水平要求较高，只有这样，才能消除客户的戒备心理，便于进行深入调查。

客户资格的认定

在找到准客户之后，需要对其进行分析和判断，主要是判断客户是否具备购买所销售商品的条件，以确定是否有继续推进销售工作的必要。因此，对客户资格进行认定有助于提高销售的效率。

一种常用的认定客户资格的方法是MAN法则，MAN即money，authority，need。

准客户要成为客户，必须同时具备以下几个条件。

1. 具有商品购买力

这是指客户具有购买商品的货币支付能力。实践中，销售人员常常遇到这样的情形：准客户虽然有强烈的购买欲望，但缺乏足够的经济实力，因此无法形成现实的购买。在市场经济条件下，购买商品的关键就是购买力，缺乏购买力的准客户不能立即成为现实的销售对象。因此，销售人员必须对客户的购买能力进行分析。

首先，销售人员应从考察经济环境入手，经济环境主要指社会生产的发展状况、经济增长速度和消费水平对市场供求的影响等。其次，销售人员还要认真分析客观的消费环境，即影响销售活动的消费因素，其中主要是人的因素，包括收入、地理分布、性别差异、年龄分布等。

2. 具有商品购买决定权

这是指客户能够决策购买，有商品的采购权，可以支配货币。在实际销售过程中，销售人员应了解客户的组织机构运作状况，分析对方的管理机制，把销售努力集中在有购买决策权的人身上，以提高销售的效率，减少无谓劳动。例如有一位销售人员在对采购经理做了半年的工作后，才知道购买决策权实际掌握在总工程师手中，浪费了大量时间。

3. 具有对商品的需求

这是指客户有购买欲望，销售人员所销售的产品能满足客户的需求。销售界流传着这样一个笑话："世上最蹩脚的推销员不外乎以下几类：向爱斯基摩人推销冰箱，向乞丐推销防盗报警器，向和尚推销生发油和梳子。"销售对象有购买该商品的需求，销售工作才有意义。

实践观察

细节的力量

我打电话给一个有可能用到我公司产品的陌生客户，向他们简单介绍了公司的产品，然后打算送一份产品样本资料给他们。对方让我把样本资料放在门卫那儿就行了。我知道他们接触的销售人员太多，这样说只是敷衍我而已。但即便如此，我还是决定把一套产品样本的资料送过去。

第二天，我坐了四五个小时的车去了那个城市，然后又冒着酷暑大汗淋漓地赶到那家企业。门卫给我开了门。一位60多岁的老人让我按照惯例做了登记，然后帮我打通了采购部的电话，并让我把资料直接送上去。我诧异地望着他，一个门卫的电话居然让采购部同意我直接把资料送到办公室，之前采购部怎么也不答应。老人见我疑惑就说："一般来这里推销的人都只能把资料放在门卫。但我让你上去找他们，你就有机会跟他们直接接触了。"

后来的几次交往也非常顺利，我拿到了这家客户的大订单。对于如此顺利的过程，我一直满腹狐疑。终于，在一次与这家公司老总会面时我得知了答案。原来，门卫在给我开门时，我对这个又瘦又矮、不起眼的老人说了声“谢谢”，而这个门卫恰恰就是这家公司总经理的父亲。也正是这简单的问候和礼貌的回应，让我成功地拿下了订单。

资料来源：王文咏．细节的力量．心理与健康，2014 (11).

5.3　介绍产品

产品是能为购买者带来有形与无形的利益，满足消费者需求的物体及服务的统称。它是销售人员所销售的实体。清晰并有技巧地将产品的各种特性介绍给准客户，引发其兴趣，是销售过程中不可缺少的一个步骤。

FABE 介绍法

FABE 介绍法又称费比介绍法，是由美国企业管理博士郭昆谟总结并提出的。FABE 指销售产品的四个步骤：介绍产品的特征（feature）；分析产品的优点（advantage）；介绍产品能给客户带来的利益（benefit）；提出证据（evidence）来说服客户，促成交易。

FABE 介绍法对销售人员的产品知识要求比较高，要求销售人员了解与产品有关的多方面知识，具体包括：

(1) 了解企业的历史，以便与客户交流，并在销售过程中忠诚地代表该企业、该产品。

(2) 了解产品的生产工艺和制作方法，向客户介绍产品的性能和质量。

(3) 熟悉产品所有的性能，用“证据”来说服客户。

(4) 熟悉产品的使用方法，向客户示范。

(5) 熟悉企业竞争者及其产品，以便进行比较，突出自身的竞争优势。

(6) 熟悉产品的发货方式。

(7) 熟悉售后服务的运作情况，让客户放心购买，无后顾之忧。

延伸阅读

FABE 介绍法的运用

FABE 介绍法的基本原理如何充分运用到某个产品中呢？

以农村土鸡蛋为例。土鸡蛋与普通的鸡蛋看似并无差别，但是在大小与蛋壳的厚实度上有所不同，天然放养的土鸡运动充沛，营养充足，所以土鸡蛋较大，蛋壳饱满匀整。土鸡蛋的优点是营养价值高，适合更多用户群体。在这里以学生群体为例介绍消费者得到的利益，土鸡蛋的营养能满足学生的日常营养需求，减少猪肉等食物带来的脂肪摄入过量的危害。证据就是有关部门对土鸡蛋进行检测出具的报告。

虽然FABE介绍法是较常用的方法，但是要保证在营销过程中运用正确合理并且真正产生效果，就要客观地告诉消费者这个产品的优点；而在佐证的时候，各类证据要尽可能引用权威数据，以近5年内的数据为主，这些数据要能证明所销售产品的价值。比如对土鸡蛋与普通鸡蛋的产地、营养价值、价格和用户反馈进行对比，来说明土鸡蛋的优点。

资料来源：蓝海．FABE销售法．销售与市场（管理版），2016（2）：62-63.

解答五个“W”

销售人员在策划如何介绍产品时，可以考虑以下五个“W”。（这些都是客户非常关心的问题。非常重要的一点是，销售人员对这五个问题都要解答。如果销售人员不予解答，客户未必会主动要求解答，但客户很可能会因心生疑虑而不购买产品。）

1. 你为何来（Why）

该问题具体包括：

（1）销售人员为什么来拜访客户？

（2）客户为什么要抽出时间听销售人员介绍所销售的产品？

（3）客户为什么要买产品？

对这几个“为什么”，销售人员在去见客户之前就必须加以注意。在拜访开始时就让客户明白拜访原因，往往会产生较好的效果。

2. 产品是什么（What is it）

销售人员向客户销售产品，必须让客户了解产品，向客户说明产品能给客户带来的利益。因此，销售人员在与客户面谈时，应向客户说明产品与客户利益之间的关系及其重要性，以便客户静下心来听销售人员的介绍。

3. 谁说的（Who says so）

在销售工作中，销售人员要使客户对自己所销售的产品有信心，并认为与自己交易是可靠的、有保障的。客户对销售人员的人格非常重视，会细心体会销售人员的谈话。企业的名誉、经验、信用等非常重要，销售人员应善加运用，不要以为客户对企业已十分了解而忽视这一环节。销售人员不能自卖自夸，要尽可能多运用第三方如公信力高的媒体或者老客户来佐证。

4. 谁曾这样做（Who did it）

这里的“谁”指曾购买销售人员的产品并从中获益的人。若这位老客户与销售人员的新客户认识，这种方法往往能更好地发挥作用。当然，销售人员也可列出客户名单、获得的荣誉等，以获取客户的信任。

5. 客户能得到什么（What do I get）

这个问题是销售人员必须回答的。他要告诉客户可以从这笔买卖中获得的利益，让客户相信该交易是值得的。销售人员应详细说明客户可以从交易中获得的好处，如所能节约的时间、所能降低的成本、所能带来的便利、所能增加的安全性、所能扩大的销路等。

把握兴趣集中点

销售人员在与客户接触的过程中要判断客户的类型，结合自己对产品的了解，快速判断特定客户的兴趣集中点，围绕一两个兴趣集中点来推动销售，做到有的放矢。

一般来说，客户对商品的兴趣集中点主要有：

（1）商品的使用价值。对于大多数客户来说，这是兴趣集中点，因此详细地介绍商品的功能是必不可少的。对于经济上不是很宽裕的客户而言，强调商品的多种功能显得尤为重要。

（2）流行性。这是爱慕虚荣的客户的一个重要的兴趣集中点，对大多数装饰品、高档日用品都应突出这一集中点。根据客户的着装以及家庭用品可以判断出其兴趣是否集中于此。

（3）安全性。这对于食品、婴儿用品、电器等比较重要。老年客户以及保守的客户的兴趣会集中于此。

（4）美观性。年轻人大多重视商品的美观性，女性客户比男性客户更重视这一点。性格内向、生活严谨的人在注重商品的使用价值的同时，对其外观也较挑剔，如果产品在外观上有缺陷，不妨刻意回避这一点。

（5）教育意义。随着人们收入的提高，对于这一点日益关注，尤其是中年客户。

（6）保健作用。针对老年人推销食品、服装、用具等，要强调这一点。有财力和时间保护自己身体健康的客户尤其重视这一点。

（7）耐久性。它作为使用价值中的一个特殊方面受到大多数客户的重视，但有些时尚的商品不必强调（青年客户对这一点往往考虑不多）。

（8）经济性。强调商品的性价比优势无疑会使那些经济上不宽裕的客户容易接受。

另外，商品数量有限，往往会促使犹豫不决的客户作出决策。同时，物以稀为贵的思想为大多数人所认同，不妨稍加利用。

精彩示范

销售人员在示范过程中应该注意以下几点：

（1）先将重点示范给客户。销售人员应说明所销售的产品可以解决客户的问题，满足他们的需求。如果客户很随和，并且当时的气氛极好，时间充裕，销售人员可以从容不迫地将产品的各个方面展示给客户。但是，一般情况下大部分客户都不会喜欢销售人员占用他们过多的时间，所以有选择、有重点地示范产品是很有必要的。比如销售人员销售的是新型的豆浆机，而客户已有一台老式豆浆机，这时只要向客户示范机器的新功能就可以了。

(2) 尽量邀请客户参与。这样效果会更佳，也会给客户留下更深的印象。在示范时销售人员可以请客户帮一点小忙，或借用他的不贵重的用具等，总之要想办法让客户参与进来，而不是旁观。如果所销售的产品使用起来很方便或是人们经常使用的，那么销售人员可以放心地让客户去试用。例如，让客户自己使用一下吸尘器以体会它的吸力大、噪声小的优点，其效果一定会好于让他观看演示。

(3) 加入新奇动作。这会有助于提高客户的兴趣。比如，销售干洗剂的销售人员通常会携带一块脏布，当着客户的面将干洗剂喷在布上，然后清洗干净。若一改常态，销售人员将自己的衬衣袖子弄脏一小块，然后洗干净，这样的示范效果一定会更好。对于商品的特殊性质，新奇的动作往往会将它们表现得淋漓尽致。比如在销售钢化玻璃时，可以将玻璃扔在地上；也可用铁锤敲击不同质地的玻璃向客户演示。

(4) 动作熟练、自然。这能给客户留下利落、能干的印象，同时也会令销售人员对自己的产品更有信心。销售人员做示范时，一定要不时流露出对产品的爱惜之情，比如谨慎而细心地触摸产品，这会使客户在无形中感受到产品的宝贵价值。谨记，你的态度将直接影响客户的选择。

(5) 心境平和、从容不迫。在示范出现意外时，销售人员不要急躁，更不要拼命去解释。这样容易给客户造成强词夺理的印象，导致前面的一切努力付之东流。一旦出现问题，销售人员不妨表现得幽默一点，让客户知道这只是个意外。例如，在销售钢化玻璃时，销售人员的示范动作是举起铁锤砸玻璃，正常的结果是玻璃安然无恙。如果玻璃恰恰碎了，该怎么办呢？销售人员一定不要面露惊慌之态，可以平静地告诉客户："像这样的玻璃我们是绝对不会卖给您的。"随后再示范几块。这样就化险为夷了，也许还会加深客户的印象。

但是，示范也存在缺陷，主要原因有以下几点：

(1) 在示范前对产品的优点强调过多，从而使客户的期望过高。这容易导致在整个示范过程中销售人员表现出色，却不能使客户满意。这显然是销售人员给自己设了一个陷阱。在介绍产品时，不要过分夸张，一味强调优点，而要让事实说话。只要充分展示出产品的特性与功能，客户自然会感觉到。与此同时，主动介绍这种产品设计上有待突破的地方（无伤大雅），也是大有益处的。世界上本来就没有十全十美的东西，由销售人员自己讲出来，总比极力隐瞒而被客户发现强得多。

(2) 销售人员过高估计自己的表演才能。销售人员在示范过程中极力表现自己，也是造成失误的原因。在示范中加入一些表演成分的确可以加深客户的印象，但如果过分表现自己，则容易给人造成华而不实的感觉。销售人员不是演员，一定不要太注重表演。事实上，娴熟的动作加上简练的语言、优雅的举止，才是销售人员最好的个人表现。

（3）在示范过程中只顾自己操作，而不注意客户的反应。这是示范中的大忌！如果销售人员在示范时客户提出疑问，这说明他开始留意产品并已经跟上了你的思路，这时你要针对问题重点示范或重复示范，不能在示范中留下疑问不去解决。如果客户对你的示范表现漠然，你就不要急于做下去，而是应该巧妙地利用一些反问与设问，想办法让客户参与进来。总之，在示范过程中切莫忘记与客户的交流。

激发购买欲望

在做了大量的努力去引起客户的兴趣之后，下一步就是激发客户的购买欲望。客户从感兴趣到有购买欲还有一段相当长的过程。在这一阶段，销售人员和客户之间会有一场心理战。开动脑筋，迅速准确地把握住客户的心理，在适当的时机打消客户的疑虑十分重要。

1. 适度沉默，让客户说话

沉默在销售过程中有很多种功效。比如，销售人员在做完产品介绍与示范后，不妨停止说话开始聆听，这时沉默是高明的选择。总体来说，它起到两大作用：让客户有说话的机会；无形中强迫客户讲话。这样就会让客户或多或少地谈到对产品的看法。

许多人对销售人员的印象是能言善辩、喋喋不休。其实在销售人员之间流传着这样一句格言：多言之客以耳闻，少言之客以口问。这句话的意思就是销售人员与客户面谈时要多用耳朵听、用嘴问。言多必失是大家都知道的，切忌多言多语。

销售人员在刚刚接触客户时必须迅速打开局面，这时当然不能沉默。在介绍产品时就要适当地减少语言，尽量用事实说话；同时要不时地引导客户参与进来。如果经过一段时间的交流，已经将不少产品信息传递给了客户，就可以拿出点时间来倾听客户的意见。如果客户是内向型或沉默型的，你要做的也只是就其兴趣集中点加以引导。一旦他们开口，你要认真倾听，如有必要还可以做做笔记。在对方讲话的过程中千万不要打断，最好多与对方进行眼神交流，同时要在合适的时间点头示意。对于客户所提问题一定要耐心回答，对于准备不充分或确实不了解的问题不要回避，要敢于承认自己不了解，但一定要注意这类问题不可过多，否则客户会对你产生不信任感。对于客户错误的或于己不利的说法，如果这种说法不太重要，你可以将其置于一边，保持沉默，不必当面纠正。如果客户的错误太严重，以致影响了他对产品或企业的看法，你就要运用你的智慧委婉地予以纠正。冲动是销售人员的大忌。一定要设法约束自己，不能与客户发生争论，尤其是正面的交锋。

在此时保持沉默还有一个重要作用，那就是给自己一个缓冲的机会，整理一下思路，反省一下前一阶段的工作。如有漏洞或过失，则应在下一阶段加以弥补。在整个销售过程中销售人员应该能控制节奏，做到有张有弛，不要喋喋不休，那样容易使对方厌倦和疲劳。适时的沉默有助于销售人员取得成功。

2. 挖掘对方的需求

刺激对方的购买欲就是要让客户明确地认识到他的需求是什么，而你的产品正好能满足他的需求。主动找到客户去销售与客户去商店选购在这一点上是不同的。客户往往是有了明确的需求才去商店里寻找需要的商品。而你带着商品上门时他们往往并不清楚自己是否需要这种产品，有许多客户或许认为根本就不需要。这时就需要你根据客户的兴趣来找出他的需求，甚至为客户创造需求，然后将其需求明确地指出，如有可能，要向客户描述他的需求得到满足后的快乐，激发客户的想象力。

促使客户想象，就是要让他觉得眼前的商品可以给他带来远远超出商品价值的东西，一旦拥有甚至会给他带来新的世界、新的生活。当然你启发客户想象应该基于现实的可能，而不是胡思乱想。

向客户指出他的需求时应委婉，不可直截了当，最好不要说“我想，您一定需要……”或“买一件吧，不会有错的”这样的话，这会使对方感到你强加于人，可能引发逆反心理。

3. 用言语说服客户

如果你指出了客户的需求，而客户依然表现得不是很积极，购买的欲望仍不是很强，这时你不妨再略施小计，刺激他的购买欲，语言技巧在此时显得尤其重要。

（1）引用别人的话试试。有时你说一百句也顶不上你引用第三方的话来评价商品的效果。这种方法的效果好是毋庸置疑的，但是如果你说谎而又被识破的话就很难堪了，所以你应该引用真实的评价。一般来说，你引用第三方的评价会使客户产生安全感，在一定程度上消除戒心，认为可以放心地购买。

最有说服力的引言莫过于客户周围值得信赖的人所讲的话。你可以先向这样的人销售你的商品，只要你够机灵，从他的口中得到几句称赞不会太难，而这几句称赞将是你在他的影响力所及的范围内进行销售的通行证。如果某位名人曾盛赞或者使用你的产品，那么这将使你的销售变得容易得多。名人可以是电影明星、体育明星、政界要人等，因为他们往往比你容易受到信赖，说服力自然就更强。当然这也是广告惯用的手法，在此不借用来试试。陌生人的话对于客户并不一定没有效果，关键在于言之有理，让客户受到启发。

（2）用广告语言来形容你的产品可产生独特效果。广告语言具有简练、感染力强的特点。如果你的产品在一些媒体上进行过宣传，你不妨借用一下广告中的标题语言，如果客户看过广告则会起到加深印象的效果，如果客户没有看过会觉得新鲜有趣。类似广告语的语言也会收到这样的效果。比如你销售一种特别锋利的齿形餐刀，那么你说“您和您的家人用这种餐刀品尝鲜嫩的牛肉，感觉一定好极了”会比“这种餐刀的齿形设计锋利无比”要好得多。因此，语言生动是极其重要的。

（3）帮助客户出谋划策，使其感到有利可图。一般来说，客户对于额外的收获还是乐于接受的。在介绍产品时不妨提供一些优惠条件，或赠送一些小礼品，以刺激客户的购买欲。

另外，销售人员在向客户推销产品的过程中，不要过多地使用专业术语，客户可能会听得云山雾罩，不知所云。如果客户完全没有理解销售人员的介绍，销售人员就无法达到销售的目的。因此，销售人员在向客户推销产品时应使用通俗易懂的语言，以便于客户理解。在介绍专业性强的知识时，可恰当使用一两个专业术语，然后以打比方等方式向客户详细解释，直到客户完全弄明白。客户在完全理解后，会产生一种学到新知识的成就感，对销售人员的信赖感也会增强。

4. 有计划地推进

销售人员在向客户介绍产品之前一定要做好计划。计划内容包括介绍产品各方面性能的先后次序，甚至包括示范动作的一招一式。产品所具有的性能很多，做计划一方面可确保介绍时有序、不会有遗漏，可以调动客户的积极性，避免客户产生倦怠的心理；另一方面可使示范有条不紊，避免手忙脚乱出现失误。销售人员在做计划的过程中多次练习，操作熟练，可使客户觉得销售人员是这方面的专家，产生信任感。

事先做计划，还要对客户可能提出的各种问题做好充分的准备，以便及时解答客户的疑惑，使客户感到销售人员能想自己之所想，从而对销售人员产生好感。

做好计划还包括销售人员事先就如何控制好销售的节奏做出安排，做到有松有紧、有张有弛。要充分调动客户的积极性，在客户注意力分散时及时采取措施，在销售过程中始终把握主动权。

5.4 处理异议

销售人员在寻找客户到达成交易的整个销售过程中，不可避免地会遇到客户的各种异议。销售人员必须做好思想准备，善于分析和处理各种客户异议，努力促使客户产生购买行为。

客户异议存在的客观性

1. 客户异议的概念

客户异议是指客户对销售人员所言表示不明白、不同意或反对的意见。

销售活动是从处理客户异议开始的，且处理异议贯穿整个销售过程。销售工作能否顺利进行，取决于销售人员和客户之间能否保持协调一致。一般来说，客户不提出任何异议就购买产品的情况是不多见的。客户在购买产品前首先要考虑产品的使用价值，即产品能否满足某方面的需要。否则，客户不会对产品产生兴趣。其次，客户的决策还会受到经济条件、心理因素、环境条件等多方面因素的影响，会对价格、质量、售后服务等提出一系列异议。不提出任何异议的客户往往是没有购买欲望的客户。客户异议是销售过程中的一种正常现象，销售人员必须做好应对和消除客户异议的准备。

2. 处理客户异议的态度

客户异议在销售过程中是客观存在、不可避免的。它既是成交的障碍，也是客户对产品产生兴趣的信号。若处理得当，反而能使销售工作进一步深入下去。销售人员在处理客户异议时应注意以下几点：

（1）情绪轻松，不可紧张。销售人员要认识到异议是必然存在的，在心理上不可有反常的反应。在听到客户提出的异议后，销售人员不可动怒，也不可采取敌对行为，应保持冷静，笑脸相迎，仔细了解异议的内容或要点。一般先用下列语句作为开场白："我很高兴你能提出此意见""你的意见非常合理""你的观察很仔细"等。当然，要想轻松地应对异议，你必须对商品、企业政策、市场及竞争者都有深刻的认识，这是控制异议的必要条件。

（2）认真倾听，真诚欢迎。销售人员听到客户所提的异议后，应对客户的意见表示真诚的欢迎，并聚精会神地倾听，千万不可随意打断。另外，销售人员必须接受客户的意见，以示对其尊重。只有这样，当你提出相反的意见时，客户才容易接受。

（3）重述问题，证明了解。销售人员应向客户重述其所提出的异议，表示已了解。必要时可询问客户，确认重述是否正确，并选择异议中的部分内容表示赞同。

（4）审慎回答，保持友善。销售人员对客户所提的异议必须审慎回答。一般来说，应以沉着、坦诚及直爽的态度，将有关事实、数据、资料或证明以口述或书面方式送交客户。措辞须恰当，语调须温和，应在和谐友好的气氛下进行交流，以解决问题。

（5）尊重客户，灵活应对。销售人员不可忽略或轻视客户的异议，以避免客户产生不满或怀疑，使交易谈判无法继续下去。销售人员也不可生硬地直接反驳客户，如果粗鲁地反对其意见，甚至指责其愚昧无知，销售人员与客户之间的裂痕将永远无法弥补。

（6）准备撤退，保留后路。我们应该明白客户的异议不是能够轻而易举地解决的。不过，销售人员与客户面谈时所采取的方法对于将来建立起关系有很大的影响。如果从商谈的结果来看一时难以成交，销售人员就应设法为今后商谈创造机会。

客户异议的类型

在不同的销售环境、时间、地点，销售人员会面对不同的客户。这些客户受各种因素的影响，会提出不同的异议，销售人员必须熟悉并善于应对客户的各种异议，以便有效地说服客户，取得销售的成功。一般来说，客户的异议主要表现为以下几种类型。

1. 需求方面的异议

这是指客户认为产品不符合自己的需要而提出的异议。当客户对你说"我不需要"或"我已经有了"之类的话时，表明客户在需求方面产生了异议。客户提出需求异议的原因有两种：一是客户确实不需要或已经有了同类产品，在这种情况下销售人员应立刻停止销售，转换销售对象；二是这只是客户想摆脱销售人员的一种托词。面对这种情况，销售人员应运用有效的异议化解技巧来排除障碍，从而深入开展销售活动。

2. 商品质量方面的异议

这是指客户针对产品的质量、性能、规格、品种、花色、包装等方面提出的异议，也称产品异议。这是一种常见的客户异议，其产生的原因非常复杂，可能源于产品自身存在的不足，也可能源于客户自身的因素，如客户的文化素质、知识水平、消费习惯等。此种异议是销售人员面临的一大障碍，一旦形成就不易排除。

3. 价格方面的异议

这是指客户认为价格过高或价格与价值不符而提出的异议。在销售过程中，销售人员最常遇到的就是价格方面的异议，这也是客户最容易提出的问题。一般来说，客户在接触到产品后都会询问其价格。即使销售人员的报价比较合理，客户仍会抱怨："你们的价格太高了。"在他们看来，讨价还价是天经地义的。当然，客户提出价格方面的异议，也是客户对产品感兴趣的一种信号，说明客户对产品的其他方面（如性能、质量、款式等）比较满意。因此，销售人员应把握机会，可适当降价，或从产品的材料、工艺、售后服务等方面来证明其价格的合理性，说服客户接受该价格。

4. 服务方面的异议

这是指客户针对购买前后一系列服务的具体方式、内容等方面提出的异议。这类异议主要源于客户自身的消费知识和消费习惯，处理这类异议的关键在于提高服务水平。

5. 购买时间方面的异议

这是指客户认为现在不是最佳的购买时间或对销售人员提出的交货时间表示的异议。当客户说"我下次再买吧"之类的话时，表明客户在这方面产生了异议。这种异议的真正原因往往不是购买时间，而是价格、质量、付款能力等方面存在问题。在这种情况下，销售人员应抓住机会，认真分析异议背后真正的原因，说服客户或主动确定下次见面的具体时间。此外，若企业由于生产安排和运输方面的原因，或正处于销售旺季，无法保证货物的及时供应，客户有可能对交货时间提出异议。面对此种异议，销售人员应诚恳地向客户解释缘由，力争得到客户的理解。

6. 销售人员方面的异议

这是指客户对销售人员的行为不满意。这种异议往往是由销售人员造成的。销售人员态度不好，或自吹自擂，过分夸大产品的优点，或礼数欠佳等，都会引起客户的反感，导致客户拒绝购买产品。因此，销售人员一定要注意保持良好的仪容仪表，言谈举止得体，展现较高素质，争取给客户留下良好的印象，以便顺利地开展销售工作。

7. 支付能力方面的异议

这是指客户由于无钱购买而提出的异议。这种异议往往并不直接表现出来，而是间接地表现为质量方面的异议或进货渠道方面的异议等，销售人员应善于识别。一旦觉察到确实存在缺乏支付能力的情况，销售人员应停止销售，但态度要和蔼，以免失去其成为未来客户的机会。

客户异议产生的原因

客户异议产生的原因往往是非常复杂的。正确认识客户提出的各种异议及其产生的根源，是有效处理异议的前提。

（一）客户方面的原因

客户受到自身生理、心理因素的影响，会从多方面提出异议。导致异议产生的客户方面的原因主要集中在以下几个方面。

1. 客户的需求

客户对产品存在需求，是客户购买产品的前提。客户的需求是多角度的，既有生理需求又有心理需求，既有物质需求又有精神需求，而且客户的需求是不断发展变化的。随着生活水平的提高和物质的日渐丰富，客户的需求会逐渐从低层次向高层次发展。客户因需求方面的原因而拒绝购买产品，可能是他确实不需要，也可能只是暂时不需要或尚未察觉到自己对产品的潜在需求，因此，销售人员应尽力了解客户的需要，挖掘他自己尚未察觉到的潜在需求，以激发客户的购买欲。

2. 客户的支付能力

即使客户对产品存在需求，并意识到了这种需求，若客户的支付能力不足，仍会拒绝购买产品。销售人员要善于察言观色，了解客户的实际支付能力，避免无效的销售行为，同时也要注意自己的态度，不放弃使其成为未来客户的可能性。

3. 客户的购买习惯

在很多情况下，客户拒绝购买产品是由其购买习惯所致。客户在长期的购买活动中已形成了一些固有的习惯，这些习惯是很难改变的。所以，当销售活动与客户的购买习惯不一致时，客户就会提出异议，使得销售的难度加大。

4. 客户的消费经验

客户在大量的购买活动中通过选购、使用、评价等，对商品形成了主观印象，日积月累成为消费经验。这些经验又会影响其以后的购买行为。而且，客户往往对自己的经验极其自信，这更增大了销售的压力和难度。

5. 客户的消费知识

客户在购买大多数产品时都不是专家。由于其所掌握的资料有限，因而并不具有关于产品的各个方面的专门知识。客户缺乏消费知识，或销售人员不能详尽地介绍产品，会导致客户提出异议。这种异议可以通过销售人员的努力来消除，因此销售人员应高度重视。

6. 客户的购买权力

一般来说，无论是一个家庭还是一个企业，都有拥有购买权力的决策者。如果销售对象无权决定购买什么产品、购买多少，他就可能借故对购买条件、购买时间等提出异议。因此，销售人员在判定客户资格时，一定要认真仔细，尽量避免努力白费。

7. 客户的偏见

客户由于自身经历等方面的原因，可能会提出一些不合理的异议，这往往是由客户的偏见造成的。偏见导致客户在看问题时十分片面，缺乏整体观念，而且偏见一旦形成就很难克服。因此无论是企业还是销售人员，在进行宣传或销售时务必谨慎，不要令客户产生偏见。

（二）产品方面的原因

由于所销售的产品的价值、功能、利益、质量、造型、款式、包装等方面不能令客户满意而引起客户异议的情况也很常见，具体表现在以下几个方面。

1. 产品自身的价值

客户购买某种产品，是因为该产品具有满足客户某种需求的有用性，即具有客户所需要的使用价值。如果某产品对客户来说没有用，即使质量再好、价格再低廉，客户也不会购买。因此，销售人员在开展销售工作时，首先要明确自己所销售的不是单纯的产品实体，而是产品带给客户的使用价值。若产品不具有客户所需要的使用价值，或使用价值不大，客户就会提出异议。

2. 产品的功能

功能是指产品的功用、效用。功能的多少也是客户选择产品的一个重要依据。若功能太多或太少，或功能不符合客户的需要，客户也会提出异议，拒绝购买该产品。

3. 产品的利益

人们购买产品，并不是单纯为了产品本身和产品所带来的基本利益。只有当你的产品能为客户带来比其他产品更多的利益和好处（如节省时间、服务更完善等）时，客户才有可能放弃其他产品而购买你的产品，否则，客户就会因此而提出异议。

4. 产品的质量

产品的质量是产品的一切属性中最重要的属性，是产品的根本。产品质量的好坏直接影响到客户的购买行为。客户对产品的功能、造型等方面的选择都是以产品质量令客户满意为前提的。客户若认为产品质量不过关，或不能达到令他满意的标准，就会提出异议，而且一般很难改变。

5. 产品的造型、款式、包装等

产品的造型、款式、包装等属性是产品的非基本属性，但是，随着市场上的产品不断增多，竞争日益激烈，各种产品在质量、价格、功能等方面相差无几。在这种情况下，客户对产品的要求越来越高，对其造型、款式、包装等方面的重视程度也不断提高。若产品的外观没有什么特色，或不能满足客户的特定需求，他们就会对产品的这些方面提出异议。

（三）价格方面的原因

价格方面的原因导致客户提出异议的情况在销售中比较常见。一般表现为客户认为价格过高而与销售人员讨价还价，也有少数客户认为价格偏低而拒绝购买产品。

1. 价格过高

客户认为产品价格过高，是价格方面产生异议的最普遍的情况。具体原因如下：

（1）客户对市场上同类产品的价格已形成自己的看法，将此产品的价格与之进行比较，认为此产品的价格过高。

（2）客户通过对产品成本的估算，心中确定了一个自认为合理的价格，相比之下认为此产品的价格过高。这种看法往往存在偏差，客户对知识产权等无形价值高的产品往往会低估其价格。

（3）由于经济原因，客户对产品虽有需求但缺乏支付能力，因而认为产品价格高。

（4）有些客户无论对什么产品都觉得对方报价高，因而无论对方报什么价，都要讨价还价。

（5）客户以价格高为由来试探销售人员，看是否有进一步降价的可能，以实现自己利益的最大化。

（6）客户根本无意购买产品，只是以价格高为借口来摆脱销售人员。

2. 价格过低

在某些情况下，客户会因价格过低而拒绝购买产品。具体原因如下：

（1）客户经济条件比较好，认为没必要买价格低廉的产品。

（2）客户认为“便宜没好货，好货不便宜”，不相信产品的质量。

（3）客户的社会地位比较高，认为购买低档品有损自己的形象。

3. 讨价还价

客户对于自己认为价格过高的产品，若确实有购买欲望，必然会与销售人员进行一番讨价还价。客户讨价还价主要是出于以下动机：

（1）客户考虑自己的利益，希望购买价格更低的产品。

（2）客户有攀比心理，希望自己购买的产品的价格比其他人的更低。

（3）客户希望在讨价还价中显示自己的谈判能力，获得心理的满足。

（4）客户希望从别处购买产品，通过讨价还价来获得较低的价格，向第三方施加压力。

（5）客户根据自己的经验，认为价格大多有水分，经讨价还价，销售人员多数情况下会让步。

产生客户异议的原因极其复杂，除客户、产品和价格方面的原因，还存在其他方面的原因。首先是销售人员本身的原因，这主要指由于销售人员在仪容仪表、言谈举止、销售方式等方面不能令客户满意，甚至使其产生反感。其次，客户提出异议有可能源于服务方面的原因。销售服务的目的是方便客户，提高企业信誉，并促进销售。销售人员的服务态度和所采取的具体的服务措施是客户在选择产品时要考虑的重要因素。如果客户认为所提供的服务不能带来令自己满意的便利，也会提出异议。最后，交货时间和地点方面的因素也可能导致客户异议产生。如果生产运输条件等方面的限制，交货的时间和地点无法完全满足客户的要求，客户也会提出异议。此外，诸如销售时机、销售环境等方面的因素也会导致客户异议产生。

总之，在销售过程中，导致客户异议产生的原因很多，有时这些原因互相交织在一起，更加错综复杂。销售人员要对产生客户异议的原因认真仔细地分析，对症下药，消除障碍，促进销售工作进一步深入。

客户异议的处理方法

销售人员要说服客户购买自己的产品，就必须学会恰当地处理客户可能提出的各种异议。正确地处理客户异议是销售成功的关键。

客户的异议多种多样，处理的方法也千差万别，必须因时、因地、因人、因事采取不同的方法。在销售过程中，常见的处理客户异议的方法有以下几种。

1. 转折处理法

这种方法是销售工作中的常用方法，即销售人员根据有关事实和理由来间接否定客户的异议。使用这种方法时，首先承认客户的看法有一定道理，也就是向客户作出一定让步，然后才讲出自己的看法。此法一旦使用不当，可能会使客户提出更多的异议。在使用过程中尽量少用“但是”一词，而实际交谈中却包含着“但是”的意思，这样效果会更好。只要灵活掌握这种方法，就可以保持良好的交流气氛，为自己留有余地。比如客户提出你销售的服装颜色过时了，你不妨这样回答：“您的记忆力的确很好，这种颜色几年前曾经流行过。不过我想您知道，服装的潮流是轮回的，如今又有了这种颜色重新流行的迹象。”这样你就轻松地反驳了客户的异议。如果再多举几个例子，效果会更好。

2. 转化处理法

这种方法是利用客户的异议本身来处理。客户的异议具有双重属性，既是交易的障碍，又是很好的交易机会。销售人员如果能利用其积极因素去抵消其消极因素，未尝不是一件好事。比如你销售的产品是办公自动化用品，当你敲开客户办公室的门时，他对你说：“对不起，我很忙，没有时间和你谈话。”这时你不妨说：“正因为您忙，您一定想过要设法节省时间吧。我们的产品可以帮助您节省时间，让您有闲暇。”这样一来，客户就会对你的产品留意并产生兴趣。运用这种技巧时一定要讲礼貌，不能伤害客户的感情。此法一般不适合与成交有关的或敏感性的异议。

3. 以优补劣法

以优补劣法又称补偿法。如果客户指出了企业的产品或服务的缺陷，销售人员千万不能回避或直接否定。明智的做法是承认缺陷，然后淡化处理，利用产品的优点来弥补甚至抵消这些缺点。这样有利于客户在心理上达到一定的平衡，进而作出购买决策。比如你销售的产品质量有点问题，而客户恰恰指出“这东西质量不好”，你可以从容地告诉他：“这种产品的质量的确有点问题，所以我们才降价处理。不但价格优惠很多，而且公司还保证产品的质量不会影响使用效果。”这样一来，既打消了客户的疑虑，又以价格优势激励客户购买。这种方法侧重于对客户的心理补偿，使客户获得心理平衡感。

4. 委婉处理法

销售人员在没有考虑好如何答复客户时，不妨先用委婉的语气把对方的异议重复一遍，或用自己的话复述一遍，这样可以削弱对方的气势。有时转换一种说法会使问题容易回答得多，但你只能减弱而不能改变客户的看法，否则客户会认为你歪曲了他的意见而产生不满。你可以在复述之后问一下：“你认为这种说法确切吗?”然后再说下文，以求得客户的认可。比如客户抱怨“价格比去年高多了，怎么涨了这么多”，销售人员可以说“是啊，价格比前一年确实高了一些”，然后等待客户的下文。

5. 合并意见法

这种方法是将客户的几条意见汇总成一条意见，或者把客户的异议集中在同一时间讨论。总之，要削弱异议对客户产生的影响。但注意不要在一个异议上纠缠不清，因为人们的思维有连带性，往往会由一个异议派生出许多异议。有效的办法是在回答了客户的问题后马上转移话题。

6. 反驳法

这种方法是指销售人员根据事实直接否定客户异议的处理方法。理论上讲，这种方法应该尽量避免使用。直接反驳对方容易使气氛僵持而不友好，使客户产生敌对心理，不利于客户接受销售人员的意见。但如果客户的异议源于对产品的误解，或者你手头的资料可以帮助你说明问题，你不妨直言不讳。但要注意态度必须友好、温和，最好能引经据典，这样才有说服力，同时又可以让客户感觉到你的信心，从而增强他对产品的信心。比如客户提出你的售价比别人高，如果你的企业实行了销售标准化，产品的价格有统一标准，你就可以拿出目录表，坦诚地指出对方的错误之处。反驳法也有不足之处，这种方法容易增加客户的心理压力，弄不好会伤害客户的自尊心和自信心，不利于销售成交。

7. 冷处理法

对于客户的一些不影响成交的异议，销售人员最好不要反驳，而是采用冷处理的方法。千万不能在客户每次提出异议时都加以反驳或以其他方法处理，那样会给客户造成你总在挑他毛病的印象。当客户抱怨你的公司或同行时，可不予理睬，转而谈你要说的问题。比如客户说："啊，你原来是××公司的销售人员，你们公司周围的环境可真差，交通也不方便呀！"尽管事实未必如此，你也不要争辩，而是向他介绍产品。国外的销售专家认为，在实际销售过程中对80%的异议都应该冷处理。但这种方法也存在不足：不理睬客户的异议，会引起某些客户的注意，使客户产生反感。而且，有些异议与客户购买关系重大，销售人员把握不准而不予理睬，可能有碍成交，甚至失去销售机会。因此，使用这种方法时必须谨慎。

8. 强调利益法

这种方法是指销售人员通过反复强调产品带给客户的利益来化解客户的异议，一般适用于具有某种特点又能为客户带来某种利益的产品。比如某款冰箱的节电性能比较突出，销售人员可反复强调该冰箱能给客户带来这方面的利益，从而使这一特点在客户的心目中不断加深印象，超越客户的不满而占据上风。

9. 比较优势法

这种方法是指销售人员将自己的产品与竞争产品进行比较，从而突出自己产品的优势来处理客户异议。比如当客户提出某异议时，销售人员可以如此回答："您说得很有道理，这是此类产品的通病，目前国内还没有哪家企业能够彻底解决这个问题。但是，与其他同类产品相比，我们的产品在这方面是做得最好的。"

10. 价格对比法

这种方法是指当客户提出有关价格的异议时，销售人员进行横向或纵向的对比来化解。例如，当客户抱怨产品的价格太高时，销售人员可依据不同情况分别应对："您再去看看其他同类产品，我们的产品已经是最便宜的了"或"这款产品在热销的时候，别说这个价格，再多加200元也买不到"等。

11. 价格分解法

这种方法是指当客户提出有关价格的异议时，销售人员可以调整计量单位来改变客户的错误看法。例如，客户看到产品后说："你们的产品也太贵了，我看到××公司也卖这样的产品，比你们便宜将近一半，每千克只有50元。"销售人员根据自己的推测可以这样说："您大概看错了，是500克卖50元吧。我们的产品每千克90元，每500克才45元，比您看到的还便宜。"听了这样的话，客户很可能已不确定了，对你的说法将信将疑。此时销售人员应进一步说明价格或强调产品的其他优点，使客户更倾向于认同你的说法。

12. 反问法

这种方法是指销售人员对客户的异议提出反问来化解。这是销售人员在不了解客户异议的真实内涵，即不知是寻找借口还是真有异议时，用于主动了解客户心理的一种策略。采取反问法时，应注意销售礼仪，保持良好的销售气氛。

5.5 建议成交

成功地运用销售技巧消除客户的犹豫和顾虑，抓住时机促成交易，是销售过程中的关键环节。

善于捕捉购买信号

购买信号是指客户在销售洽谈过程中表现出来的各种成交意向。有利的成交机会稍纵即逝，但并非无迹可寻。客户有购买欲望时往往会发出一些购买信号，有时这种信号是下意识的，客户自己也许并没有强烈地感觉到或不愿意承认自己已经被销售人员说服，但他的语言或行为表明快成交了。对于销售人员来说，准确地把握时机是相当重要的。如果客户没有发出购买信号，就说明销售人员的工作还没做到位，应该进一步刺激而不宜过早地提出交易。购买信号一旦出现，就要及时抓住机会促进成交。

购买信号的表现形式复杂多样，一般可分为表情信号、语言信号和行为信号。表情信号是客户的心理在面部的反映，如目光聚焦商品、面带微笑、表情严肃等均是判断成交时机的重要依据。语言信号是客户在言语中流露出来的意向，如赞赏产品的性能、质量，故意压价，挑剔产品的款式，询问交货的时间、地点及售后服务等，这些都是成交的先兆。行为信号是客户在举止行为上表露出来的购买意向，如不断用手触摸产品并不住点头，拍拍销售人员的手臂或肩膀，作出身体自然放松的姿势等，这些均是有意成交的表现。

购买信号复杂多变，多种信号往往交织在一起出现。

（1）当销售人员对产品的有关细节以及各种交易条件予以说明后，若客户露出认真的神情，并把该交易条件与竞争对手的条件进行比较，销售人员就可以询问他的购买意向了。

（2）客户以各种理由要求降低价格。这是非常有利的信号，说明此时客户已将价格与自己的支付能力进行了比较。每一位有购买欲的客户都会要求价格上的优惠，销售人员不能轻易让步，要判断客户是否确实想买而又存在支付上的困难。如果不是这样，作出让步或许会让客户兴味索然。此时销售人员不妨先避开这个话题，询问对方要买多少，然后根据数量来考虑价格与折扣。这样会给客户留下销售人员既认真对待这一问题又很灵活的印象，让客户觉得自己有希望得到价格上的优惠。

（3）客户主动热情地将销售人员介绍给负责人或其他主管。一旦客户将销售人员及其产品介绍给负责人或其他主管，则销售人员成功的可能性会大大增加。因为这位客户一定想让别人赞同他的看法，所以他会努力帮助销售人员，这时销售人员不妨保持沉默。

（4）客户要求详细说明产品使用时的要求、注意事项以及产品的维修等售后服务。此时销售人员除了耐心详细地说明外，还要诱导对方提问，以打消其顾虑，令其迅速作出决定。有时客户会就销售人员已经解释过的某些问题反复询问，这时销售人员千万不能急躁，要耐心回答。

（5）客户主动出示自己有关这种产品的情报和资料。这说明客户潜意识中已经接受了这种产品（已经和销售人员分享这种产品的相关信息）。此时销售人员可以询问对方有关情况，他一定不会拒绝。如果对方资料中有些内容于己不利，销售人员也不要急于纠正，而应该充分地向客户展示产品。

（6）客户诉说对目前正在使用的其他厂家的产品的不满。这是销售人员成交的好机会，但销售人员不能过分地附和客户，批评其他厂家及其产品，只要适时地强调自己产品的优点即可。

（7）客户对销售人员的态度明显好转，接待档次明显提高。这说明客户已经信任销售人员并愿意听取建议，这时销售人员就可以提出交易条件，询问客户的购买意向。

（8）客户出现某些反常行为。当客户犹豫不决时往往会表现出一些行为，销售人员要善于发现、捕捉客户不自然的甚至反常的行为。比如，忽然变换一种坐姿；下意识地举起茶杯或摆弄钢笔、手表等；眼睛盯着产品的说明书、样品或者长时间沉默不语；身体靠近销售人员；征求旁人的意见，等等。

建议成交的策略

一旦找到合适的时机，销售人员便可立即提出成交建议。让客户同意购买产品的策略有多种，下面列举一些常用的方法。

1. 请求成交法

请求成交法是一种最简单也最常见的建议成交的方法，也叫直接成交法。它是指在接到客户的购买信号后，用明确的语言向客户直接提出购买建议，以求适时成交。一般来说，销售人员和客户在经过一番洽谈后，会就主要问题达成一致，这时销售人员应抓住时机，主动向对方提出成交请求。比如销售人员对客户说："既然没什么问题，我看现在就把合同签了吧。"这种方法一般适用于销售人员对最后成交很有把握，或客户已有购买意图但由于某种原因不便主动开口的情况。当然，若对方是非常熟悉的老主顾，也可采取这种方法。运用该方法的关键是把握恰当的时机，注意语言技巧，让对方感到顺理成章，而无勉强之意。

请求成交法的优点在于能够有效地促成交易，因为从客户心理来看，他一般不愿主动提出成交要求。为了有效地促成交易，销售人员应该把握时机，主动提议，说出客户想说又不愿说的话。另外，采用请求成交法，可以避免客户在成交的关键时刻故意拖延时间，贻误成交时机，从而有利于节约销售时间，提高销售活动的效率。

但请求成交法也存在缺陷。若销售人员不能把握恰当的成交机会，盲目要求成交，很容易给客户造成压力，令其产生抵触情绪，破坏本来很友好的成交气氛。此外，若销售人员急于成交，会使客户以为销售人员有求于自己，获得心理上的优势，导致销售人员丧失成交的主动权；还有可能使客户对先前达成的条件产生怀疑，从而增加成交的难度，降低成交的效率。

2. 局部成交法

局部成交法又叫小点成交法，是指销售人员利用局部成交来促成整体成交。一般来说，客户在作出重大决策时往往存在较大的心理压力，对于成交决策也比较慎重，迟迟不肯决定。而面对相对较小的交易，客户做决策时心态往往比较轻松，容易下定决心。为了减轻客户心理压力，帮助客户尽快下定决心，销售人员可以采取化整为零的方法，将整体性的决定变为分散性的决定，先争取对方部分同意，然后促使对方作出最终的购买决策。

销售人员循序渐进的引导，可以让客户意识到这正是自己想要购买的产品而最终下定决心。采用这种方法时，销售人员要尽量强调双方看法的共同之处，先搁置有争议的问题，让客户意识到该产品令人称心如意的一面。此外，销售人员在引导客户时要避免直接提示重大的成交事宜，以免客户犹豫不决。

正确地使用局部成交法，有利于营造良好的成交气氛，减轻客户的心理压力。销售人员尝试局部成交，即使遭到拒绝，也可继续就其他部分进一步尝试。而且，销售人员可充分及时地利用各种成交信号，将其直接转化为成交行为，从而达成最后的交易。

但是，若此法使用不当，将局部成交集中在客户比较敏感或不太满意的地方，导致客户将注意力集中到销售人员不希望其注意的地方，只看到产品的缺点或放大缺点，将不利于成交。若销售人员急于减轻客户压力，盲目转移客户注意力，还容易引起客户的误解，不利于双方的交流。此外，采用这种方法一般需多个回合才能解决问题，耗时较长，会降低成交效率。

3. 假定成交法

假定成交法，也叫假设成交法，即在尚未确定成交，对方仍有疑问时，销售人员就假定客户已接受销售建议而直接要求其购买。比如，销售人员将一辆汽车开出去给客户看过了，觉得达成这笔交易的时机已经成熟，这时就可以让客户签下订单。销售人员可以这样对客户说："现在您只要将购车手续办妥，就可以把这辆新车开走了。如果您现在有其他事情要办，那么把这一切交给我们吧，我们一定在最短的时间内办好。"如果客户还没有下定决心购买，他自然会向你说明，但如果他因购车手续麻烦而有所犹豫的话，销售人员的这番话就会使他放心。这种方法的重要作用是显示一种推动力。尽管客户迟早会下决心，但如果没有这种推动力，他也许会推迟购买，或者根本不买了。

采用假定成交法有利于节省销售时间，提高销售效率。而且在整个销售过程中，客户随时可能流露出成交意向，若销售人员能及时觉察，就可正确使用假定成交法，将成交信号转化为成交行动，及时促成交易。

但是，若销售人员在时机的把握上出现偏差，盲目假定客户已有成交意向而直接明示成交，很容易给客户造成过大的心理压力，导致可能成功的交易失败。若这种方法使用不当，还会使客户产生疑虑，使销售人员陷于被动，增加成交的难度。

4. 选择成交法

选择成交法是指销售人员向客户提供几种可供选择的购买方案来促成交易。这种方法的前提是假定客户已下决心购买，但尚未确定买哪一个，在这种情况下，销售人员提出几种选择，敦促客户作出决定。例如，商场的一个柜台正在甩卖T恤，一位顾客好奇地上前瞧瞧。销售人员上前招呼："怎么样？买一件吧。要黑色的、蓝色的、红色的，还是白色的？"这就是选择成交法。若客户作出回答，就表示他想要购买商品了；如果他迟疑片刻，表示尚未作出最后决定，销售人员也没有什么损失。

采用选择成交法，可以避免让客户就是否购买作出决策，而让客户掌握一定的主动权即选择权，从而比较容易做决定。但真正的主动权仍在销售人员手中，因为客户无论选择哪一种商品都表明成交。而且，当销售人员直接将具体的购买方案摆到客户面前时，客户会感到难以拒绝，从而有利于促成交易。

但是有时采用选择成交法会让客户感到无所适从，丧失购买信心，增加新的心理障碍；有时也会让客户感到压力较大，产生抵触情绪，拒绝购买。

5. 限期成交法

限期成交法是指销售人员通过限制购买期限敦促客户购买。商店贴出的"存货有限，欲购从速""三周年店庆，降价三天"等广告，都是典型的限期成交法的实例。它利用了客户"机不可失，时不再来"的心理，推动客户购买商品。

人们往往对各种各样的机会，特别是一去不复返的机会给予极大的关注，而且特别希望抓住这样的机会，因而采取限期成交法往往能营造出有利于成交的环境氛围，吸引客户的注意。由于这种方法确实能给客户带来实际的好处，因此比较受客户的欢迎，一般能取得较好的效果。

但是，限期成交法有可能使未在优惠期购物的客户感到气愤；还有些商店不断贴出"最后一天优惠"的广告，使客户感到上当受骗；如果优惠期限过短，还会使客户丧失购买信心而放弃尝试购买。

6. 从众成交法

从众成交法是指销售人员利用从众购买行为促进客户购买。从众是一种普遍的社会现象。客户在购买一件商品前往往会询问销售人员购买者多不多，销售人员常利用人们的这种心理来敦促客户下定决心购买。例如，一位服装店的销售人员在销售服装时说："您看这件衣服式样新颖美观，是今年最流行的款式，颜色也合适，您穿上一定很漂亮，我们昨天刚进了四件，今天就只剩下两件了。"

采用从众成交法，可以用一部分客户去吸引另一部分客户，有利于销售人员提高销售的效率。由于产品已取得了一些客户的认同，使销售人员的说辞更有说服力，有利于打消客户的疑虑，增强购买信心。

但是，有些客户喜欢标新立异，与众不同。若销售人员对这些客户错误地使用了从众成交法，反而会引发客户的逆反心理，导致其拒绝购买。

7. 保证成交法

保证成交法是指销售人员向客户提供某种成交保证来促成交易。客户在考虑购买产品时往往因害怕受骗上当而心存疑虑，甚至最后放弃购买。保证成交法就是由销售人员向客户提供某种保证，以打消客户的顾虑，增强其信心来促成交易。比如一位客户不放心，怕买亏了，因此迟迟不肯成交。销售人员提出："你放心，我这儿绝对是全市最低价，如果你发现别家的货比我的便宜，我可以立即给你退货。"这就是保证成交法的实例。

保证成交法通过提供保证使客户没有了后顾之忧，增强了购买信心，从而放心购买产品。另外，该方法在说服客户、处理客户异议方面也有不同寻常的效果。若销售人员能出示有关的销售证据，则更有利于增强说服力和感染力，促使客户作出购买决策。

使用保证成交法时，一方面要针对客户的顾虑提出保证，否则风马牛不相及，不但不能达到保证的目的，而且容易使客户产生反感；另一方面要做到言而有信，销售人员为一时的利益而信口承诺，结果又无法实现，必将丧失销售信誉，影响与客户发展长久的关系。

8. 优惠成交法

优惠成交法是指销售人员通过提供某种优惠条件来促成交易。它利用了客户在购买商品时希望获得更大利益的心理，实行让利销售来促成交易。最常见的情形是销售人员声称："如果您现在就签字并采购我的产品，我可以给您特别优惠，再降价 3%。"目前普遍采用的"买一赠一""送货上门"等也是这种方法的实例。

正确地使用优惠成交法，利用客户的求利心理，可以吸引并招揽客户，有利于创造良好的成交气氛。而且利用批量成交优惠条件，可以促成大批量交易，提高成交的效率。该方法尤其适用于某些滞销品的销售，可以减小库存压力，加快存货的周转。

但是，优惠成交法通过给客户让利来促成交易，必将导致销售成本上升。若没有把握好让利的尺度，还会减少销售收益。此外，采用优惠成交法，有时会让客户误以为优惠产品是次货而丧失购买的信心。

9. 最后成交法

最后成交法是指销售人员通过告知客户现在是购买的最有利时机来促成交易。在产品供不应求时，这种方法尤为有效。它利用了客户害怕失去获得某种利益的机会的心理大做文章，变购买时的压力为成交动力，如"再来晚点儿就没了，只剩下这些了"。

最后成交法的关键在于把握住有利的时机，若使用得当，往往具有很强的说服力，可产生立竿见影的效果，并能节省销售时间，提高销售效率。

采用最后成交法最忌讳的是欺骗客户。有些卖水果的小贩往往采取这种伎俩，对一个买主说："就剩这点儿了，五块钱卖给你。"等此人买完离开后，又拿出一些来欺骗下一个人。这种做法一旦被发现，会令销售人员丧失信誉，失去客户的信任。

10. 激将成交法

激将成交法是指销售人员用激将的语言刺激客户购买来促成交易。这种方法利用了客户自尊心强、要面子的心理，刺激客户的购买欲望。例如，当销售人员察觉到客户因嫌商品价格高而犹豫不决时，就对客户说："上周，面粉厂王厂长的夫人也看上了这个，简直爱不释手，但因为嫌价格太高而没有买。"这位销售人员就是采取了激将成交法来刺激客户购买。

采用激将成交法时一定要注意给客户留面子。聪明的销售人员绝不会逼问客户"你到底是买还是不买"之类的问题。这种方法最大的缺陷就是：如果把握不好，有可能激发的不是自尊心，而是怒气。如果破坏了成交气氛，还可能使客户拂袖而去，失去成交的机会。

11. 让步成交法

让步成交法是指销售人员在成交的关键时刻退让一步来促成交易。例如，在最后双方僵持不下时，销售人员提出："这样吧，既然您是我们的老客户，那我就让一步，优先给您发货。"

在双方谈判僵持不下时，销售人员退让一小步，有可能将谈判推进一大步而达成交易。销售人员可以采取先紧后松的方式，即先提出较高的条件，再逐步松口，这种方式一般不会给销售带来实际的损失，可以得到一个令双方都满意的结果。要注意的是，销售人员切不可一次性让一大步，这样不但会失去谈判的优势，而且会让客户存有继续得到让步的希望，迟迟不肯达成交易。这也正是让步成交法的缺陷所在。

12. 饥饿成交法

饥饿成交法是通过让产品处于一种供不应求的状态来促成交易。事实上，产品未必供不应求，只是在供求之间始终保持时间差，以敦促客户作出购买决定。

这种方法一般只适用于名优产品。只有这类产品才会让客户耐心等待，一般产品是没有这种吸引力的。因此，在采用此方法时，首先要考虑产品如何；其次要把握好让客户保持"饥饿"状态的时间，避免时间过长导致客户"饥不择食"而选购其他产品，这就违背了采用此法的初衷。

签订成交合同

建议成交实际上是签订合同的初步工作。在成交阶段，销售人员也不可放松，还有一些必要的工作和注意事项需要关注。

1. 巧用场外交易

在谈判学中，场外交易是指谈判双方在谈判桌以外的某些场合，比如酒宴、娱乐场所等，对谈判中的某些问题取得谅解和共识，从而促进和完成交易。当谈判进入成交阶段，双方已经就绝大多数的议题取得了一致意见，只是在少数问题上尚存分歧，相持不下时，可考虑采取场外交易的策略来解决。

场外交易之所以有助于解决成交阶段的问题，原因就在于：在谈判桌上，紧张、激烈、对立的气氛会影响谈判人员，促使谈判人员都想使对方让步。这是因为人们都认为只有这样做才是正常的，而且自己一旦作出让步，就会被对方视为战败方，自己一方将丢掉面子。即使某一方主谈人很冷静，认为作出适当的让步以尽快达成协议符合本方利益，也会因同伴的态度坚决、情绪激昂而难以当场作出让步的决定。如果这时提议到场外去，紧张、激烈、对立的气氛可能被轻松、友好、融洽的气氛取代。在这种情况下，如果能够巧妙地将话题引到谈判桌上遗留的问题上，对方往往会很大度地作出让步而达成协议。

需要指出的是：在运用场外交易时，一定要注意谈判对手的习惯。比如，有的国家的商人就特别忌讳在酒桌上谈生意。对此要事先了解清楚，以免弄巧成拙。

2. 不忘争取最后的利益

通常，在双方将交易的内容、条件大致确定，即将签约的时候，精明的谈判人员往往还要利用最后的时刻去争取最后一点利益。

在成交阶段争取最后的利益的常规做法是：在签约之前，突然提出一个小小的请求，要求对方再让利一点点。由于谈判已进展到签约的阶段，双方都付出了很大的代价，不愿为这点小利而影响了合作关系，更不愿为这点小利而重新回到磋商阶段，因此往往会很快答应这个请求，以求尽快签约。

3. 规范合同条款

在销售人员与客户达成协议并签订合同后，销售工作就基本完成了。在与客户签订合同时，销售人员千万不要掉以轻心。谈判的成果要靠严密的合同来确认和保证。合同是以法律形式对谈判结果的记录和确认，它们之间应该完全一致，不能有任何误差。但实践中常常有人在签订合同时故意更改谈判的结果，比如在日期、数字以及关键的概念上做文章，试图浑水摸鱼。如果销售人员对此不加重视，在有问题的合同上签了字，双方的交易关系将以合同为准，再想后悔就来不及了。将谈判成果转变为合同形式的成果需要销售人员花费一定精力，不能有任何松懈。在签订合同之前，销售人员应与对方就所有的谈判内容、交易条件进行最终的确认。签字时，再将合同的内容与谈判结果一一对照，在确认无误后方可签字。

在签订合同时若出现疏漏，不但易使交易失败，而且有可能给企业带来重大损失。因此，在签订合同时，销售人员应尽量使用统一的企业订单、格式合同条款，以避免出现麻烦。一旦有特殊情况需要修改条款，必须谨慎行事，可先向企业反映，进行协调，确保修改条款不会带来麻烦，如导致成本增加或合同无法履行。在此前提下，销售人员还要与有关人员共同商议，重新拟定条款，确保面面俱到，没有疏漏。

一般来说，不规范的合同条款可能带来的负面影响主要包括：

（1）可能使买卖双方在具体执行合同时对合同的理解出现分歧，导致合同无法顺利履行，或增加履行合同的成本，给双方带来损失，并且有可能影响双方良好的合作关系，不利于今后的合作。

（2）可能在发生某些意外的情况时无据可依。临时协商解决办法，将导致时间上的延误，给双方带来经济损失。

（3）可能导致交易双方在无法协商解决问题时不得不以法律诉讼的方式解决。经济案件的法律诉讼通常要进行大量的调查和协调，费时费力，案件往往拖延很久，不仅未给受损失一方带来实际的利益，而且耽误双方正常的工作，浪费大量的时间和金钱，得不偿失。通过法律诉讼解决纠纷还会伤害双方的感情，不利于今后的合作。

为避免各种不利后果，买卖双方应本着谨慎的原则来商议有关的合同条款，做到面面俱到，无一疏漏，以免埋下隐患，在具体执行时给双方带来损失，影响合作关系。

成交以后的注意事项

为了使成交更为圆满，在正式达成交易即签订合同后，销售人员还应做好以下几项工作。

1. 庆贺签约

在签订合同后，销售人员应表示庆贺，强调谈判的结果是双方共同努力的结晶，满足了双方的需要。同时，不要忘记赞扬对方谈判人员的才干。这样做会使对方心理得到平衡，感到欣慰。

2. 留住人情

交易顺利达成，销售人员千万不要让客户感觉出你的态度开始冷淡。买卖做成就开始敷衍客户，会让客户失去安全感。一定要让客户记住你的情义，感到购买你的产品是明智的决定。在成交之后不要急于道谢，在临别时不妨感谢客户几句，但不要太过分，使人感觉亲切就可以了。在道别时最好与客户握手以表达谢意。一些充满情义的举动会使客户对销售人员及企业留下美好的印象。销售人员一定要善始善终。请记住：丝丝人情会为你编织一张张销售网络，使你的销售额成倍增长。

3. 寻求引见

与销售人员成交的客户会同与他有类似需求的其他潜在客户有某种联系。聪明的销售人员在交易成功后，往往不会忘记请客户给自己介绍有类似需求的其他客户，并请客户代为引见或约见。这样，销售人员可扩大自己的销售范围，确定下一步准备销售的对象。销售人员还可通过已成交的客户了解潜在客户的情况，如性格、需求、资金状况等，为下一步销售工作做好充分的准备。而且，经成交客户引见，销售人员比较容易获得潜在客户的信任，容易克服销售过程中的障碍，顺利达成交易。

交易失败后的注意事项

销售人员付出努力后，并不是每次都能成功，大多数情况下会以失败告终。因此，销售人员不但要学会在交易成功后如何做，而且要清楚交易失败后需要注意的一些事项。

1. 避免失态

交易成功了，销售人员容易做到与客户再沟通、再交流，而一旦交易不成，许多销售人员往往草草收场。成功的销售人员一定要做到“买卖不成人情在”，对拒绝自己的客户依然彬彬有礼，感谢他们给予自己机会，并向他们致歉，耽误了他们的宝贵时间。一般来说，销售人员在成交失败的情况下难免会有失望沮丧的情绪，但注意不要让这种消极情绪流露出来，更不要对客户表现出怨恨的情绪；要注意保持风度，可适当表示出一点遗憾，使对方产生一些歉意，为下次销售铺路。

2. 请求指点

在费尽九牛二虎之力，最后仍未取得成功的情况下，销售人员应主动向客户请教，请其指出自己的销售工作或产品需要作出哪些改进。对产品，客户一般会直言不讳，但对于销售人员的工作，客户则未必指手画脚。在这种情况下，销售人员应态度诚恳，表明只是想请客户以客观的态度来评价自己的工作，以使自己的工作不断改进。

3. 分析原因

销售人员在经历交易失败后，应仔细回顾销售工作的每一个环节以及客户的反应（如表情、语言、动作等），认真分析未能成交的原因。这样做一方面可以积累经验，改进以后的工作；另一方面可以在再次拜访该客户时有针对性地解决上次销售中遗留的或潜在的问题，争取达成交易。

4. 吸取教训

失败乃成功之母。在分析原因后，最重要的是从失败中吸取教训，并在以后的工作中避免重蹈覆辙，犯类似的错误。

案例分析

房产销售人员小王如何化解客户异议

小王在北京一家房产公司做销售人员。2016 年 12 月，小王成功将一套三居室的住房销售给即将结婚的 90 后夫妻，住房面积为 100 平方米。价格为 5 万元/平方米，销售总额为 500 万元。这对夫妻的首付款为 200 万元，余下 300 万元办理为期 25 年的公积金贷款。原本说好 2017 年交房，但是这对夫妻想要回老家发展，希望小王退回当时缴纳的首付款。为尽最大努力保持成交，小王决定与这对夫妻做进一步沟通。

首先，小王分析了这套住房的优势：

（1）户型结构优势：三室一厅，两个独立卫生间，可以进行简单改装，也可以进行精装修。整体户型为坐北朝南，采光好，有独立阳台，该阳台是这对小夫妻比较喜欢的。

（2）地理位置优势：该房属于学区房，解决了今后孩子上学的问题。同时，周边的超市、电影院、露天咖啡吧、公园等配套硬件比较齐全。

（3）还贷优势：采取公积金还贷。

其次，小王对这对夫妻的购买力进行了分析，丈夫具有购买住房的主要权利，而且这对夫妻具有一定的偿还能力，目前月收入约为2万元。

小王觉得自己可以说服这对夫妻不退房。在拜访这对夫妻时，小王解答了他们提出的许多问题，但在交通和采光等方面双方的看法存在分歧。这对夫妻认为，住房位于五环，交通说不上便利；虽然是学区房，但是师资不够好；虽然有独立阳台，但新的建筑楼层挡住了阳光。这些令他们非常不满意。第一次沟通失败。

离这对夫妻想要退房款的时间还剩3天，小王再次分析了客户的异议并请来销售经理一起登门拜访客户。销售经理在劝说时增加了以下几点：五环路的交通很便捷，但是需要把握好时间间隔；现有户型采光不好，可以调整；当地学校的升学率以及周边培训机构的实力可以证明教育资源是不错的；北京的房子比外地的升值空间大。最后，这对夫妻在销售经理的成功劝说之下决定换户型，不退首付款。

资料来源：http：//news. 21so. com/2017/qqb21news _ 34/50071. html.

讨论题

1. 小王是如何化解客户异议的？
2. 如何对购房合同进行修改？

重点名词

连锁介绍法　利益接近法　MAN法则　FABE介绍法　客户异议　转折处理法　转化处理法　选择成交法

思考题

1. 销售人员应考虑哪些方面来确定准客户的范围？
2. 接近客户的方法主要有哪些？
3. 寻找客户的方法有哪些？
4. 简述MAN法则。
5. 简述FABE介绍法。
6. 销售人员介绍产品的兴趣集中点应注意什么？
7. 在进行产品示范时应该注意哪些事项？

8. 销售人员应该如何面对客户的异议?
9. 客户异议的类型主要有哪些?
10. 客户异议产生的原因主要有哪些?
11. 处理客户异议的方法主要有哪些?
12. 客户表现出的购买信号通常有哪些?
13. 建议成交的策略主要有哪些?
14. 简述成交以后的注意事项。
15. 简述交易失败后的注意事项。

课后实践

以小组为单位，通过众筹或者入股的方式筹集采购商品的资金（比如不低于 500 元）。各小组到批发市场或者淘宝网进货，一周时间内在校园进行销售。根据销售利润率和销售额对小组进行综合排名。下周上课，每个小组用 5 分钟的时间汇报此次经商活动的过程、成绩、不足和收获。老师点评同学们的表现及应该注意的问题。

第6章

分析客户信用

本章要点

1. 客户信用管理的概念和目标
2. 销售业务流程再造
3. 确定客户资信
4. 制定客户信用政策
5. 应收账款管理

引　例

四川长虹的应收账款问题

四川长虹是1988年6月由国营长虹机器厂独家发起并控股成立的股份制试点企业，1994年在上海A股上市。最初，四川长虹的利润快速增长，然而应收账款也迅速增加，应收账款周转率逐年下降且明显低于其他几家彩电业上市公司。

在20世纪末遭遇业绩下滑后，四川长虹准备走海外扩张之路，多次赴美考察，并与美国经销商Apex公司签订销售合同，然而彩电发出去了，货款却未收回。在此情形下，理应拒绝再发货，然而，四川长虹一方面提出对账的要求，另一方面继续发货。

到2003年底，四川长虹期末应收账款高达50.84亿元，其中来自Apex的应收账款44.51亿元。2004年底，四川长虹发布年度预亏提示性公告，首次承认，受应收账款计提和投资损失的影响，预计2004年度将出现大的亏损，全额收回Apex

公司的欠款存在较大困难。2005 年 4 月，四川长虹披露的年报报出上市以来的首次亏损。同时，四川长虹向美国法院提请追债。

到 2005 年末，四川长虹应收 Apex 公司的货款为 4.576 亿美元，累计计提坏账准备 3.138 亿美元，Apex 事件让四川长虹经历了上市以来的首次巨亏，但在充分释放了风险后，2005 年其重新实现了主营业务和净利润的大幅增长。

资料来源：四川长虹应收账款管理案例，http：//www.docin.com/p-1379162491.html.

启示：公司需要建立专门的客户信用管理部门，实施规范的信用管理流程，健全信用管理制度，以便公司把控销售与收款的前端风险，保障应收账款的及时收回，保证现金流良性循环，同时帮助企业规避财务风险，减少企业经营风险。

6.1 客户信用管理与销售业务流程再造

客户信用管理不是一个孤立的系统，它与企业的日常销售业务管理密不可分。要实现企业的信用管理目标，就要将信用管理的功能融入企业的日常管理过程，进行企业销售业务流程再造，使它成为企业日常运行不可缺少的环节，这是信用管理成败的关键。

赊销、信用与信用管理的相关概念

1. 赊销

赊销又叫信用销售，是指企业在与购货客户签订购销协议以后，让客户将企业生产的产品先提走，之后按照购货协议规定的付款日期付款或以分期付款的方式逐步付清货款的销售形式。这一销售过程表明，赊销是企业或支持企业的银行对产品买主提供信贷的一种销售形式，即企业不能立即收回货款，客户短期占用销货企业的资金。

赊销过程包括两个要素：所期望的未来付款和对客户的信任。在赊销过程中，企业总是面临一定程度的因客户拖欠货款或不付款而造成的收账风险。如果一个国家或地区的市场是卖方市场，企业一般不会赊销，因为其产品供不应求。只有当一个国家或地区的市场经济发展到比较成熟的阶段，并且其市场转变为买方市场时，产品制造企业才会采用赊销方式，其目的是渗透市场，最大限度地增加销售量，赢得市场竞争。随着越来越多的中国制造产品打入国际市场，中国企业的国际销售自主权逐渐扩大。面对市场的变化，希望在市场竞争中取胜的企业必须提高管理水平，将企业的应收账款水平降到行业平均水平之下。由此可见，赊销是摆在我国企业面前的一个重要课题。

在市场交易中，并非所有的交易都涉及商业信用，在世界上的很多地区，赊销交易方式的采用比例并不高。比如企业信用管理部门认为某客户的风险较大，当企业与该客户做交易时，必须要求客户先付款后发货，即以先款后货方式交易。企业在与尚未建立信用的新客户做零星业务时，也可以要求客户发货即付款，即以货到付款方式交易。然而，根据西方国家的经验，信用交易方式将在我国市场上越来越多地采用，信用销售将成为成熟市场上的主导销售方式。

为了赢得市场竞争，越来越多的生产厂家和商店开始将赊销列入它们的销售政策。赊销的实质是向客户提供两项交易：向客户销售产品和为客户提供短期融资。虽然赊销只是增加销售量的手段之一，但在银根紧缩、市场疲软、竞争对手众多、资金匮乏等情况下，赊销的促销作用十分明显。

2. 信用

信用是一种建立在信任基础上的能力，是不用立即付款就可获取资金、物资、服务等的能力。这种能力受到一个条件的约束，即受益方在其应允的时间期限内为所获得的资金、物资、服务付款或还款，上述时间期限必须得到提供资金、物资、服务的一方的认可。在这种交易过程中总是存在一定的风险。《中国大百科全书》将信用解释为：“借贷活动，以偿还为条件的价值运动的特殊形式。”在存在商品交换和货币流通的条件下，债权人以有条件让渡形式贷出货币或赊销商品，债务人则按约定的日期偿还借贷或偿还货款，并支付利息。信用的产生是市场竞争的结果。它是从属于商品和货币关系的一个经济范畴，不是任何特定社会形态的专属概念。

3. 信用管理

信用管理属于风险管理的范畴，成功的信用管理必须依据坚实的信用政策。在信用决策与管理中，需仔细考虑多个因素，既要依据客观的及无形的客户信用及财务状况，也应考察授信者的市场地位及销售量、生产能力、现金余额水平以及产品的性质。一个企业良好的财务状况有赖于有效的信用管理。没有限制的信用政策可能促进销售额增加及提供有力的营销工具，也可能导致拖延应收账款的回收，造成极高的坏账损失率。而严格限制的信用政策可能让竞争对手有机会提高市场占有率。

企业信用管理的内容包括：制定信用政策、管理客户资信和管理应收账款等。

信用政策是指在特定的市场环境下，企业在权衡与应收账款有关的效益和成本后，为指导企业信用管理部门处理应收账款及执行收账措施而制定的一系列政策。企业信用政策的构成要素主要包括信用期限、现金折扣、信用标准、信用额度、收账政策等。企业要采用赊销的方式，必须制定信用政策。

企业制定信用政策的目的主要有两个：(1) 科学地将企业的应收账款持有水平和产生坏账的风险降到最低；(2) 合理地扩大信用销售，降低制成品的库存，争取使企业的可变现销售收入最大化。

当增加销售量是企业面对的主要矛盾时，企业应毫不犹豫地执行比较宽松的信用政策。企业信用管理部门在运用信用政策时，主要考虑的是允许的坏账发生率和销售变现天数下销售收入的最大值。企业信用管理部门还要考虑放宽客户信用的手段，使企业因销售不畅而导致的制成品库存积压下降，使库存费用降至合理的最低点。要做到这一点，需要仔细地核算库存成本。库存成本通常包括库存持有成本和订货成本，诸如仓储费、保险费、财产税、自然损耗、机会成本等属于库存持有成本。

此外，客户的资信情况是企业信用政策的出发点。企业应该针对不同的客户提供不同的信用政策，因为客户的资信情况是不一样的。对资信好的客户可以提供宽松的信用政策。

但无论企业的信用政策多么完美，对客户的资信了解得多么详细，只要企业采用赊销的方式就会产生应收账款，因此，如何管理应收账款，让应收账款变成真正的现金收入，是企业信用管理的重点。

客户信用管理的目标

企业的目标是追求股东财富最大化，使投资者的投资利益最大化。因此，客户信用管理的目标也必须与之一致，即从企业经营风险的角度，注重保护企业在债务方面的投资，最终达到企业经营现金流量最大化。在实际的企业管理工作中，客户信用管理功能基本上围绕赊销工作展开，其核心目的是做好赊销工作，控制赊销风险。具体而言，应该包括以下方面。

1. 降低企业赊销的风险，减少坏账损失

如果说企业销售部门追求销售额的最大化，财务部门关注资金回笼的最大化，那么信用管理部门则需要在两者之间找到平衡点，实现企业利润最大化。

信用管理要预计赊销的风险，控制授信的额度与方式，跟踪信用的执行情况，评价客户的信用状况，将企业的应收账款持有水平控制在合理的范围。

2. 缩短销售变现天数，加快流动资金周转

企业可以通过扩大应收账款持有规模来刺激销售，从而减少存货。但是如果应收账款不能收回，价值增值仍然无法实现。资金周转必须迅速，只有这样，企业才能获得更多的利润，提升竞争地位。衡量资金周转速度的一个有效指标是资金积压期间，其计算公式为：

$$资金积压期间=存货周转期+应收账款周转期-应付账款周转期$$

这个公式表明，要加快资金周转速度，有效的途径是减少存货，减少应收账款，增加应付账款。

销售变现天数（days sales outstanding，DSO）是西方企业衡量赊销工作最重要的指标。该指标反映了企业的平均收账期，即把赊销收入转化为现金所需的时间，是企业衡量应收账款水平的重要指标。

销售变现天数的计算通常采用季度平均法，公式如下：

$$销售变现天数=\frac{企业当月的应收账款余额}{前3个月的销售额}\times 90天$$

客户信用管理的重要职责就是将销售变现天数控制在合理的水平，减少应收账款对

资金的占用，减少利息支出，以加快流动资金的周转。

销售业务流程再造

1. 销售业务流程再造的原则

销售业务流程再造是对企业销售过程的根本性的再思考和重新设计，可以使成本、质量、服务和反应速度等具有时代特征的关键指标得到极大的改善，即通过对销售过程的大幅改善满足当今不同客户在质量、速度、新颖性、标准化和服务等方面的需要。实施销售业务流程再造必须符合以下七个原则：

（1）围绕最终结果而非具体任务来实施再造。原来由不同专业人员承担的工作要合并为一项工作，由一个销售人员或工作组完成。所产生的新工作应包括所有步骤，并有明确的产出。围绕最终结果来实施再造省去了传递过程，加快了速度，提高了效率，能对客户的变化作出快速反应。

（2）让后续过程的有关人员参与前段过程。根据就近原则安排工作，使某个过程由最熟悉的人来完成，从而打破传统的部门内和部门间的界限。

（3）将信息处理融入产生该信息的实际工作。信息收集者应该负责信息的处理工作，使其他人处理、协调该信息的工作减到最少。通过减少过程的外部接触点，可以大大减少差错。

（4）将地域上分散的资源集中化。信息技术使得分散经营和集中经营相融合成为可能。通过将参与经营的不同部门分散，既能促进并行工作的完成，同时又使企业的总体控制得以改善。

（5）将平行工序联结起来而不是集成其结果。在再造过程中，应该不断联结和协调这些平行工序。

（6）决策点下移并将控制融入过程。决策应成为工作的一部分。一个受过良好教育、知识丰富的员工在决策支持技术的帮助下从事决策活动并不是不可能的事。控制已成为过程的一部分，它使企业更加扁平化、响应更快。

（7）在源头获取信息。利用企业的在线信息系统，在信息的源头对信息进行一次性收集和获取，可避免错误信息进入系统和信息重新获取的高昂费用。

2. 销售业务流程再造的关键环节

企业要引入信用管理，必须对企业销售业务流程进行再造。根据销售业务流程的分析，我们可以发现以下几个关键控制点，如图 6-1 所示。

（1）选择客户。选择客户是一个非常宽泛的概念，包括从初识客户到维护老客户的全部过程。然而对企业来说，选择信用良好的客户进行交易是至关重要的。因此，在这一环节进行资信调查是降低风险的重要手段。

（2）确定信用条件。在选择客户并对其进行资信评估之后，应当确定客户的信用条件。审慎确定客户的信用条件并在销售合同中予以明确，是企业实施赊销的必要手段。

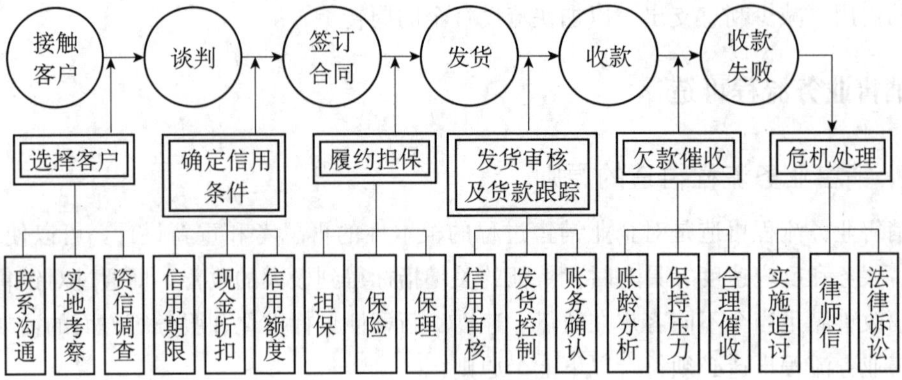

图 6-1 信用管理的关键环节

这方面的工作失误往往会直接造成货款严重拖欠。

(3) 履约担保。在与客户签订合同的同时，应视给予客户信用期限的长短和信用额度的大小，要求客户办理担保、保险或保理事宜，为合同的顺利履行提供保证。

(4) 发货审核及货款跟踪。在接到客户订单后，应立即对客户的资信和应收账款进行审核，审查客户是否有逾期未付款。若发现问题，要对发货进行控制，以免造成更大的损失，同时要向客户施加压力，敦促其及时付款。货物发出后，要定期与客户对账，明确债权债务关系。这样可以减少经济纠纷，并获取重要的债权凭据。日后万一出现纠纷，也可在法庭上提供充分的证据以便赢得官司。

(5) 欠款催收。货款到期前，应予催告并提示按期付款。货款到期后予以催收，是控制拖欠的必要手段。应加强对客户的账龄分析，减少长期拖欠的隐患。

(6) 危机处理。如果客户在一定的拖欠时间内没有付款，或者发现客户出现逃避付款的企图，应视为收款失败，即发生呆账或坏账。在这种情况下，企业必须面对追账问题，启用追款程序直至诉诸法律。

建立科学的信用管理机制

1. 企业赊销的组织与职能分析

在传统的赊销过程中，销售部门与财务部门各行其是，没有人真正对应收账款负责。企业无须过多地考虑相互间的信用关系和账款拖欠的风险，在管理职能方面也没有十分明确的规定，应收账款基本上仅作为一个会计科目用于简单的记账式管理。

我国市场经济体制建立之后，由于企业间交易关系的变化以及信用管理风险的急剧增大，这种管理模式在应收账款管理方面形成了巨大的真空。逾期应收账款居高不下，前清后欠，屡禁不绝。于是产生了以下两种管理模式：

(1) 由销售部门承担收账职责。某些企业实行的销售承包制或销售买断制就采用了这种模式。这种模式虽然改变了应收账款无人管理的状况，实际上却给企业带来了更大的管理风险。应收账款非但没有得到控制，反而由于在高报酬的销售激励机制带动下业务人员拥有更大的销售自主权，形成更严重的拖欠。

从专业化角度看，应收账款管理是一项技术性很强的工作，包括客户分析、信用信息管理、账款控制、收账等。从管理目标看，销售部门以销售业绩为导向，而应收账款的管理目标是追求经营利润；从职能角度看，销售人员的主要任务是争取订单，卖出产品。因此，销售部门无法很好地承担起管理应收账款的职责。

（2）由财务部门控制信用销售和应收账款。这是一些企业针对上一种管理模式失败而采取的另一种风险控制方式。从管理目标看，财务部门更加重视企业的现金流量和经营利润，然而在实践中财务部门却难以起到期望的作用，甚至造成销售部门与财务部门的冲突，要么影响正常的销售工作，要么对应收账款失去控制，拖欠仍大量发生。

实践证明，仅靠财务部门并不能有效地控制信用风险，这是因为财务部门并不了解客户背景和交易状况，无法对信用风险作出准确的判断，也无力承担收账的工作，而且一般财务人员的日常工作以会计核算为主，在信用管理和风险控制上同样缺乏专业知识和经验。

2. 科学的信用管理机制的建立

企业必须增加信用管理职能，实现应收账款管理的科学化和系统化。只有建立科学规范的信用风险管理机制，才能走出货款拖欠和经营亏损的困境。

合理的经营管理机制要求企业必须建立健全专门的信用风险管理职能，设立信用管理部门，专业化地承担客户风险控制和应收账款管理的责任。科学的信用管理机制如图 6－2 所示。

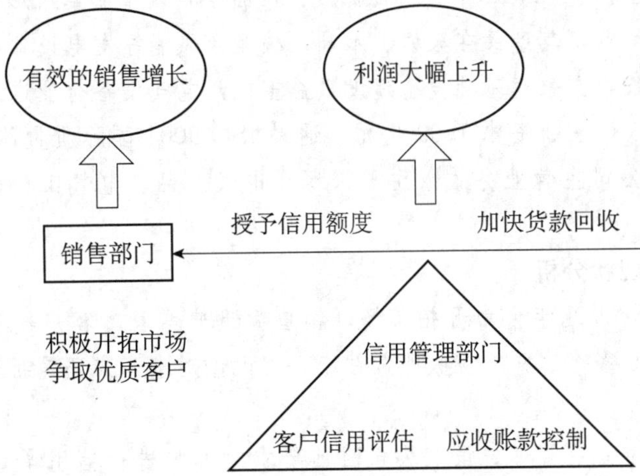

图 6－2　科学的信用管理机制

3. 企业信用管理部门的职能

信用管理部门对赊销工作的管理功能主要包括：

（1）对新客户进行信用审查，收集客户的重要资料和信息。

（2）对客户档案进行维护和管理，并将客户资信状况的变化等信息及时通报给企业其他有关业务部门及其经理人员。

（3）对客户资信进行评级，并确定客户的信用期限和信用额度；负责客户信用建立与更改的批准。

（4）控制企业应收账款平均持有水平，将销售变现天数指标降到同行业竞争者水平之下。

（5）日常分析和监控应收账款的账龄，检查应收账款的准确性，及时对客户发货进行控制，防范逾期应收账款的发生。

（6）负责客户合同、往来记录的保存和检查，以及债务凭证的监管。

（7）制定标准的催收程序，建立一支工作效率高的追账队伍，及时制定对逾期应收账款的处理方案，并组织有效的追账，将追账成本降至最低。

（8）积极配合销售部门的工作，帮助销售部门使销售变现，利用征信数据库的资源帮助销售部门开拓市场。

（9）随时监控企业库存量，积极掌握信用政策的松紧度。

（10）保持与专业信用管理类公司的广泛联系，并选择最合适的信用管理顾问，及时了解信用管理手段、工具、征信产品和服务的发展动态。

实践观察

M公司的客户信用管理

一、公司所处行业简介

M公司是由M电气设备厂于2011年经增资扩股、产品结构调整而重组形成的一家民营企业，处于电气设备行业，其产品在火力、水利、核能、风能等发电设备中应用广泛。随着我国经济持续增长，国家对基础设施建设日益重视，电气设备行业进入快速增长期。公司有员工300多人，注册资本1.09亿元。通过ISO 9001国际质量体系认证，被评为省民营科技企业。公司主营业务收入主要来源于电气产品、电气工程设计、施工、维护。

二、M公司客户管理现状分析

M公司以销售为导向，近几年大力开拓市场，销售额迅速增长，客户数量也随之增加。目前，M公司与100多个客户有应收账款往来，但无论对老客户还是新客户都缺乏系统有效的管理反馈机制。

首先，缺乏对新客户的信用管理。虽然公司目前要求对客户进行信用调查，但M公司销售人员以项目为单位，负责整个销售流程，对客户很少正面询问调查，只在谈判时提及。客户和销售人员以口头方式传递信息，营销中心综合管理部得到的信息缺乏准确性和完整性，在此基础上给出的信用评估意见缺乏可靠性。

其次，缺乏对老客户的信用反馈调整。M公司2012年开始实施客户审批流程，但是在销售之后并没有及时反馈客户信用信息、制定客户销售方案，对于往来客户，不管前期货款是否收回都准予赊销。通过对M公司应收账款的分析得出，截至2015年末，应收账款往来企业15家，应收账款总额为12 332 032.39元。其中有11家与M公司在

2013 年后再无业务往来，其他 4 家在 2014 年、2015 年和 M 公司仍有业务往来，但账款收回依旧艰难。2014 年这 4 家企业的应收账款为 39 539 783.91 元，占 2014 年应收账款余额的 53%；2015 年这 4 家企业的应收账款为 52 956 493.00 元，占 2015 年应收账款余额的 30%。缺乏有效的客户信用管理反馈机制无形中给客户、销售人员和营销部门提供了串通舞弊的机会。盲目增加销售额导致企业应收账款收回的风险增大，制约了企业资金链的良性循环。

三、M 公司客户信用管理的改进建议

（1）完善 M 公司的客户信用管理目标，建立一个有效的管理反馈系统。这需要相对独立的机构、完善的流程和健全的制度。M 公司之前的客户管理主要由综合管理部和营销部共同负责，事务繁杂，工作效率和质量都不高。在新的企业组织机构设置后，销售计划、标书、合同档案的管理由商务部负责，销售人员绩效考核由人力资源部负责，原先的综合管理部经过整合精简改组为客户管理部，专门负责收集和管理有关客户信用的信息，这成为企业客户信用管理的起点。

（2）在客户信用管理流程中，销售人员应该要求客户以书面形式提供企业的真实资料。除了财务数据外，还应该要求客户提供企业治理情况报告。在此基础上，由财务部对数据进行分析，确定客户信用等级，决定是否批准赊销，制定客户信用政策。在完成销售后，要及时对客户的信用情况进行反馈修改，为再次合作奠定基础。

（3）客户信用管理制度主要包括信用评价方法和信用政策制度。评价方法可参考康书生提出的中小企业信用评级构建方法。该方法的评价指标更全面，将定性指标和定量指标相结合，克服了传统定性方法主观性强的缺点。此外，其权数的确定更科学，既参考了国际惯例和国内比较有代表性的权重设计方案，又结合我国中小企业的情况重新分配权重。因此，运用该方法有利于科学地划分客户。

资料来源：唐晓帆，朱梦焱．M 公司客户信用管理初探．经济研究导刊，2016（26）：137－139.

6.2 确定客户资信

在现代市场经济中，信用无处不在。信用销售的比例和范围越来越大，给交易双方带来的不确定性也越来越大，这就是信用风险。“不赊销是等死，赊销是找死”，这是企业经理人常说的一句话，它真实地反映了企业参与市场竞争的两难状态。因此，企业必须加强对客户的信用分析与评价。

客户资信调查

1. 客户资信调查的方式

（1）通过金融机构（银行）进行调查。一般由业务经理提出委托申请，由银行协助调查，这种方式的可信度较高，所需费用较少，但很难掌握客户的全部资产情况及细节，而且会因银行不同导致调查时间较长。

（2）利用专业资信调查机构进行调查。这种方式能够在短期内完成调查，但费用支出较大。调查人员的素质和能力对调查结果的影响很大，所以应选择声誉好、能力强的资信调查机构。

（3）通过行业组织进行调查。这种方式可以进行深入具体的调查，但会受地域限制，难以把握整体信息，并且难辨真伪。

（4）内部调查。询问同事或委托同事了解客户的信用状况。可以通过本企业派出机构或从新闻报道中获取客户的有关信用情况。

2. 调查时应注意的事项

（1）在对客户企业的经营者进行调查时，应注意是否存在以下情况：企业内部气氛紧张；所作所为有悖企业的理念；没有明确的经营方针，朝令夕改；经营者之间存在争权夺利的情况；高高在上，只管发号施令；整日面容憔悴，疲惫不堪；不拘小节，放荡不羁，有赌博、酗酒等不良嗜好；夫妻关系紧张，等等。

（2）在对客户企业内部状况进行调查时，应注意是否存在以下情况：员工不团结；员工不能做到令行禁止；员工不能按时按质完成工作任务；员工流失率居高不下；员工纪律松懈；员工向企业外部人员发牢骚；办公场地杂乱无章；员工成天看报喝茶，无所事事；员工有化公为私之举；员工违反规定，低价出售产品，中饱私囊；库存量急剧增减；与主要客户的关系不稳固；领导不在时员工兴高采烈，等等。

（3）在对客户资金状况进行调查时，应注意是否存在以下情况：手持现金不足，提前收回货款；将票据贴现；延期支付债务；出现预收款融资票据和借入性融通票据；为筹款而低价抛售产品；提前收回赊销款；开始利用高息贷款；开始躲债；与银行关系紧张；经营者经常奔走于各类金融机构之间；听说其他债权人无法索回货款；其票据被银行拒付；银行账户被冻结，等等。

（4）在对客户支付情况进行调查时，应注意是否存在以下情况：不能如约付款；推迟现金支付日；推迟签发票据；要求票据延期；推说本公司的付款通知书未到；开始进行小额融资；对催付货款搪塞应付；连小额货款都无法支付；票据被银行拒付；要求延长全部票据的支付期限，等等。

3. 调查结果的处理

调查完成后，应撰写客户信用调查报告。对客户的管理是一个动态的过程，要定期形成书面的客户信用调查报告，及时提交给主管领导。平时还要进行日常报告和紧急报告。

定期报告的时间要求依客户类型不同而有所区别。对于A类客户每半年报告一次即可，A类客户是指规模大、信誉高、资金雄厚、属超一流公司的客户。对于B类客户每三个月报告一次，B类客户是信用状况一般、信誉较好的客户。对于C类客户每月报告一次，这类客户主要包括一般的中小客户、新客户、口碑欠佳的客户。

调查报告须在指定的时间提交给主管领导，按照企业统一规定的格式和要求撰写。调查报告应力戒主观臆断，要用事实说话，但不能简单罗列数字，调查项目应尽量保证准确全面。

客户信用评价

进行客户信用评价的方法有很多，但不外乎定性评价和定量评价两类。下面以中小企业为例加以说明（见表 6-1）。

表 6-1　　中小企业信用评价指标体系

关键指标		分值			权重（%）
		0～2.0	2.0～4.0	4.0～5.0	
定性指标	表面印象				3
	主要负责人简历				2
	市场竞争性				3
	组织管理				5
	厂房所有权				2
	供应商评价				3
	过往付款记录				8
	产品及市场				5
	发展前景				4
	地区信用状况				2
	付款担保				10
	可替代性				3
	小计				50
定量指标	经营时间（年）	<2	2～10	>10	3
	员工人数（人）	<200	200～1 000	>1 000	3
	流动比率	<1.8	1.8～2.2	>2.2	8
	速动比率	<0.8	0.8～1.2	>1.2	8
	流动资金（万元）	<100	100～1 000	>1 000	5
	资产负债率	>1.3	1.3～0.7	<0.7	5
	净资产（万元）	<500	500～5 000	>5 000	5
	销售收入（万元）	<1 000	1 000～10 000	>10 000	2
	应收账款周转率	<6	6～12	>12	3
	存货周转率	<3	3～8	>8	2
	资本收益率（%）	<5	5～10	>10	3
	赚取利息次数	<2	2～8	>8	3
	小计				50
合计					100

在不同行业中，这个信用评价指标体系的某些指标及其权重需要作出调整，也可在实践中不断完善。需要特别指出的是，在评价客户信用时，要关注客户某些重要信息的披露、突发事件、法律纠纷等，注意分析客户的潜在危机，及时调整客户的风险评级。

客户信用风险分类及对策

在评价客户信用后，应根据客户信用的风险程度采取不同的对策（见表 6-2）。

表 6-2　客户风险分类及对策

风险等级	加权分值	风险程度	信用对策
CA1	4.1～5.0	很低	进行信用交易，放宽付款条件
CA2	3.1～4.0	较低	进行信用交易
CA3	2.1～3.0	中等	进行信用交易，加强监控
CA4	1.1～2.0	较高	进行信用交易，严格控制额度
CA5	0～1.0	很高	现金交易

1. CA1 和 CA2 级客户

特点：这两个级别的客户一般实力雄厚、规模较大，可能占公司业务相当大的一部分。这类客户的长期交易前景都非常好，且信誉优良，可以放心地与之交易，信用额度不必受太大的限制。

对策：企业对这两类客户应采取较为宽松的信用政策，努力使这两类客户不流失；建立经常性的联系，维护与这两类客户良好的业务关系；企业应定期了解客户的情况，形成正常的信息沟通机制。

2. CA3 级客户

特点：这个级别的客户具有较大的交易价值，没有太大的缺点，也不存在破产征兆，可以长期与之交易，也可以适当地超过信用额度进行交易。

对策：企业对这类客户应予以适当的控制，基本上以信用额度为准；这类客户往往数量较大，企业应努力争取与其建立良好的客户关系并不断增进了解；对这类客户定期收集信息，尤其应注意其经营状况和产品市场状况的变化。

3. CA4 级客户

特点：这类客户对企业的吸引力较弱；其交易价值带有偶然性，一般是新客户或交易时间不长的客户，企业拥有的信息不全面。通常企业不会与这类客户交易，一旦需要与其交易，应严格限制信用额度，而且会寻求额外的担保。

对策：对这类客户在信用管理上应更加严格，对其核定的信用额度打一些折扣；维护与这类客户的正常业务关系难度较大，但对新客户应当关注，争取发展长期的合作关系；对这类客户的调查了解应当更加仔细，在业务交往中除了要求其出具合法的文件，还应进行一些专门调查，如实地考察或委托专业机构调查。

4. CA5 级客户

特点：这类客户信用较差，或者很多信息难以得到，交易价值很小。与这类客户交易的可能性很小。

对策：对这类客户，企业应尽量避免与之进行交易，即使进行交易，也应以现金结算方式为主，不应采用信用方式；这类客户不应成为企业客户资源的重点，有些甚至可以放弃；企业可以保留这些客户的资料，但不应投入过多的人力和财力来收集这些客户的信息，在急需了解的情况下，可以委托专业服务机构进行调查。

上述基于风险等级进行的客户分类和风险管理对策是概括性的，企业在实践中应当根据自身的情况及总的信用政策制定更加详细的管理办法。

延伸阅读

浅议客户信用评价的要素

客户信用评价作为客户信用管理中重要的一环，越来越受到企业各级管理人员的重视，它也是企业作出赊销决策的重要依据。如何评价客户的信用，如何权衡客户的收益和风险，客户信用评价的依据与要素有哪些，是摆在企业管理人员特别是信用管理人员面前的重要课题。

传统的5C要素——品质（character）、能力（capacity）、资本（capital）、担保（collateral）、环境（condition）——是客户信用评价，特别是客户履约风险评价的基础。

(1) 品质。具体包括客户基本情况及其历史、经营者情况、经营方针、内部管理与组织形式、银行往来、信用评价，也就是通常所说的客户自身的条件和本质，不仅包括客户以前的付款记录，而且包括客户的历史沿革及其管理情况。

(2) 能力。主要包括经营者能力、基础设施和设备条件、员工能力、生产能力、销售能力，也就是通常所说的客户的长期履约能力。

(3) 资本。主要包括资本构成、资本关系、增资能力、财务状况，是客户偿还债务的重要指标，体现了款项由谁负责还，从哪里还。

(4) 担保。主要包括担保品状态和接受担保的方式。担保是企业考虑转移客户赊销风险的另外一个重要指标。

(5) 环境。主要包括政策因素和经济因素。对于出口客户而言，企业还要考虑客户的国别，即国家风险；对于国内客户而言，要考虑各地的诚信品质和结算习惯，同时也要考虑客户所处行业的整体环境。

除了考虑以上要素，在实际中应重视以下方面：

(1) 利润和交易量。显然，利润率越高，吸引力越大，企业可能获得的收益越大，越愿意促成这样的交易，提供优惠的赊销条件；同时，订货量的大小也有很大的影响，企业通常会给订货量大的客户以优惠的赊销条件。

(2) 履约要求和合同实质。履约要求包括质量要求、服务要求、保证金要求和其他要求等四个指标。企业为了满足客户的要求，需要付出各种努力。当客户的要求过于苛刻或者企业不能满足客户提出的某些条件却仍勉强接受时，就会带来交易纠纷，存在客户拒绝付款的风险。要认真审核赊销合同，明确各自的权利和义务。

(3) 市场影响力和竞争力。主要包括品牌影响和渠道影响。一笔业务的利润可能不够高，客户的信用状况也一般，但考虑到该业务对品牌的拉动，企业可能会考虑和客户达成赊销条件。同时，在某个地区和渠道内，企业为抢占竞争品牌的渠道或者吸引大客户，也会在赊销决策方面予以倾斜。

(4) 客户前景和销量趋势。主要包括客户的潜力和发展趋势。在培育某个区域市场和寻找合作渠道伙伴时，企业会更看重客户的潜质、忠诚度和未来一段时期内销量增加的趋势。

当然，从客户信用评价政策来说，一个企业的信用政策和信用标准，与企业在行业内所处的地位、竞争对手的手段以及企业自身抵御赊销风险的能力及管理水平有直接的关系，企业在确定信用政策的松紧时应予以考虑。找到企业收益和风险之间的均衡点，是企业加强赊销风险管理的本质。

资料来源：浅议客户信用评估的要素．中国营销传播网，http：//www. emkt. com. cn/article/298/29823. html.

6.3 制定客户信用政策

企业的客户信用政策应包括信用条件、信用期限、现金折扣、信用标准和信用额度等方面的内容。

信用条件

信用条件是企业要求客户支付信用销售货款的条件，它由信用期限和现金折扣两个要素组成。在实践中，经常使用诸如“2/10，n/30”等销售专业术语来表示企业的信用条件，这些信用条件反映了不同的信用期限和现金折扣政策。一般来说，企业的信用条件是遵循行业惯例，基于一定的外部经济环境，在充分考虑自身实力的前提下，本着提高最终效益和增强竞争力的指导思想确定的。给予客户的信用条件如何，直接影响甚至决定企业的应收账款持有水平和规模。

信用期限

信用期限是企业允许符合信用标准的客户赊欠账款的最长期限，又称付款期限。信用期限一般有 15 天、30 天、60 天、90 天、180 天等。确定恰当的信用期限是企业制定信用政策时首先需要解决的问题，一般通过对不同信用销售方案进行分析和计算得出结果。信用期限对应收账款的影响是非常明显的。较长的信用期限意味着给客户以更优惠的信用条件，使销售变现天数（DSO）变长，自然会吸引更多的客户，刺激客户的购货热情，实现更高的销售额。应收账款水平提高，既给企业带来扩大市场份额和增加销售额的好处，也给企业带来风险，即产生更高的与持有应收账款相关的管理成本、机会成本和坏账风险，特别是可能导致机会成本增加。而较短的信用期限虽然减少了与持有应收账款相关的成本，但直接影响到企业的销售规模，增大了库存压力，长此以往，如果竞争对手的信用期限比较灵活而且信用管理水平较高，可能会使企业在市场竞争中失败。合理的信用期限应使企业的总收益达到最大，理论上的信用期限最低点应该是盈亏平衡点。

信用期限与企业的经营战略密切相关，主要受以下因素影响：(1) 企业的市场营销战略；(2) 行业普遍的信用期限；(3) 客户的资信水平和信用评级；(4) 企业的资金状况。

在实际操作中，企业可根据行业平均DSO，结合市场竞争情况设定自己的DSO目标，然后根据客户的信用等级授予信用期限。可以利用以下公式计算：

客户信用期限＝行业平均DSO×企业修正系数×客户信用等级系数

例如，行业平均DSO为80天，A企业在行业竞争中处于强势，决定采用较紧的信用政策，企业修正系数定为0.8，客户信用等级系数可参考表6-3确定。

表6-3　　客户信用期限系数表

风险等级	加权分值	风险程度	客户信用期限系数
CA1	4.1～5.0	很低	1.6～2.0
CA2	3.1～4.0	较低	1.1～1.5
CA3	2.1～3.0	中等	0.5～1.0
CA4	1.1～2.0	较高	0.1～0.4
CA5	0～1.0	很高	0

企业也可根据盈亏分析理论进行边际分析。边际分析法的基本思路是：基于企业上一年度的信用期限、所在行业的平均信用期限，以及信用期限为定值的假设，制定适当延长或缩短信用期限的不同方案，分别计算出各方案的参考基准信用期限的边际成本和边际收益。在边际收益大于边际成本的原则下，选择边际净收益最高的方案所设定的信用期限作为最佳备选，待信用政策中的其他因素确定后决定取舍。

假设不同的信用期限方案会带来不同的销售收入，也会给企业增加相应的应收账款成本，这时，可对其进行边际分析，计算公式为：

边际收益＝边际收入－边际成本

＝Δ销售收入－Δ(机会成本＋管理成本＋坏账损失)

若边际收益大于零，则方案可行；反之，则不可行。

现金折扣

现金折扣是指在信用销售方式下，企业对于客户在规定的短时间内付款所给予的客户发票金额的折扣，以鼓励客户及早付清货款。现金折扣是企业信用条件的另一个重要组成部分。企业信用管理部门给予客户的现金折扣包括两个要素：折扣期限和折扣率。折扣期限指的是在多长时间范围内给予客户折扣优惠。折扣率指的是在折扣期限内给予客户多少折扣。例如，“5/20，n/60”的现金折扣政策表明，如果客户能够在20天之内付清全部货款，将从厂家获得销售总额5%的折扣优惠；客户必须在60天内付清全部货款，如果在第60天还没有付清就违约了。在美国，天数的计算有两种方式，客户可选择派人将付款支票送达卖主的会计部门而取得收款收据的日期和将付款支票寄出时的邮戳日期，这两个日期都是卖方接受的。在我国，支票不能在全国流通，且银行不接收折叠过的支票，因此没有人采用邮寄支票的方式支付货款。

企业信用管理部门除给予客户单一折扣期限的现金折扣，也可给予包含两种折扣方式的现金折扣。例如，作为卖方的厂家在信用条件中作出“6/10，3/20，n/45”的现金折扣规定。该规定表明，客户履约的最长付款期为45天；如果客户能够在10天内付清货款，可享受6%的现金折扣；如果客户能够在20天内付清货款，则可享受3%的现金折扣。给予客户的现金折扣率大小应该与折扣期长短呈负相关关系，即折扣期越短，折扣率越高；反之，折扣期越长，折扣率越低。这种做法充分反映了实施现金折扣政策的基本目的，即鼓励客户尽快付款。

现金折扣也与销售额和应收账款的规模有密切的关系。给予客户一定的现金折扣，是吸引客户的重要方式之一。首先，现金折扣条件越优惠，销售额增加得越快，应收账款持有水平就越高。其次，现金折扣率越高，越能鼓励客户尽早全额付清货款，这会在一定程度上缩小应收账款的持有规模。另外，现金折扣期限也会影响应收账款的持有规模，较长的折扣期将会延长收款的时间。

现金折扣能给客户带来可观的好处，实践证明，客户普遍对现金折扣比较看重。例如，在“2/10，n/30”的信用条件下，由于提前20天付款可以获得2%的折扣，付款人可以实际享受到折合年率高达 $[(2/98)/20]\times365=37.25\%$ 的等效利息收入优惠。面对如此高的收益，客户一般都会积极争取。然而，推行现金折扣政策，需要销货企业付出一定的代价，即减让货款。现金折扣可以给销货企业带来增加销量的益处，但要注意操作技巧。如果操作不当，这种销售方式很容易给销货企业带来损失。企业信用管理部门必须认真测算，综合考虑有利因素和不利因素，在合理权衡收益与损失的基础上确定现金折扣方案。

信用标准

信用标准是指当企业给予客户信用时，对客户资信要求的最低标准通常以预期的DSO和坏账损失率作为判别标准。因为信用标准的设置直接影响到对客户信用申请的审批，所以，根据企业自身的资金情况和当时的市场环境确定适宜的信用标准，也是企业制定信用管理政策过程中的重要一环。

企业应制定一个符合自己情况的合理的信用标准，确定信用标准的主要因素应该包括竞争对手的情况、客户情况、市场战略、库存水平、历史经验等。企业的信用标准应该是在对收入和成本进行认真权衡的基础上慎重确定的，过严或过松的信用标准都不恰当，而且企业信用标准也需要随企业、行业、市场情况的变化不断修订。如果较严格的信用标准使损失的销售毛利高于企业所希望避免的应收账款持有成本，企业就应该适当放松信用标准；反之，如果较宽松的信用标准使应收账款持有成本高于获得的销售毛利，企业就应执行较严格的信用标准。

信用额度

信用额度又称信用限额，也是企业信用政策的一个组成部分。信用额度包括企业发放给客户群的总体信用额度和发放给某一客户的信用额度。就企业总体来说，信用额度是指企业基于自身的资金实力、销售政策、最佳生产规模、库存量，以及来自外部的竞争压力等因素确定的可对客户发放的信用限额。企业应该通过认真的计算，结合以往的经验确定一个合适的总体信用额度，以控制企业的信用销售和应收账款持有水平。

发放信用额度是指企业批准客户的信用申请并给予客户额度，这是采用信用销售方式开拓市场的企业信用管理部门的日常工作之一。

企业信用管理部门应该根据企业的信用政策，接受企业的主要客户的信用申请，确定其可享受的信用额度，以便控制对其进行信用销售的规模，避免客户因过度赊购而影响偿付能力，导致企业蒙受坏账损失。切记，不要向客户滥施信用，让客户感觉企业没有信用政策。一旦企业信用管理部门确定了发放给客户的信用额度，企业的销售部门和仓库在接到客户的提货申请时就有了处理的依据。只要客户的提货量不超过信用额度，有关部门就可以视为正常情况为其提货开绿灯。

信用额度在一定程度上代表企业的实力，反映其资金能力以及对客户承担的机会成本和坏账风险。信用额度过低将影响企业的销售规模，并相应增加与客户的交易次数而使企业增加交易费用。但是，发放给客户的总信用额度过高会增加企业的信用销售成本和风险。因此，企业信用管理部门应根据自身的情况和市场环境合理地确定信用额度。

确定发放给客户的信用额度是企业信用管理部门日常的重要工作之一，其关键在于：科学地确定发放给每个合格客户的信用额度；对比竞争对手的信用额度，给予客户更优惠的条件；增加销售收入。

要科学地确定发放给客户的信用额度，可以采取多种方法。常用的方法是：

（1）根据收益与风险对等的原则确定发放给客户的信用额度。也就是说，根据客户的全年采购量测算在该客户处可获取的信用销售收益额，以该收益额作为发放给该客户的信用额度。

（2）根据客户营运资金净额的一定比例确定发放给客户的信用额度。在一定的生产经营规模下，客户的流动资产扣除流动负债后的营运资金净额是大致稳定的。由于客户的营运资金可看作快速偿债的保证，因此企业可以根据客户的营运资金规模，考虑客户在本企业的采购额占其购货总额的比重，以客户营运资金净额的一定比例作为信用额度。

（3）根据客户清算价值的一定比例确定发放给客户的信用额度。清算价值指的是客户在无力偿债或进行破产清算时的资产可变现价值。客户的清算变现价值可视为客户还款的最后保证。如果客户的清算价值减去现有负债后尚有剩余，企业可以批准客户的信用申请，信用额度可按照客户的清算变现价值的一定比例确定。

DSO通常在每个月的月底按倒推法计算，即用总应收货款（当前的、过期的和未决算的）减去总的月销售额，逐月算回去，直到总应收货款减至零。

客户的信用额度不仅应该反映客户的偿付能力，而且应该反映客户偿付的意愿，需要考虑的因素包括：（1）客户预期销售额；（2）付款期限；（3）盈利程度；（4）客户化的库存生产投入。

客户的信用额度一般可采用以下公式计算：

$$最大信用额度=\frac{客户预计年销售额}{360}\times 信用期限$$

$$信用额度=最大信用额度\times 风险回报系数$$

风险回报系数根据客户的信用评级确定，一般大于0小于1。计算公式为：

$$风险回报系数=信用额度\times(1-销售毛利率)$$

设定客户信用额度还应满足以下条件：

（1）信用额度不应超出客户净资产，以防客户无力偿还债务，大多数情况下，信用额度应为客户净资产的一小部分。

（2）信用额度不应超出客户的流动资金，如果客户流动资金不足，必须对客户的净资产进行分析评估。

正确执行客户信用政策

企业进行信用管理不能仅考虑收益和风险，必须从总的经营战略出发确定自己的政策，考虑何时放松信用政策，何时收紧信用政策，根据市场情况、竞争对手和客户的情况等加以权衡。

在一些情况下，可以适当放松企业信用管理政策：

（1）企业现金流入比较多，且不会有短期偿债的压力；

（2）储存的产成品积压严重；

（3）企业销售业绩不正常下降；

（4）单件产品的利润率非常高；

（5）新产品上市，需要在市场上大力推广；

（6）生产规模大，而且盈亏平衡点比较高；

（7）产品改型，急于将储存的旧型号产品处理掉；

（8）企业处于竞争激烈的行业，竞争对手给予客户更优惠的条件，迫使企业放宽信用条件；

(9) 作为战略伙伴的客户面临暂时的困难。

在有些情况下，则应收紧信用政策以减少企业的风险。

(1) 相对于竞争对手而言，企业信用政策过于宽松，其平均风险水平高于竞争对手；

(2) 企业产品的销售依赖于一些大客户，小客户相对不重要；

(3) 产品属于市场紧俏商品，且企业的生产能力有限；

(4) 产品的利润率低；

(5) 企业所在地的经济处于衰退状态；

(6) 客户所在行业的风险特别大；

(7) 产品是专用品，销售面极窄；

(8) 客户订购的产品或服务前期费用很高；

(9) 客户订购的是高价设备或大型生产机械；

(10) 客户出现债务纠纷、法律诉讼等影响持续经营的重大事件。

实践观察

A公司的销售信用额度管理

A公司是一家财务管理十分严格的公司，有一套完善的客户信用风险管理系统，因此公司的坏账率较低，资金周转率较高。财务部张经理为自己的管理有方洋洋得意，销售部陆经理可不这么看：生意不可能没有一点风险，坐在家里没有销售额肯定不会产生任何呆账，那样离公司倒闭也就不远了。陆经理认为过于死板的信用政策影响了销售部的业绩，使公司丧失了许多机会。

B公司是A公司在温州的经销商，虽说A公司在整个浙江省的市场占有率和品牌知名度远远超过竞争对手，占绝对优势，但在温州的销售不温不火，落后于竞争对手。当地的经销商换了好几个，到今年B公司已经是第四家了。

A公司本来就是浙江的企业，家门口的市场哪能不抢，陆经理下了死命令，一定要在三个月内改变这种局面。趁着竞争对手出现产品质量问题的大好时机，陆经理亲自坐镇温州，集中全省的销售力量，分区划片开发温州的终端，陆经理还从公司争取到极优惠的促销政策，准备集中优势兵力一举收复温州市场。

一时间A公司的产品在温州终端大量铺货，但问题来了，由于B公司的销售额比往常增加了几倍，不到10天公司批准的信用额度就用完了，B公司只能用现金买货，但一个星期后就支持不住了。一时间终端客户频频要货，B公司却没钱继续下订单，B公司老板急得直跳脚，把陆经理的电话都打爆了，请求公司无论如何再放几个订单以解燃眉之急。

陆经理与财务部张经理多次协调，但张经理在通融放了一个订单后，再也不同意继续发货了。张经理的理由很充分：公司所有客户的信用政策是年初销售部和财务部共同讨论后经总经理批准决定的，现在要增加B公司的信用额度不是不可以，但要走程序，不可能今天申请马上就批准。

陆经理历数了种种理由并以个人担保请张经理同意继续发货，但张经理就是不买账。A公司的信用控制是财务部一票否决制，陆经理虽然在电话那头暴跳如雷，一时也无可奈何。

由于事情紧急，最终陆经理向公司的总经理作了汇报。总经理在对所有资料进行评估后，决定对B公司增加50%的临时信用额度，但也听取了张经理的意见，要求B公司老板书面承诺以名下固定房产作担保。最终这件事情圆满解决，A公司在温州市场一举收复失地，市场份额反超竞争对手，打了个漂亮的翻身仗。

那么作为一个企业最高领导，在这种情况下他是以怎样的思路来考虑企业的信用风险并最终作出决定的呢？其实他是在公司的战略目标、利润、竞争环境以及客户的财务状况等大框架中考虑问题的。

资料来源：陆和平．企业信用风险管理的第三只眼价值中国网，http：//www.chinavalue.net/management/blog/2012-5-17/904887.aspx.

6.4 应收账款管理

在企业的全部债权中，应收账款占有最重要的地位。首先，应收账款所占的比重最大。随着市场经济的发展、商业信用的推广，大多数企业应收账款的数额明显增加。其次，应收账款的风险最大。如果付款方资金周转困难或者有意拖欠，很容易造成应收账款长期收不回来，甚至成为坏账。因此，加强应收账款管理是企业债权管理的重点，也是营销风险管理的核心。

应收账款的功能与成本

企业提供商业信用，采取赊销、分期付款等销售方式，可以扩大销售，增加利润，但同时也使资金成本、坏账损失等增加。应收账款管理的基本目标就是在充分发挥应收账款功能的基础上，降低应收账款的成本，使提供商业信用、扩大销售所增加的收益大于各项费用之和。

1. 应收账款的功能

应收账款的功能是指它在生产经营中的作用，主要有以下两个方面：

（1）增加销售。在市场竞争较激烈时，赊销是促进销售的一种重要方式。如果企业采取赊销方式，购买方能立即取得其生产经营所需的材料、物资和劳务，而无须立即支付价款，这样就可以缓解资金周转的困难，也可以用这笔资金进行其他方面的投资，创造更多的收益，因而购买方总是乐于接受赊销方式。

（2）减少存货。如果不赊销，企业的销售量就会减少，相应地，存货就会增加。企业对存货要追加管理费、仓储费和保险费等开支，持有应收账款则不存在上述支出。因而许多企业更愿意采用赊销方式，把存货转化为应收账款，以减少存货，节约开支。

2. 应收账款的成本

持有应收账款也要付出一定的代价。应收账款的成本包括以下三个方面：

（1）机会成本。企业采用信用政策，意味着不能及时收回货款，而要长期为客户垫付一笔资金。这笔资金丧失了盈利机会，便产生应收账款的机会成本，该成本一般按有价证券的利息率来计算。

（2）管理费用。主要包括：调查客户信誉的费用、收集信息的费用、收账费用、账簿记录和保管费用等。

（3）坏账成本。应收账款因故不能收回而发生的成本称为坏账成本，包括本金和利息。此项成本一般与应收账款的规模保持一定的比例。

应收账款管理的目标与措施

应收账款管理的基本目标是降低应收账款的成本，使企业因使用信用销售手段而增加的销售收益大于因持有应收账款而产生的所有费用。

无论企业销售部门和财会部门多么希望看到应收账款迅速转为现金或现汇，都不可能阻止应收账款的发生。企业信用管理部门对应收账款的管理措施应该包括：

（1）根据企业的实际情况和市场环境制定科学的信用政策，据此指导企业的信用销售和应收账款管理。

（2）控制应收账款的发生规模，使企业持有应收账款总额保持最佳水平。同时，认真审查客户信用，确保应收账款及时足额收回。

（3）配合企业财务部门加强对应收账款的日常监督与分析，以便随时掌握企业持有应收账款的基本情况，及时作出决策。

（4）采取有力措施加强应收账款的收款管理。对于确实无法收回的应收账款，建立坏账注销制度。

从新任企业信用管理部门经理和信用管理顾问的角度来说，负责一个企业的应收账款管理工作，应该先做好调查和准备工作，即对当前的应收账款情况做诊断。这项工作包括向会计部门和销售部门收集资料，信用管理人员可以查阅会计部门的收款记录和销售部门的销售合同，有时也要到财务部门收集资料，以求出本企业的 DSO 值。同时，可以向征信公司订购行业分析报告，了解行业平均的 DSO 和主要竞争对手的 DSO。进行应收账款的管理，首先应该考虑缩短 DSO，然后用账龄法分析应收账款的分布，以确定收款工作的重点。上述过程是应收账款收款准备工作的标准程序。目前，一些做应收账款代理的财务管理公司或征信公司经常采用一种治标不治本的服务方式，将委托人的应收账款账目拿到手，然后根据欠款客户所在地直接派员催账。它们向委托人报告的内容一般是在多长时间内收回了多少欠款。这实在不是一种积极的办法。应收账款代理公司给委托人的总结报告应该包括以下内容：收账效果、欠款客户的特点、委托人与客户维持后续关系的可能性、委托人应收账款管理水平与行业平均水平的比较、委托人应收账款管理水平与主要竞争对手同项指标的比较等。

预防回款陷阱

赊账乃营销风险之源，它很可能会悄无声息地侵蚀企业利润，最终将企业拖垮。所以，企业必须密切关注与回款相关的各个环节的不正常现象，避免陷入追讨债款的困境。要防范以下回款陷阱：

（1）心存侥幸，想当然地认为客户会按时付款。

（2）对中间商尤其是老客户不进行信用调查和评估，唯恐得罪朋友。

（3）如果客户在签订合同时根本不讨价还价，完全认同企业提出的条件，此时企业先别沾沾自喜，因为客户很有可能根本无意付款。

（4）企业急于销货，在付款条件上做无条件的让步，导致某些不法之徒有机可乘。

（5）出现欠款时，销售人员不但不积极追款，反而处处为其客户辩解，这时要想一想，他是不是拿了客户的回扣。

（6）对客户延期付款过于宽容。

（7）财务管理漏洞百出，与销售部门缺乏沟通。

（8）对实力强大的中间商过于依赖，以为大树底下好乘凉，殊不知大树不倒则已，一倒就成崩溃之势，到时只好自认倒霉。

（9）客户一开始还比较守信用，回款比较及时，骗取企业信任之后，则加大进货量，此后便以种种借口拖欠货款，甚至逃之夭夭。

（10）漠视法律的作用。

其实大多数企业的付款危机是有征兆的。下面列举一些常见的危机征兆。

（1）在企业要账时，客户强调各种客观原因，如：公司没有足够的流动资金；公司客户没有付款；双方开展贸易的时间很长，应该相信公司；公司还没有收到单据；企业的货物质量有问题；购货单与账单不一致；公司老板出差了。

（2）付款变慢。

（3）推翻已有的付款承诺。

（4）未经同意退回有关单据。

（5）突然或经常变更银行或账号。

（6）不经许可退货。

（7）交易额突然增大，超过信用额度。

（8）提出延期付款。

（9）提出改变原有的付款方式。

（10）提出破产申请。

（11）企业从同行那里听到对客户不利的消息。

（12）企业从媒体得知对客户不利的消息。

（13）企业从销售人员那里听到对客户不利的消息。

销售人员应当根据上述种种迹象，判断自己是否已面临危机。

欠款追收的具体方法

欠款追收的基本方法大体上有以下四种。

（一）企业自行追账

1. 基本方法

（1）函电追账。企业追账员通过电话、传真、信函等方式向债务人发送付款通知。

（2）面访追账。企业追账员上门直接与债务人交涉还款问题，了解拖欠原因。

（3）电子追账。企业利用电子邮件向债务人发送追讨函，或与其交流意见。

2. 特点

（1）函电追账方式简便易行，企业可以委派内部人员独立操作，无须经过仲裁或司法程序，可以节省一定的时间和费用，但力度较小，不易引起重视。

（2）面访追账属于比较正规、有力的追讨方式，但耗时长，费用高，异地追账不宜采用。

（3）电子追账速度快，费用低，可以双向交流。企业用电子邮件将付款通知书发给债务人，债务人转发给分销商，分销商加注意见后再反馈给企业。电子追账是未来追账的优先选择。

（4）可及时解决债务纠纷，避免长期拖欠。

（5）气氛友好，有利于双方今后合作关系的发展。

3. 几种辅助方法

（1）采用对销售商和购买商都有利的现金折扣。如果一个销售商借款的年利率为12%，那么提供2%的现金折扣和延期付款 60 天的成本相等。

（2）向债务人收取惩罚性利息。拖欠货款在其超过最后付款日的时间会发生非计划性的利息支出，将这些额外成本转给债务人负担是合理的。实践中使用的利率应带有惩罚性。

（3）对发生拖欠的客户停止供货。如果一个客户不能支付前一次的货款，企业还继续为其供货，相当于表明企业宽容客户的拖欠行为，自愿承担所有的损失。

（4）取消信用额度。如果客户不能按照合同履行付款责任，企业应及时改变或取消其原有的信用额度。

（5）处理客户开出的空头支票。客户付款的支票遭银行拒付时，应引起企业的特别注意。千万不要把遭拒付的支票退回给客户，在债务诉讼中，它将成为指控债务人还款能力不足的有力证据。

4. 自行追账的特殊策略

（1）对于长期、大型客户，追账经理或财务经理上门追账；优先解决争议和问题；在非恶意拖欠的情况下，可以保证继续发货。

（2）对于一般客户，采取一般收账程序；根据其信用额度，欠款超过规定天数就停止发货。

（3）对于高风险客户，立即停止供货；严密监控并追讨欠款。

（二）委托专业机构追账

债务纠纷发生后，企业可将逾期账款追收的权利交给专业收账机构，由其代理完成向债务人的追收工作。

1. 基本方法

（1）专业追账员追账。专业追账机构接受企业的委托后，首先要对该债务进行调查核实，制定相关的追讨策略；然后由追账员与债务人直接接触、商洽，并通过多种途径向其施加压力。

（2）律师协助非诉讼追账。律师作为法律顾问参与追账，负责与债务人律师的交涉和重要文件的起草工作。

（3）诉讼追账。追账机构可以协助企业采取法律行动，一般由追账机构的长期签约律师受理案件，这些律师具有良好的信誉和丰富的工作经验，部分律师可能免收或事后收取调查费。

（4）申请执行仲裁裁决。追账机构可以协助企业向法院申请执行仲裁裁决。

2. 特点

（1）追收力度大。专业机构大多由专业追账员或代理机构在债务人当地进行追讨，给债务人的心理压力较大，追收效果好于企业自行追讨。

（2）处理案件专业化。专业机构在处理债务问题方面具有丰富的经验和知识，对于每一起拖欠案件都会进行分析评估，与债务人直接协商，制定一套包含多种手段的追讨方案，通过多种途径（如律师协助追讨、代理诉讼、申请执行仲裁裁决）施加各种压力。

（3）节约追账成本。企业在自行追讨无法取得实际效果时，如果直接诉诸法律，一般费用较高，程序复杂，而且耗时较长，即使胜诉也不易执行，因此较少采用。而专业追账机构一般采取不成功不收取佣金的政策，可以最大限度地为企业承担追账风险，减小损失。

（4）缩短追讨时间。企业自行追讨时，由于不熟悉债务人当地的法律和有关商业惯例，往往费时费力却收效甚微。而专业追账机构一般委托债务人当地的追账员或代理机构进行追讨，他们熟悉当地法律法规，与债务人没有语言文化的障碍，便于沟通和协调，能够提高追讨效率，较快收回欠款。

3. 步骤

（1）选择资信状况良好的追账机构。详细了解追账机构的注册背景、注册资本、行业资格以及追账网络。

（2）向追账机构提供案情介绍。包括债务人的名称、地址、目前经营状况、债务金额、时间及案情经过。

（3）听取追账机构对案件的分析评估及处理建议。追账机构根据企业提供的案情介绍，运用债务分析技术对案件进行分析评估，并向企业解释分析结果，提供适合该案件的追讨建议。如果企业对债务人的现状不了解，或欠款金额较大，可以先期委托追账机构就债务人偿债能力做专项调查。

（4）协商佣金比例。追账机构根据债务的金额、账龄、地点及综合评价结果，与企业协商确定佣金比例。

（5）办理委托手续。委托双方签署商账追收委托协议和授权委托书，企业预付一定的立案服务费。

（6）向追账机构提交债权文件。企业向追账机构提交有关债权的证明文件，包括合同、发票、提单、往来函电、债务人签署的付款协议等。

（7）根据追账机构的进展报告，及时予以配合。根据追讨账款的进展，追账机构定期向企业汇报并征求意见，企业及时作出追讨指示。委托双方保持沟通，积极配合，适当调整追讨策略，以实现成功收款的目的。

（8）结算。追回欠款后，委托双方应及时结算。还款直接汇到追账机构账户的，追账机构扣留佣金，余款应在 10 个工作日之内向企业汇出；还款直接汇到企业账户的，企业应在 10 个工作日之内将佣金向追账机构汇出。

（9）结案。追回欠款，或经双方同意终止委托协议后，追账机构应向企业提交正式的结案报告。

（三）仲裁

1. 基本方法

债权债务双方根据债务纠纷发生前或发生后达成的书面协议，自愿将争议交给双方都同意的仲裁机构，由仲裁机构根据双方协议的授权审理争议，并作出对双方均有约束力的裁决。仲裁不具有诉讼的属性，但它也是解决经济纠纷的重要手段。

2. 特点

（1）仲裁以双方当事人的自愿约定为基础，如果债权债务双方没有仲裁协议，仲裁程序不可能发生。

（2）仲裁机构是民间组织，不是国家的行政机关或司法机关，它对债务纠纷案件没有强制管辖权。

（3）仲裁裁决具有终局性，对双方当事人都有约束力，任何一方不得就同一标的或事由向仲裁机构再申请仲裁。

3. 具体程序

（1）仲裁的申请和受理，包括：申请、受理、答辩和反请求、财产保全、委托代理人。

（2）组成仲裁庭，包括：确定仲裁庭的组成人员、仲裁员的回避事宜。

（3）仲裁审理与裁决，包括：开庭审理、证据的收集和调查、证据的保全、辩论、和解、调解、裁决、仲裁笔录。

（4）裁决的执行。仲裁裁决一经作出，当事人应当依照裁决规定的期限和内容自动履行。如果一方当事人逾期不履行，另一方当事人可以向被申请人住所或者财产所在地的中级人民法院申请强制执行。

如果被执行的财产在国外，申请人可以委托专业追账机构或律师，向被执行财产所在地的法院申请执行。

（5）仲裁裁决的司法审查，包括：仲裁裁决的撤销、仲裁裁决的不予执行。

（四）诉讼

1. 基本方法

债务纠纷发生后，债权人或债务人中的一方向法院提出诉讼请求，由法院根据诉讼程序和有关法律规定审理案件，并作出对双方具有法律强制执行力的判决。

2. 特点

（1）必须是因自身的权利受到侵犯或因债权债务关系与客户发生争议的案件的直接利害关系人，才有资格作为案件的原告。

（2）有明确的被告。

（3）有具体的诉讼请求和事实、理由。

（4）必须是属于法院管辖范围的案件。

3. 具体程序

（1）起诉与受理。

（2）审理前的准备，包括：向当事人送达起诉状副本和答辩状副本；告知当事人有关的诉讼权利义务和合议庭的组成人员；认真审核诉讼材料，调查收集必要的证据；追加当事人。

（3）开庭审理，包括：开庭前的准备、法庭调查、法庭辩论、评议和审判、按期限审结。

（4）执行。

案例分析

联想集团上海公司的信用管理体系

联想集团上海公司是联想集团在上海的销售总公司，主要负责个人电脑、笔记本电脑、数码产品在华东地区的经销和服务。

一、信用管理体系的构成

联想集团自1998年开始建立信用部门，其上海公司有丰富的信用管理经验，其管理以财务数据为依据，以市场环境为因素，以业务特点为核心，采用信用自主、严格谨慎的原则来制定信用制度和进行管理，规范企业的赊销行为。联想集团上海公司的管理模式可简称为“3+3”模式，即其信用管理体系由内部的前台、中台、后台三个部门各司其职，协作完成信用管理过程的事前、事中、事后三个阶段的任务。

1. “3+3”模式中的三个相关部门

前台、中台和后台分别指公司内部的三个部门，即业务部、风险管理部、财务部。其中，独立于财务体系和市场体系的风险管理部对风险的评价涵盖了财务和市场双重要素。通过实践，采用这样的管理方式得到了公司市场体系、财务体系和内部各方面的认可。表6-4列出了各部门的业绩指标。

表6-4 各部门业绩指标

		硬指标	软指标
前台	业务部	交易额 市场份额 投资资本回报率 交易坏账率	客户关系的稳定性 向风险管理部提供客户信息的及时性 操作的准确性（如单证审查） 市场预测的准确性
中台	风险管理部	总坏账率控制 市场风险损失率控制	信息公布和评级更新的及时性 对业务部的申请回应的及时性
后台	财务部	财务费用	为贸易活动提供所需资金的及时性 收付资金的准确性

2. “3+3”模式中的三个阶段

三个阶段主要指前期信息调查，中期信用评估、审批和政策制定，以及后期应收账款监控和催收。

二、信用管理的过程

公司具体的信用管理过程由三个阶段构成。第一阶段为事前准备：建立客户资信数据库系统；第二阶段为事中监管：信用政策制定、信用审批和信用控制。第三阶段为事后控制：应收账款监控、逾期账款催收，以及对整个评级系统进行评定和调整。

（1）事前准备。从联想集团上海公司多年的信用管理经验来看，事前准备是最主要的一个阶段，除了要明确信用信息收集人员的工作内容之外，还要建立客户资信数据库系统整理分析信息，以便对客户进行分类管理，为事后控制提供信息平台和技术支持，集中对客户资信风险进行评估和审核，规范信用管理工作。

（2）事中监管。在事中监管阶段主要使用客户资信风险评级和授信额度上限两个工具对每个客户进行管理，包括对客户资信信息进行打分，按照客户资信风险评级划分客户群，实施不同的资信政策，并根据客户资信风险评级、客户权益总额、交易量等因素，确定每个客户的授信额度上限，同时对信用变化情况、应收账款和信用额度进行监控和审核（如表 6－5 所示）。

表 6－5　客户/经销商等级分类表

等级	资信风险分值	授信额度
1～2 级	80～100	对客户进行授信额度的管理，交易需在客户的授信额度之内进行
3～4 级	60～80	
5～6 级	40～60	
7～8 级	20～40	可以交易，但不可给予固定授信，按单项交易授信
9～10 级	0～20	流程审批黑名单（不能与这些客户进行业务往来）

（3）事后控制。企业信用管理最主要的职能就是赊销管理。联想集团上海公司在事后控制阶段的工作主要包括反馈交易风险评估的结果，审核资信风险等级、授信额度上限，每年对客户资信风险评级和授信额度上限进行更新。表 6－6 为联想集团上海公司对客户/经销商信用评级的调整情况。

表 6－6　客户/经销商信用评级调整

主要活动	调整客户的信用等级	调整信用评级公式中主要因素的权数	重新设计信用评级模型
调整频率	3～6 个月	1～2 年	3 年
决定因素	客户资信表现改善/恶化	市场和客户变化，引起各主要因素对资信表现的影响程度改变	影响资信表现的因素发生变化
职责部门	业务部门/风险管理部门	第三方评级机构	第三方评级机构

三、信用管理的效果

采用这个模式进行管理，联想集团上海公司提高了实际工作效率，同时培育了一批合作良好、重视信誉的客户。公司内部建立起一套运行良好、符合联想业务特点的信用管理机制，与联想的其他管理措施相配套产生了明显的效果，信用管理指标良好，其中应收账款周转天数减少，应收账款坏账与营业额比率低于世界平均水平，提升了公司的竞争力。

资料来源：联想企业信用管理案例分析，http：//wenku. baidu. com/view/e6ce465fcfc789eb162dc841. html.

讨论题

联想集团上海公司的信用管理体系有哪些特色？

重点名词

信用销售　信用管理　销售变现天数　信用政策　信用条件　现金折扣　信用标准　信用额度

思考题

1. 销售变现天数是如何计算的?
2. 销售业务流程再造的关键环节包括哪些?
3. 简述客户信用风险分类及对策。
4. 企业信用政策主要包括哪些方面?
5. 什么情况下可以采取适当放松的企业信用管理政策?
6. 什么情况下应该采取收紧的企业信用管理政策?
7. 一般来说，企业回款陷阱有哪些表现?
8. 欠款追收的具体方法有哪些?

课后实践

以小组为单位，在学校附近找一家实体公司（有生产销售业务）实地考察、深度访谈，了解该公司的年度销售货款回收率、信用销售及应收账款情况、坏账率等，发现存在的问题，进行诊断，提出进一步的解决方案。

第7章
管理销售末端

本章要点

1. 订货管理
2. 发货管理
3. 退货管理
4. 销售终端管理
5. 窜货管理

引　例

菜篮子工程的销售末端管理

随着城镇化飞速发展，城镇二元结构关系不断融合，消费领域空前繁荣。在这样的市场发展环境下，菜篮子工程一直都是市民关心的问题。市民作为销售末端的用户群体，与上游菜农有着非常密切的关系，政府作为市场关系的调节者，对于管理销售末端起到了怎样的作用呢？

2016年7月4日，记者从海口市菜篮子集团了解到，目前集团平价菜店达到276个，海口市将建成3个菜篮子蔬菜基地，占地面积达到1 511亩。面积增大了，菜篮子工程的销售末端如何处理呢？政府将与集团签约建设社区平价菜店231家，直营店26家，加盟店6家，其他供货合作商家199家。

根据这样的菜篮子配送计划，完全可以解决海口市民的买菜难题，而且不论是从配送还是从地段优化程度来看，蔬菜销售末端管理非常好。这一举措的作用体现在以下三个方面：一是当地种植蔬菜解决了异地城市配送的额外成本支出；二是各地的菜篮子网点设置合理，解决了市场价格混乱的问题；三是政府主导推出的蔬菜网点配送，成为销售末端管理的最大利器。

在销售环境中，只有保证蔬菜价格透明、监管得当，菜农、销售末端商户、消费者之间的关系围绕市场供需价格进行合理的调整，才能保证菜农的收益、消费者的饮食安全及政府的管理效益。要使三者的利益都得到满足，核心在于管理好销售末端。

资料来源：海口“菜篮子”平价菜末端网点达276个，http：//hnrb.hinews.cn/html/2016-07/05/content_12_10.htm.

启示：基于市场供求关系实施菜篮子工程，在销售末端进行多方位、多层次、多角度的改进，就能更好地确保处于市场供需环节的菜农与市民之间关系的平衡。所以对于销售末端的管理，要注意销售末端货品管理、销售终端管理、窜货管理中可能遇到的各类问题。这些环节相互联系，相互影响，要解决好相关问题，保证市场供求关系的平衡，确保商家的利润增加与消费者的权益受到保护。

销售末端管理是企业销售管理的重要组成部分。订货和发货流程是否顺畅，会影响产品能否及时准确地到达目标客户手中；退货制度是否健全，会影响目标客户对企业的满意度和忠诚度。如果客户是中间商，还要关注销售终端的货品陈列和窜货问题，终端陈列效果直接影响商品能否有效吸引消费者，窜货会影响销售渠道的秩序和中间商的积极性。

7.1　货品管理

货品管理主要包括订货管理、发货管理与退货管理。

订货管理

要想提高发货水平，订货控制是关键。销售人员处理订单是否准确迅速，存货和缺货的比率如何，能否保证不间断地供应等，都取决于订货的计划管理和控制。

1. 订单的报价方式

在实际操作过程中，订单的报价方式有许多种，但可归为以下两类。

（1）直接报价法。即在客户对产品产生购买意向并询问产品价格后，直接告知客户产品的价格是多少。我国大多数企业都会对自己生产的产品留有一定的库存，而且对这些产品的价格范围都做了明确的规定。在这种情况下，报价就比较容易，可以采取直接报价法。例如：每台电脑8 000元；每张桌子500元；每10单位产品为1箱，每单位优待价为 5 000 元。出货时，由业务部门开具出货单，再由仓库负责商品交运。

（2）估价报价法。如果客户需要的产品企业没有库存，必须根据客户的具体要求为客户量身定做，那么，只有在进行准确的估价后才能向客户报价，这就是估价报价法。例如，像三峡工程专用工具等差异度较大的产品，必须先进行估价。但是，估价不仅仅是销售部门的责任，也不应该由销售部门单独说了算。销售部门应该与生产计划部门就产销情况进行沟通，在确认无误后进行订单的估价，再承接此订单。

对订单的估价必须遵守企业规定。凡与交货有关的事项，均须严格确认，主要包括：

（1）品名、规格、数量及合同金额。

（2）具体的付款条件：付款日期、付款地点；现金或支票；支票日期；收款方式。

（3）除特殊情况外，从订货受理到交货之间的期限。

（4）交货地点、运送方式等交货条件。

（5）安装、转运及修理等费用的约定。

不管是哪一种报价方式，销售人员在承接订单后，必须区别所承接的订单来自老客户还是新客户。若是老客户，可根据客户资料卡以及预定的交货日期计算报价。

不管是新客户还是老客户，对于进行估价的订单，必须依照企业规定明确付款方式与付款条件。但是对于新老客户可以区别对待：第一，对于忠实的老客户，如果其订货金额符合信用额度，可依照惯例认可本次交易。第二，与新客户的交易，原则上必须在交货的同时收取现金。第三，对于过去有过支票不兑现或不信守契约行为的客户，一概不接受代理付款以外的订货方式。

在对订单进行仔细评估后，将估价单连同客户的订购单、契约书，以及证明此次订货事实的相关资料，一并呈送主管审阅。在取得主管的同意后，才能报出对客户订单的估价。

2. 订单的管理流程

由于生产的产品不同或产品的生产方式不同，每个企业都有自己独特的运作模式，因此接受订单的处理模式也大不相同。但是，总有一些规律可循。企业的订单管理流程大致可以分为以下两类：

（1）存货生产方式的订单管理流程。现实中，大多数企业都采用这种订单管理流程，即企业用自己库存中的商品来满足客户的需求。这样有利于企业有序生产，有利于更快地满足客户的需求。但是，存货生产方式要求企业必须具备很强、很准确的销售预测能力，否则，在市场需求快速变化的今天，会造成大量的库存积压和资金占用。销售部门必须洞悉市场走向，准确估计企业产品在市场上的需求量和需求态势，便于生产部门制定尽可能准确的生产计划并据此安排采购与生产。

然而，在实际工作中，每个月的实际销售量可能与销售预测有出入，有时甚至相差很大。为了尽量减少这种现象，销售部门应对销售资料进行分析，判断各类产品畅销或滞销的可能性，再与生产部门召开产销协调会。销售部门必须迅速准确地把销售分析结果转化为未来预估的销售量，再交由生产部门安排生产。

（2）订货生产方式的订单管理流程。近年来，国内外的许多企业纷纷实施零库存和个性化定制。它们要么没有库存，要么只有少量的库存，不是用生产出来的产品去满足客户的需求，而是根据客户的需求来生产产品。这样就避免了产品大量积压，提高了资金周转率。戴尔采取的就是订货生产方式的订单管理流程。

该流程大体包括以下几个步骤：

①销售部门在接受客户的订单之前，必须做好两件事：一是获得生产计划部门的确认，以避免产销不协调；二是确定客户是否符合企业的信用管理办法，评估其信用，再决定是否接受订单，以避免企业蒙受损失。

②销售部门接受客户的订单样品及询价单价，并将样品交由研发部门设计打样。

③运营部门根据制作完成的产品样品，与生产部门讨论制造流程及生产日程，写出样品成本分析报告，呈报总经理批准。

④销售部门将制作完成的产品样品及设计图样交给客户待其确认可，并与之商议产品的交货期。

⑤客户接受所制成的样品并同意交货期后，由销售部门与客户商定最终的产品价格。

如果客户对样品不满意，研发部门必须马上依据客户意见进行修改。如果客户对交货日期不满意，则由销售部门与生产部门及实际生产作业单位研究后，再与客户洽商。交货日期必须在全面协调客户的需求和企业的生产能力之后确定。

在客户对样品和交货日期都没有意见后，销售部门应该根据样品成本分析报告，再加上运费、保险费、各项费用及预期利润确定售价，将列表报总经理批准。

⑥总经理同意并签字后，由销售部门负责向客户报价。

⑦如果客户接受报价，会出具正式订单。销售部门接到客户正式订单后，必须检查订单的各项条件是否齐全，订购内容是否清楚，若有涂改应盖章注记，然后将订单交给生产部门。如果客户对报价不满意，销售部门需与客户谈判。

发货管理

发货就是产品交运，是指将企业生产的产品交到客户手中的过程。产品能否及时、安全、准确地到达客户指定的地点，将直接影响到客户满意度，关系到货款能否按时全额收回。一般来说，发货管理主要包括以下内容。

1. 备货

在合理控制订货的基础上，按时、按质、按量准备好应交的货物，是做好发货工作的前提。

（1）备货。根据合同规定的日期，及早与生产部门、供货部门联系确定提货时间，对库存产品进行加工整理。对于定牌商品，在收到定金或客户提供一定的保证条件后，方可安排生产。在准备装运货物时，要注意核查商品品质、规格、花色搭配等。在备货过程中，如发现品质问题应及早研究解决；如发现数量短缺而合同中又不允许分批装运或未规定溢短装条款，应采取措施及时将货补齐。由于在搬运过程中可能发生意外损坏，因而备货数量应留有余地，以免因少量货物损坏一时难以补齐而影响发货。

（2）检查货物包装。对备运货物的包装材料、包装方法、包装重量等认真检查，既要符合运输的包装要求，也要与合同要求相符。

（3）刷制货物的标签和标识。如合同已规定标签，备货中应按规定预先刷制；如合同未规定，应催促对方提货，并在接到客户通知后及时刷制，要注意图形、字迹清楚，位置醒目，大小适当。

2. 编制货物发运分析单

应根据合同和汇款及回函情况编制货物发运分析单。货物发运分析单是销售企业内部各环节和外部各单位办理货物发运工作的联系单，它把发货各环节与各部门连接起来，使发运工作能顺利进行。发运工作各环节，如报验、储运、投保、制单、结算等，均按分析单的要求办理。其内容应按合同有关条款逐项复核，以防出现差错。因企业交易条件及各部门要求不同，货物发运分析单应一式数份，分送仓库、统计、财会、报验、储运、投保、制单、结算等各部门。

单据是商品交易过程中密切各部门联系的主要依据，也是发货、结算的主要凭证。制单工作必须做到正确、完整、及时，单据要简明、整洁。

3. 检验货物

凡合同中规定必须出具检验证明的产品，在货物备齐和收到对方来函后，应立即向有关部门申请检验或法定检验。可以由商检机关检验，出具商检合格证；可以委托技术监督部门检验；也可以由买方或卖方自己检验。一切以合同为准。检验不合格的货物，一律不能发运。

4. 联系车船

联系车船是做好发运工作的基础，没有车船计划，货物即使备齐也难以发走。特别是在运力紧张的情况下，车船问题是制约发货的关键。

（1）用汽车运输的，可以与承运单位直接联系，经协商达成一致意见后，即可开具货物发运单，与承运公司办理承运事宜。货物发运单通常一式五联，一联为储运存查，二联由运输部门交货后用于结算运费，三联为收货单位备查，四联由收货单位签收后退回作为托收凭证，五联由收货单位签收后退回。

（2）用火车运输的，应查明货运车皮计划、车次等，根据货物发运要求填写托运单，在车站截止收单期前送车站货运部门作为订车依据。车站收到托运单后，根据车皮计划、货物性质、货运数量、目的站安排车次。车次时间确定后，车站即签发托运单作为收货装车的凭证。

（3）船运联系手续与火车基本相同。

5. 装车（船）

销售企业应在托运单位规定的时间前组织装卸工把货物运至车站货台（货舱）。车站（船运公司）凭装货单核对验收货物，收货完毕，由车站（船运公司）签发收货收据。所装货物如有包装损坏、件数短缺等情况，应立即进行调换或补救。发货人凭收货收据及时向车站（船运公司）换取正式提单并办理运费结算。

6. 投保

有些商品运输根据合同规定或车（船）要求要办理保险。货物运输保险与货物运输一样，是销售中不可缺少的组成部分。货物从销售企业交至买方手中要经过不同距离的运输、多次装卸和储存，在此过程中，货物可能因遭遇自然灾害或意外事故而受到损失。为了保障货物发生损失后得到经济上的补偿，通常都要投保货物运输险，以达到转移风险的目的。

7. 寄送装车（船）通知

货物装车（船）完毕并取得提单后，按惯例要以电传、电子邮件或特快寄送单据副本的方式通知买方，以便买方了解装运情况，做好收货准备。如果货物由买方负责投保，更应及时通知买方。

退货管理

依据买卖合约而出货的产品由于某些原因被客户退回企业，这种现象就是退货。产品退货会即时减少企业的营业额，降低利润，因此企业应加强管理，提高经营绩效，努力减少退货。为此应该明确退货的原因，并对退货进行严格的管理。

1. 商品退货的原因

商品退货会对企业经营造成困扰。企业只有了解造成退货的真正原因，才能改善经营绩效。在分析退货的原因时，企业应该从以下几个方面着手：

（1）企业自身问题分析。退货的发生有时是由于企业自己的问题，比如，产品的质量未达标、包装不当，以及夸大宣传、名不副实等。对此，企业要不断地改进。

（2）外部问题分析。当产品运出企业的仓库后，可能会发生一些意外，造成对产品的损害，这些因素虽然不是企业所能控制的，但企业应采取一定的措施来避免这些问题的发生。当然，不合理的交易也会发生退货现象，对于这些原因企业应该认真对待。

（3）总体经济状况分析。扣除退货后的销售额称为净销售额，净销售额扣除销售成本称为毛利。要分析退货在销售额中的占比，同时要分析近期的退货率是否有所上升。在经济景气和不景气时退货率大不相同。例如，退货率在经济景气时为5%，而在经济不景气时为15%——尽管产品品质没变，退货率却上升了。

2. 退货管理的原则

企业处理客户的退货，不管是经销商的退货还是使用者的退货，都必须坚持一定的原则，若无条件地接受退货，就会使卖方承受所有风险，导致无法制定资金营运计划和利益计划。如果买方不认真办理与订购有关的事项，零售商不积极销售，就会加大卖方的风险。因此，企业应在交易前明确接受何种程度的退货，或者在何种情况下接受退货，将之作为销售条件的一部分。

（1）部门间的责任要明确。不同的部门有不同的责任，只有在责任明确的情况下企业的退货管理才能真正达到目的。具体地说，清点退货商品、确保商品数量准确是仓储部门的职责；对退货商品确保品质无误是产品检验部门的职责；调整应收账款余额、发票处理是会计部门的职责。此外，第一线业务部门更要了解为何会退货、依规定是否可接受此批退货。

（2）坚持商品退货管理原则。企业应该建立退货管理原则，对退货进行管理。例如，企业应该规定“仅在出现不良品或商品受损的情况下接受退货”“接受销售额10%以内的退货”等。一旦制定商品退货管理原则，应及时通知经销商。

（3）执行标准的退货工作流程。企业对外要订立退货管理原则，对内要有一套标准的退货工作流程。当有商品退货时，必须确认是否符合企业规定的退货管理原则，只有符合条件才能退货。

企业在建立退货管理原则和退货工作流程时，还应该注意以下两个方面：

第一，制造商所拟定的管理办法要有明确规定。除非事先已准许客户退货，例如对于使用者，承诺“7天内无理由退货”，对于经销商，承诺“商店滞销库存货都可退货”，否则当客户欲退货时，应事先与承办的销售人员接洽，未事先接洽，或销售人员不接受退货的，原则上均不接受退货。企业承办的销售人员应与客户交涉，探讨造成退货的原因。退货原因归咎于企业的，应受理退货；退货原因不归咎于企业的（不当退货），不予受理退货；退货原因是否应归咎于企业尚待研讨的，则予暂时保留退货，立即会同有关部门检查成品，或送产品检验部门再检查，然后决定是否受理。

第二，要求零售商每月（或每周）在固定时间将退货商品依照制造商的分类分别加以集中，并预先输入电脑，打印退货清单，由制造商送货取款时将退货商品一并带回。应检查是否有应退而尚未退的商品及其货款。商品退货应迅速，否则会影响当期应付账款。

3. 退货管理流程

在管理退货时，企业必须有一套标准化的工作流程。流程的具体内容是：运用表格式的管理方式，以多联式验收单在各部门流动，控制客户所退商品，并在账款管理上加以调整。这个流程涉及的部门主要有：商品验收部门、信用部门、开单部门、编制应收账款明细账的部门、编制总账的部门。在具体设计流程时，如果企业人员少，部门不多，可将上述部门的工作归入相关部门的工作职责。

具体地说，企业的退货工作流程应包括以下几方面的内容：

（1）客户退回货品后，送至验收部门。验收部门验收完毕后，填制验收单一式二联，第一联送交企业信用管理部门核准销货退回，第二联依验收单号码顺序存档。

（2）信用管理部门在收到验收单后，依验收部门的报告核准销货退回，并在验收单上签名核准，以示负责；同时将核准后的验收单送至开单部门。

（3）开单部门接到信用管理部门转来的验收单后，编制贷项通知单一式三联，第一联连同核后验收单送至会计部门贷记应收账款；第二联通知客户销货退回已核准并记账；第三联依贷项通知单号码顺序存档。

（4）会计部门收到开单部门转来的贷项通知单第一联，核准验收单，核对其正确无误后，在应收账款明细账中记入客户明细账，并将贷项通知单及核准后的验收单存档。

（5）每月月底，总账编制人员取出存档的贷项通知单，核对其编号顺序无误后，加总记入总分类账。

4. 退货商品的清点

接到客户退货，首先要查点数量与品质，确认退货种类、项目、名称是否与客户发货单记载相同。在清点时应注意的问题是：

（1）数量是否正确。

（2）确定退货物品有无损伤，是否为商品的正常状态。

（3）清点后，仓库的库存量要迅速加以修正调整，而且要尽快制作退货受理报告书，作为商品入库和冲销销货额、应收账款的基础资料。此程序若不及时实施，应收账款余额与存货余额在账面上都会不正确，造成麻烦。

7.2　销售终端管理

终端市场是销售渠道的最末端，是厂家销售的最终目的地。终端市场承担着承上启下的重任。承上就是上连厂家、批发商；启下就是下连消费者。当今企业销售成功的基本法则是：谁掌握了销售终端，谁就是市场赢家。

在进行商品分销的过程中，真正能够产生销售的是终端，激烈竞争的最后一个环节也是终端，消费者对产品的选择与消费亦在终端。

有些厂家在营销活动中陷入的误区之一就是过分夸大广告拉动市场的作用，忽视终端市场的建设。如今，有许多厂家吸取失败的教训，开始转变营销策略，由注重广告促销转向做好渠道推广工作，努力提高零售店的铺货率和店内商品占有率。

实施终端销售，仅仅依靠最佳的商圈位置，或最先进的商业业态，或企业自身的努力不一定能达到目的。事实上，对于大多数日用品生产企业来说，终端销售的中心恰恰是面广量大的零售店，甚至街头小店。要把这些大大小小的商店纳入企业终端销售管理，是一项极具挑战性的工作。如何达到这一目标？一些企业通过加强对零售网点的经营管理的辅导，逐步建立起牢固的厂商关系。销售终端管理的主要内容包括终端销售陈列、终端促销、终端工作人员管理等。

终端销售陈列

市场调研发现，在日用消费品市场，有70%的客户在终端会发生冲动性购买。在冲动性购买的诱因主导之下，品牌的力量在终端似乎并不能产生神奇的不可替代的作用，取而代之的将是采取什么样的手段引起他们的兴趣及好奇心，并通过终端的吸引力刺激他们的购买欲望，实现消费目的。

终端陈列一般由以下几个要素组成，将这几大要素进行充分整合，往往能够收到意想不到的效果。

（1）注重商品陈列。良好的陈列或商品堆头可以为终端分销搭建很好的销售平台，对这一点不仅要引起重视，还必须根据商品及分销环境的特点进行充分的研究。一般来说，主要有以下几项工作：

①充分利用既有的陈列空间，发挥它的最大效用，切忌有闲置或货源不足的现象，以免竞争者乘虚而入。如今，对货架位置的争夺已成为商战焦点，稍不留意，就会被竞争对手挤走。

②陈列所有规格的商品，以便消费者根据需要选购，否则消费者可能因为找不到合适的规格而购买竞争品牌的产品。如果货架陈列面积有限，应陈列周转速度快的商品。

③系列商品集中陈列，以增强陈列效果。使系列商品一目了然地呈现在消费者面前，有利于他们看到并了解企业的所有产品，进而吸引他们的注意力，刺激他们的冲动性购买。此外，也可以通过集中陈列系列商品中的强势商品，带动系列商品中比较弱势的商品，以便培养明日之星，因为系列商品集中陈列能够形成一股气势，有助于带动整体销售。

④争取人流较多的陈列位置。在售点，推销人员一定要争取最好的陈列空间。要掌握消费者的移动路线，将商品尽量摆放在他们经常经过的地方，如端架、靠近入口的转角处等。一般而言，看到商品的人越多，商品被购买的概率就越大。若放在偏僻的角落里，商品不易被消费者看到，销路也就不会好。

⑤把商品放到消费者举手可得的货架位置上。要吸引人们前来购买，推销人员必须根据消费者的身高，把商品摆在与他们的视线平行、抬手可得的地方，太高或太低的陈列位置都会造成购买障碍。如以儿童为目标市场，商品应摆放在货架低层，甚至地上。也就是说，陈列高度应视目标消费者而异，以便选购。

⑥保持商品的价值。在陈列的过程中，除了要保持商品本身的清洁外，还必须随时更换商店中的损坏品、瑕疵品和到期品。如有滞销品，应想办法处理，不能任其蒙尘，损害品牌形象。将商品的正面朝向消费者、排列整齐、避免缺货、随时保持货架干净，也是保持商品价值的基本方法。总之，要让商品以最好的面貌（整齐、清洁、新鲜）面对消费者，以保持商品的价值。

（2）利用附属性广告营造氛围。消费者都喜欢在良好的氛围中购物，这已被实践证明。比如很多大卖场经常播放快节奏的音乐来刺激人们的听觉，这样的消费氛围有利于调动消费者冲动性购买的“神经”，对于销售有着很好的促进作用。

同时，在商品销售的现场，可运用能够吸引人注意的POP广告、例牌、商品展示柜等营造氛围，通过售点广告凸显商品的品牌、性能、使用价值、美誉形象和服务等。

（3）分销设备全面、有个性。在终端设置分销设备主要是为了满足商品的特殊性或对商品采用新的销售方式。有时好的设备本身就是良好的促销工具，如饮料现调机、冰淇淋速冻柜、自动售货机等。

在实际的分销工作中，还可依据品牌自身的特点，制作有利于销售及营造氛围的分销硬件。

（4）加强信息传递。信息传递指在商品卖场上向消费者传达分销及销售促进信息的方法及手段。诸如折扣价签、特卖牌、赠品展示、现场促销活动和卖场广播等都是有利于信息传递的较好方式。

终端促销

随着终端抢夺战的加剧，仅有好的陈列还不够，企业还需要在终端采取各种促销手段增强终端分销竞争力。终端促销主要表现在以下几个方面：

（1）销售促进。销售促进是指企业运用各种短期诱因，鼓励客户购买企业产品或服务的促销活动。我们已在第3章对各种销售促进方式进行了详细介绍，此处不再赘述。

（2）导购服务。近年来在各大卖场出现的导购服务也是较好的促销方式。比如，伊利集团奶粉事业部在各地主要的大卖场都设有导购人员，导购人员在奶粉的销售过程中起到不可低估的作用。导购人员在现场讲解、推荐和演示，可激发消费者的兴趣，使消费者认可产品并感到满意。企业对导购人员的素质要求比较高。

（3）关系营销。终端促销也表现在对终端卖场的公关及争取更好的分销竞争机会方面，这就要求厂家必须开展关系营销，与终端客户建立良好的合作关系。比如可口可乐为了使其产品无所不在，采取以下分销促进策略：拜访终端客户；检查户内外广告；了解客户的销售情况；检查陈列情况；了解存货状况；与客户探讨销售技巧；帮助客户寻找滞销品的销售途径及索取订单；向客户致谢。

现在，越来越多的企业意识到关系营销的重要性，采取各种方式对零售终端进行支援和辅导。通常包括以下内容：

①指导商品的再加工活动。即利用商店的二次加工能力，以较低成本的竞争优势完善商品，通过商店的高品质、高附加值的转换程序，使这些原始产品转换成被赋予了商店特征的二次加工商品。由此可见，关于商品再加工活动的筹划，不仅对商店具有重要意义，而且对于推动企业的产品销售具有直接影响。

②传授促销方法。零售商店常因缺乏某些商品的销售技巧而丧失商机，这实际上为生产企业的辅导活动提供了机遇。诸如店头广告、商品说明书、海报、赠品安排及各种展示活动等，均可由制造商帮助设计。

③塑造店头魅力。在消费活动日益个性化的时代，店头魅力对吸引客户来店选购影

响极大，尤其是对感性的购买行为有很大影响。因此，商店的外观、橱窗布置、装潢、商品陈列、照明、色彩等，都是不可或缺的辅导项目。

④协助建立内部管理制度。成功的商店所获得的利润一部分来自高效的经营管理，而依靠商店内部的各项管理制度（如财务和人事制度等），能减少不必要的浪费，降低管理成本，相应地增加利润。可见，经营辅导的要旨就在于通过建立合理的内部管理制度创造较高的管理绩效。

⑤提供市场信息。商店丧失经营机会，往往是因为缺乏收集市场信息的能力。因此，制造商应该系统地提供市场价格和竞争方面的信息，以作为商店进行决策的依据。另外，有关竞争对手或业界成败的案例，也可提供给零售商在经营管理中借鉴。

需要指出的是，对零售商的辅导一定要尊重零售商的意愿，切不可喧宾夺主。因此，辅导人员必须与商店经营者充分沟通，在弄清楚商店的特点和需要后，再制定具体的辅导计划。为了确保辅导工作的稳定性，建议企业除了强化销售人员的辅导职责外，还可设立专门的由资深销售人员及经营管理专家组成的辅导部门，并制定专门的辅导拓展计划，以配合企业总体的销售安排。

终端工作人员管理

企业对终端工作人员的有效管理是零售终端管理中的重要环节。企业对终端工作人员的管理表现在以下几个方面：

（1）实行严格的报表管理。运用工作报表追踪终端工作人员的工作情况，是规范终端工作人员行为的一种有效的方法。严格的报表制度可以使终端工作人员产生压力，督促他们克服惰性，使他们做事有目标、有计划、有规则。

报表是企业了解员工工作情况和终端市场信息的有效工具，要求终端工作人员准确地填制工作报表，有利于培养其良好的工作习惯，避免工作杂乱无章，从而提高工作效率。报表主要有以下类型：工作日报表、周报表、月总结表、竞争产品调查表、终端岗位职责量化考评表、样品及礼品派送记录表、终端分级汇总表等。

此外，还有管理者要求定期填报或临时填报的用于反映终端市场信息的特殊报表。终端工作人员一定要按时、准确地填写报表，并及时传递给企业，不得弄虚作假，防止因信息不实而误导企业决策。

（2）对终端人员进行培训。一方面，企业要加强在线培训，增强终端工作人员的责任感和成就感，放手鼓励他们独立工作；另一方面，给予其理论和实践的指导，发现问题及时解决，使终端工作人员的业务水平不断提高，以适应更高的工作要求。通过培训，可以增进主管人员对终端工作人员各方面工作情况的了解，对完善培训计划和增加团队的稳定性也有不可忽视的作用。

（3）进行终端监督。管理者要定期或不定期地走访市场，对市场情况做客观的记录、评估，并公布结果。终端市场检查的结果直接反映了终端工作人员的工作情况。同时，要建立健全竞争激励机制。对于绩效一般的人员，管理者一方面要帮助他们改进工作方法，另一方面要督促他们更加努力地工作；对那些完全丧失工作热情、应付工作的人员，要坚决辞退；对于绩效突出的人员，要充分肯定成绩，鼓励他们追求更高的目标。

（4）搞好终端协调。企业对终端工作人员所反映的问题要高度重视，摸清情况后尽力解决，这样既可体现终端工作人员的价值，增强归属感、认同感，又可提高其工作积极性，促使他们更深入全面地思考问题。

只要企业拥有一套完善的终端工作人员管理制度，并通过它来约束终端工作人员的行为，终端管理的效果就能得到保证。

实践观察

茅台和五粮液岁末销售终端价格调控

在距 2017 年新年不到一个月时，高端白酒市场价格一路飙升，特别是北京白酒市场上的 53 度飞天茅台和 52 度水晶瓶五粮液涨势迅猛。值得一提的是，高端白酒在 2016 年以局部回暖的方式加大行业两极分化，茅台、五粮液的业绩普遍恢复性增长，这与公司的控量保价有一定的关系。其中，五粮液减少投放量的根本目的是确保产品价格上涨。而茅台上半年一直在放量，旨在控制价格快速上涨。不论是茅台的行政调控还是五粮液的市场调控都直接对白酒产品的市场价格产生引导作用。

从茅台、五粮液对销售终端的价格管控来看，有几个问题值得思考：白酒市场保价控量的原因是什么？白酒市场依然会持续走高吗？消费者是否会为持续上涨的价格买单？

对于这些问题，可以运用销售终端管理方面的知识加以回答。白酒市场控量保价的原因在于为争取高收益受众群体推出了一系列高端白酒产品；白酒市场价格持续走高与整体市场中消费者的收入水平上升存在正相关关系；消费者对于持续上涨的价格的买单率与用户认可知名品牌、习惯性购买、选择性等偏好有更大的关系。但是对于商家而言，做好销售终端，需要与代理商等处理好关系，做好产品定位和用户群体需求分析，这些将为商家带来销售利润。

资料来源：茅台五粮液岁末终端价齐涨 拳头产品促成饥饿营销，http：//news. 21so. com/2017/cnr _ 14/18919. html.

7.3　窜货管理

在销售管理中，销售人员会遇到市场营销学中不会提及，却在销售实践中令人头痛不已的问题——窜货。窜货又称倒货、冲货，也就是产品越区销售。

窜货的分类

根据窜货的表现形式及其影响程度，可以把窜货分为以下两类。

1. 良性窜货

良性窜货是指企业在市场开发初期，为获取正常利润有意或无意地选中了流通性较强的市场中的经销商，使其产品流向非重要经营区域或空白市场的现象。在市场开发的初期，良性窜货对企业是有好处的。在空白市场上，企业无须投入就可提高知名度，增加销售量，还可以节省运输成本。但在具体的操作中，企业应注意，由于这样形成的空白市场上的渠道价格体系处于自然形态，因此企业在重点经营该市场区域时应对其进行整合。

2. 恶性窜货

恶性窜货是指经销商为获取非正常利润，蓄意向自己辖区以外的市场倾销产品的行为。经销商向辖区以外倾销产品最常用的方法是降价销售，主要是以低于制造商规定的价格向非辖区销货。恶性窜货给企业造成的危害极大，它扰乱了企业整个经销网络的价格体系，易引发价格战，降低渠道利润；可能使经销商对产品失去信心，丧失积极性并最终放弃经销该企业的产品；混乱的价格将导致企业的产品、品牌失去消费者的信任与支持。

企业还必须警惕另一种更为恶劣的窜货现象，即经销商销售假冒伪劣产品。假冒伪劣产品的超低价诱使经销商铤而走险。经销商往往将假冒伪劣产品与正规渠道的产品混在一起销售，掠夺合法产品的市场份额，或者直接以低于市场价的价格进行倾销，打击其他经销商对品牌的信心。

由此可见，并不是所有的窜货都具有危害性，也不是所有的窜货现象都应及时加以制止。市场上流行一句话："没有窜货的销售是不红火的销售，大量窜货的销售是很危险的销售。"适度的窜货会形成热热闹闹的销售局面，有利于提高产品的市场占有率和品牌知名度，需要严加防范和坚决打击的是恶性窜货。

窜货现象的成因

形成窜货的具体原因有很多，既有制造商的原因，也有经销商的原因，但"利"字贯穿窜货的全过程。窜货是渠道成员过度追逐自身利益的必然结果，而制造商是形成窜货的"罪魁祸首"。越区销售屡屡发生，就是因为制造商对管理过程中的各个环节缺乏有效的控制，导致某些经销商、代理商有空子可钻。因此可以认为，越区销售是由多方面原因造成的。

1. 管理制度有漏洞

有些企业根本没有针对窜货的管理制度，对代理商、经销商以及销售人员没有严格的奖惩措施，在出现问题时无章可循，只好就事论事，警告一下，批评一下，象征性地罚款了事。企业的这种态度间接鼓励了经销商的窜货。在许多企业，销售人员的收入是与销售业绩挂钩的，为了多拿奖金，一些销售人员或企业派驻代理商的业务代表会鼓动代理商违规操作，向其他地区发货。

2. 管理监控不力

有些企业虽有规章制度，但反应迟缓，或睁一眼闭一眼，不严格执行。一些企业在销售的过程中患有“营销近视症”，片面追求销售量，采取短期行为，对窜货不够重视，信息反馈不及时，等发现窜货现象时，星星之火已成燎原之势。一些企业的分公司和销售人员为了完成既定的销售目标，低价向相邻市场抛售产品。还有一些企业内部管理不善，部分销售人员为了一己私利争夺市场而窜货。

3. 激励措施有失偏颇

企业针对渠道成员制定的各种激励措施，一般都会以经销商完成一定的销售量为基准，经销商的超额完成率越高，则获得的奖励越多，带来的利润越丰厚。为完成既定的销售量以获得高额奖励，许多经销商不择手段，经销商之间也会窜货。一些不道德的经销商会向其他区域市场攻城略地，甚至倒贴差价，赔本销售，将原本井然有序的市场搞得鸡犬不宁。还有许多企业在产品定价上分多个级别，如总经销价，总代理价，一级、二级、三级批发价等。如果总经销商自己直接做终端的话，其价格折扣便成为相当丰厚的利润，这个价格体系所产生的利润空间非常大，形成了让其他经销商越区销售的基础。所以采取年终返利、价格折扣等激励措施应有严格的条件。

4. 代理选择不合适

这里有两层意思。一是对独家代理商与多家代理商的选择不当。一般来说，制造商采取独家代理制，即在某个区域市场内只寻找一家合作的经销商或代理商，这样比较容易掌控，可保证市场规范有序。然而，许多制造商在利益的驱使下不顾市场规范，只要愿意拿钱来买货，就可以成为经销商，致使“一女二嫁”甚至“一女多嫁”的现象比比皆是。这样，制造商根本无法控制经销商，也就无法控制市场，企业的短期行为必然导致产品的越区销售。二是对代理商或经销商的资格审查不严。一些不合格的经销商滥竽充数，只要能赚钱，什么事都敢做，跨区销售也就在所难免。

5. 抛售处理品和滞销品

一些企业为了一点蝇头小利自食苦果。如规定对积压货物不予退货，让经销商自行处理。经销商为了规避风险，置企业信誉和消费者利益于不顾，将积压的、过期的甚至变质的产品拿到市场上出售，或者将区域市场内的滞销品销往其他区域市场，还有不少经销商用畅销产品降价所形成的巨大销售力来带动不畅销产品的销售，从而形成窜货。经销商甚至把假冒产品与正牌产品一起卖，这种现象在食品、饮料、化妆品等有使用期限的产品中极其普遍。制造商得到的苦果不仅是市场混乱，更重要的是砸了企业的牌子。

治理窜货的对策

窜货乱价并不是不治之症，企业应从以下几个方面着手消除恶性窜货。

1. 归口管理，权责分明

企业分销渠道管理应该由一个部门负责。多头负责、令出多门最容易导致市场混乱。这个部门首先要制定一套管理规章制度，包括代理商资格审查制度、巡视员工作制度、奖惩制度等。如钱江摩托车的销售体系是每个县找一家独家代理商，代理商每跨区销售一台钱江摩托车罚款 1 000 元。

2. 签订不窜货乱价协议

制造商与各地经销商、代理商之间是平等的企业法人之间的关系，需要通过签订经销或代理合同来约束经销商或代理商的市场行为。在合同中要明确加入“禁止跨区销售”的条款及违反此条款的惩处措施，或要求经销商、代理商缴纳市场保证金，将其销售活动严格限制在自己的市场区域之内。另外，许多企业对业务人员的奖励政策是按量提成，导致企业销售人员迁就纵容经销商、代理商窜货，牟取私利。因此，也可在企业内部销售人员之间签订不窜货乱价协议，加大处罚力度。应鼓励经销商/代理商之间、销售人员之间相互监督。

3. 加强销售渠道管理

销售管理人员具有加强销售渠道管理的职责。规范渠道管理应做到：第一，积极主动加强监控。特别要关注销售终端，关注零售市场。如果某区域销量或价格有明显变化，应该及时找出原因，重点是向上搜索一级、二级代理商渠道，检查有无窜货现象发生。第二，信息沟通渠道要畅通。除了制造商，最关心窜货的就要数被窜货地区的经销商或代理商了，它们往往是第一个发现问题的，所以应有一个畅通的渠道能让它们及时地反馈信息、沟通信息，以便及时掌控市场窜货状况。第三，出了问题要严肃处理。一旦确认出现窜货问题，应根据规章罚款或取消代理资格等，绝不姑息。

4. 外包装实现区域差异化

鉴别窜货的难题之一是如何确认货物应销往何地。解决的办法是制造商对销往不同地区的产品在外包装上加以区别。主要措施是：第一，给予不同编码。大件产品如汽车、摩托车、家电等都是一件产品一个编号，区分起来没问题。日用品按批次编号，发往不同地区的产品批次编号不一样。第二，利用条形码。对销往不同地区产品的外包装上印刷不同的条形码。第三，通过文字标识。当某种产品在某地区的销售量达到一定水平，并且外包装无法回收利用时，可在每种产品的外包装上印刷“专供××地区销售”的字样。以前日本富士胶卷销往中国市场的产品就是这么做的，其外包装进行了单独设计。第四，采用不同颜色的商标。同种产品的商标，在保持标识不变的情况下，采用不同的色彩区分不同的销售区域。但这种方法要慎用，并做适当的宣传，以免给假冒产品开了方便之门。

实践观察

方正一册一码防窜货解决方案

在第15届华中图书交易会上，全国近500家出版发行单位参展，10万余种出版物亮相。北京北大方正电子有限公司作为一册一码防窜货解决方案的领导者，携最新的解决方案参会，并在现场展示了最新的配套设备。方正一册一码防窜货系统采用云平台架构，使用高速喷墨技术实现可变二维码印刷，并使用自动采集系统进行二维码数据采集，采取PDA和手机相结合的方式进行发货和最终的稽查。

防窜货解决方案能带给企业或者用户什么呢？一是以一册一码的方式进行规范化的处理，不管是在实体店还是在电子商务网站，用户都可以通过扫码来追本溯源。二是从根源上减少了窜货的可能。一旦有商家恶意以低于市场价的价格来进行销售，损害其他用户的权益，正规产品销售方会根据防窜码对窜货者进行处理。三是防窜码的推广与应用有着非常积极的意义，可以确保商家、分销商、消费者的利益。

资料来源：方正一册一码防窜货解决方案亮相第15届华中图书交易会．印刷杂志，2016（75）.

5. 建立合理的差价体系

企业的价格政策要有利于防止窜货。第一，每一级经销商的利润设置不可过高，也不可过低。过高容易引发降价竞争，造成倒货；过低调动不了经销商的积极性。第二，管好促销价。每个制造商都会搞一些促销活动，促销期间一般价格较低，经销商要货较多。经销商可能将其产品以低价销往非促销地区，或在促销活动结束后低价销往别的地区形成窜货。所以应对促销时间和促销货品的数量严加控制。第三，价格政策要有一定的灵活性。要有调整的空间，否则对今后的市场运作不利。还要严格监控价格体系的执行情况，并制定对违反价格政策现象的处理办法，使经销商不至于因价格差异而窜货。

6. 加强营销队伍的建设与管理

提升营销人员自身的素质对窜货的管理至关重要。第一，制定人员招聘、甄选和培训制度。企业应把好销售人员的招聘关，挑选真正符合要求的高素质的能人，并在上岗前进行严格的培训。第二，制定鼓励人才成长的各项政策，使销售人员人尽其才。物质激励往往与目标激励联系起来使用。如对成绩优异的销售人员给予晋级、奖金、奖品和额外薪酬等实际利益，同时给予表扬，颁发奖状、奖旗，授予荣誉称号等，以激励销售人员。第三，对营销人员严格考核，建立合理的薪酬制度。绩效标准不能一概而论，管理人员应充分了解整个市场的潜力和每一位销售人员在销售能力方面的差异。绩效标准应与销售额、利润额和企业目标一致。常用的销售人员绩效指标主要有销售量、毛利、访问率、平均订单数量、销售费用、销售费用率、新客户数量等。有了合理的绩效评估和奖惩制度，才能真正做到奖勤罚懒，奖优罚劣。考核时还应注意销售区域的潜量、地理条件、交通条件等对推销效果的影响，以及一些非数量化的标准，如合作性、工作热忱、责任感、判断力等。

某食品公司解决窜货问题的办法值得我们借鉴。其产品价格在全国范围内是统一的，不管是在广州还是在乌鲁木齐，严格限定了零售价与批发价。然而，子公司和销售人员受利益的驱动纷纷跨区销售。该公司深刻意识到低价窜货危害无穷，加大市场秩序的整治，专门成立了审计部负责打击窜货，制定了严厉的处罚制度，并规定追究连带责任。窜货一经查出，销售量全部划归被窜公司，因窜货获取的奖金全部没收，并对当事人和公司经理处以1～5倍的罚款。办事处有窜货行为的，子公司经理要承担责任；子公司有窜货行为的，地区总经理要承担责任。此外，公司还在包装盒上打上批号，不同地区销售不同批号的货物，所有批号在全国公开，因此，只要一查批号，就可以看出是本地货还是其他公司窜货。此外，公司对发货的时间、流向都进行严格的登记，以便有据可查。这些措施对制止窜货起到了很好的作用。

延伸阅读

一种防窜货管理方法

管理窜货的方法有很多，目前市场上主要采用二维码标签系统、喷码打印和RFID系统三类，在这里推荐给大家的则是一种普通盒酒防伪防窜货的方法，这类技术更优。采用普通盒酒防伪防窜货管理方法，先编制防伪防窜码，将之喷射到包装瓶上，再将防伪防窜码与箱体合格证条形码捆绑，发货时条形码信息与经销商信息绑定，给经销商赋予数字标识。

这种防伪防窜货码可以应用于更多的领域，如烟、茶叶、饮料等市场，用户只需二维码就可以找到企业信息，如果扫描到的信息不是来自产品生产企业，就可以联系经销商协商解决，这对于净化销售市场有很大的帮助。

对于小微企业来说，采用这种方法可增加产品附加值。这种方法经济有效，推广起来非常方便，而且可以更好地确保自身产品的利益，一旦出现问题可以及时处理。

可见，窜货问题的解决是否有力度，一方面在于方法是否经济有效，另一方面在于信息的核对是否具有追本溯源的效果。如果是积极的窜货，有利于市场的进一步繁荣发展，但如果是消极的窜货，则会阻碍市场发展。所以，要用好防窜码技术，让企业、分销商、消费者都受益。

资料来源：张生慧，宁明理，郑志华．一种应用普通盒酒防伪防窜货管理方法的探讨．酿酒，2016，43（3）．

案例分析

K中央空调企业销售渠道的窜货乱价行为

在激烈的市场竞争中，中央空调企业不断演绎着优胜劣汰的市场规则。纵观国内的市场行情，可以说是“得渠道者得天下”，如何搞好渠道管理成为中央空调企业营销工作中最关键的环节。

中央空调企业K公司总部设在美国，在我国深圳设有生产基地，K品牌在国内中央空调行业里具有一定影响力。近两年，K公司出现了市场占有率下降、销售量下滑的情况。究其原因，主要是K公司在管理渠道方面存在诸多不足。

1. 市场规范力度不够

K公司没有采取有效的措施对市场进行规范，常常引发渠道冲突。这主要表现在产品存在假货、窜货、乱价等现象。

假货：当一个品牌名气较大时，假货也就随之而来。好事不出门，坏事传千里，假货令K公司失去很多潜在顾客。有些谨慎的消费者因为怕买到假货，即使零售店给予更高的折扣，也要到K公司的直营店去购买，这加剧了经销商和K公司之间的冲突。K公司对假货的制造者、出售者采取了一些措施，但收效甚微。

窜货：窜货问题也时常困扰K公司。窜货就是越区销售，经销商为了获取非正常利润，常常开辟秘密渠道以低于正常售价向辖区之外的市场倾销中央空调产品，这无疑会加剧价格的混乱。由于在运输费用、市场情况、促销力度、年终返点等方面各个市场存在差异，因而实际结算价格在各个市场上是不一样的，这为窜货提供了条件。近两年这种行为发生得比较频繁，比如深圳的总经销商用其结算价格把货物批给广州的一个零售商，这个零售商又以低于广州地区正规渠道零售价出售产品获得非正常利润，而且以低于总经销商的批发价向下发展其他零售商。更可气的是，广州地区的总经销商也以同样的方式向苏州、武汉等市场渗透。K公司为了应对这种行为，在货物出厂时在每件产品的包装上都盖上发往地区的印章，然而这些经销商会雇人涂掉，或者在印章上贴上印有自己店名的标签。有时发现这种情况了，K公司也会因考虑其业绩表现而提醒几句了事。

乱价：价格问题从来都是一个难题，K公司为每个经销商制定了一份价目表，对结算价、零售折扣的下限都作了明确的规定，但是为了争夺市场和顾客，处于同一级层的经销商、零售商常常不遵守价格政策，有的甚至以低于进价的价格销售。这一方面可能是因为可以将卖其他品牌的产品获得的高额利润拿出一部分来进行补贴；另一方面可能是因为年终有返点，以低于进价的价格出售产品，从长远看仍是有利可图的。这种情况在经销商众多的深圳、广州两地尤为突出。这样的恶性竞争贻害无穷，因为薄弱的利润最终会使经销商丧失经销K公司产品的积极性，进而威胁到渠道体系的稳定和K公司的发展。K公司对低价销售也采取了一些措施，但效果欠佳。

2. 如何改善

假货：这是最应严厉打击的行为，对于造假者，坚决诉诸法律；对于售假者，也要视情节轻重追究其相应的责任。

窜货：如果K公司制定了全国统一的出厂价，可以避免不同地区总经销商之间的部分窜货，但不能全部避免，更不能避免某个地区的总经销商和另一个地区的零售商之间的窜货，所以要想新的点子。K公司可以对不同地区实行有差异的包装，而不是在包装上简单地盖印章，这样就增加了窜货的不易性和成本；对大客户给予重点关注，窜货基本上都是它们操作的，要对其库存进行探查，对大宗货物的去向进行跟踪；同样，一经发现，要进行处罚。

乱价：乱价是最难控制也是最需要控制的问题。价格不统一往往是乱价的根源，难以管理，所以K公司应该在全国范围内制定统一的出厂价（到岸价、运费由公司支付）、统一的批发价、统一的零售价下限、统一的促销折扣、统一的返点数；零售店太密集常常产生降价行为，所以K公司应对零售店的位置作出合理规划，不同经销商的店面应保持一定的距离；价格控制的力度要大，所以K公司应安排专人进行市场监管，一旦发现乱价行为应给予处罚，始终不改的，取消其经销资格。总之，违规者要根据其违规事件影响的大小支付相应的违规成本，违规成本越高越能制止违规。

资料来源：赵艳丰．由一则案例探讨中央空调企业的渠道管理（二）．家用电器，2014（11）．

讨论题

你认为改善该公司销售渠道窜货乱价行为的建议如何？

重点名词

窜货　良性窜货　恶性窜货

思考题

1. 企业订单的报价方式主要有哪两种？
2. 企业订单的管理流程有哪两类？
3. 发货管理主要有哪些内容？
4. 企业的退货工作流程是怎样的？
5. 简述销售终端产品陈列管理应注意的事项。
6. 窜货有哪两类？
7. 简述窜货现象产生的原因。
8. 简述治理窜货的对策。

课后实践

以小组为单位，找一家学校附近规模较大的超市，通过观察、访谈了解王老吉和加多宝两个品牌饮料的终端铺货、促销、服务等方面的情况，发现它们的差异与问题，并提出整改方案。

第8章 提供客户服务

本章要点

1. 客户服务的含义与分类
2. 客户服务的内容
3. 服务质量差距分析
4. 提高服务质量的方法
5. 客户投诉管理

引　例

客户的额外要求

周老板是我们公司在湖北的一个很有潜力的客户，其连锁式仓储大卖场在省内经营得有声有色，十分成功，是行业内公认的头面人物。

去年9月，连锁式仓储大卖场开业3周年庆，周老板盛情邀请了当地党政领导、商界朋友、厂家和供应商前来参加庆祝活动，也邀请了我们公司派代表参加。

周老板是个爱面子的人，他知道我们公司的亚太地区总裁恰好在广州出差，所以与客户经理商量能否请其来参加庆祝活动。因为高鼻子蓝眼睛的老外很少到当地，再加上当地政府正大力开展招商引资，有个世界500强企业的老外参加，对周老板而言是一件很风光的事情。

当时客户经理很为难，因为这完全在总裁的中国之行计划之外，而且总裁是他上司的上司的上司。不过客户经理最终还是幸运地请到了亚太地区总裁来参加周老板的庆祝大会并发表了热情洋溢的讲话。

当地各大报纸争相采访和报道，周老板不但在当地政府官员和各位来宾前很有面子，还借助报纸免费为公司做了广告。事后周老板十分高兴地对我们的客户经理说："你们公司如此给我面子，这可比多给我 5 个扣点还要好呢，我会好好经营你们公司的产品。"

资料来源：大客户销售管理经典案例．管理资源网，http：//www. m448. com.

启示：客户的需要是多方面的，销售人员只有真心实意为客户着想才能赢得客户的信赖，最终促进销售。服务态度、服务内容与质量、处理客户投诉的能力也会对销售有很大的影响。

客户服务是销售活动中必不可少又极其重要的组成部分。客户服务的方式、内容、质量等不但直接关系到当前的销售效益，而且影响到今后的销售，所以客户服务日益成为竞争的焦点，受到极大重视。因此，无论是企业还是销售人员，都必须把客户服务摆在重要的位置，不断增加服务内容，改善服务态度，提高服务质量。

8.1 客户服务的含义与分类

客户服务的含义与作用

客户服务是指在合适的时间和合适的场合，以合适的价格和合适的方式向合适的客户提供合适的产品和服务，使客户的合理需求得到满足，价值得到提高的活动过程。

客户服务已成为现代市场竞争的主题，日益受到企业的重视。一方面，客户以服务的优劣作为选择商品的重要标准和依据；另一方面，企业也以提供比竞争者更丰富、优质、全面的服务为手段展开对客户和市场的激烈争夺。服务的重要作用主要表现在：

（1）全面满足客户的需求。服务能为购买者带来有形和无形的利益。从本质上说，人们购买钢笔并不是为了买这个物质实体，而是为了它的效用，即能用它书写。因此，客户购买的与其说是商品，不如说是商品所能带来的效用，而服务就是效用的重要组成部分。随着生活水平的提高，人们对服务的要求越来越高，使服务方式花样翻新，内容更加丰富。现代生活的节奏不断加快，也使人们越发要求提供更多的便利，以节约时间，提高效率。而且，随着科学技术的迅速发展及其在产品生产中的广泛应用，产品的技术含量越来越高，导致仅靠产品说明书和操作指南等难以满足客户的需求，因此，客户要求企业提供安装、调试、培训指导等方面的服务。

（2）增加产品销售量。企业和销售人员可以通过提供各种服务来密切买卖双方的联系，以便更好地实现销售目标。企业和销售人员提供优质的全方位的服务，可以使客户获得更多的便利，满足客户的需求。这不但可以吸引客户，而且有利于树立良好的企业形象，使客户增强购买企业产品的信心，从而增加产品的销售量。另外，企业和销售人员还可以在销售过程中为客户及时提供各种信息，使客户增长消费知识，了解市场信息和商品信息，掌握产品的使用方法，以便购买产品。

（3）提高竞争力。与产品的性能、质量、价格、品种、规格等因素一样，服务是企业重要的竞争要素，而且服务的地位还在上升。这是因为竞争使企业不断以各种方式（包括相互学习和模仿）来完善产品。其结果是各企业产品的差异化程度不断降低，企业产品的差异化优势也趋于减弱。在产品各方面属性相似的情况下，客户对服务的重视程度不断提高，因而服务成为企业竞争的焦点。各企业纷纷提高服务质量，增加服务的内容和方式，以在竞争中占据优势地位。此外，优质服务还有利于企业树立良好的形象，提高企业的知名度和美誉度，赢得客户的信赖，增强企业的竞争力。

（4）提高企业的经济效益和社会效益。企业的一切生产经营活动都是为了满足客户的需求从而盈利。客户是企业生存和发展的支柱，企业的利润完全来自客户。企业客户盈门，它的经济效益就好；反之，企业就难以实现经济效益目标。而企业要更好地满足客户的需求，就必须吸引客户购买自己的产品，所以，完善销售服务是吸引客户的重要内容。随着客户对销售服务的需求更加迫切，销售服务对提高企业经济效益的作用就越发举足轻重。因此，为吸引客户，企业在提高产品质量、增加产品功能的同时，应该不断丰富服务内容，提高服务质量，以更好地满足客户的需求。这也符合社会主义生产的要求，有利于提高社会效益。

实践观察

金融服务中 APP 不单纯是销售工具

华商基金 APP 已推出 2.0 版，可提供包括基金开户、产品购买、净值查询、基金定投等在内的全方位交易和服务功能，投资者通过手机即可便捷地完成上述操作。除此之外，华商基金 APP 还加强了账户安保措施——新增手势密码功能；同时头像上传功能的开发也满足了互联网人群的个性化需求；另外资产全渠道查询、一键关注中意基金等功能的健全也使得华商基金持有人的交易操作、用户体验更上一层楼。

更为重要的是，未来基金电商业务的基础必须是服务，而做好服务的基础是细分市场，即在市场对产品和服务的需求日趋个性化和多样化的形势下进行细化。例如针对个人投资人，以按人口统计变量细分市场，以年龄、性别、消费习惯、生命周期、健康状况、教育和职业规划、性格偏好、可支配收入等为基础细分市场；对于机构投资人，则以机构性质、投资目标、发展周期、投融资需求等为基础细分市场。此外，通过与电商或者其他具有客户规模优势的互联网企业合作，以大数据为基础来识别用户的特征，可以有效推送产品和服务。

资料来源：金融服务中 APP 不单纯是销售工具，http：//mt.sohu.com/20161010/n469912323.shtml.

客户服务的分类

客户服务的方式多种多样，内容也很丰富，依照不同的标准可以有不同的分类。

1. 按服务的时序分类

可分为售前服务、售中服务和售后服务。

2. 按服务的技术属性分类

（1）技术性服务。指与产品的技术和效用有关的服务，一般由专门的技术人员提供。主要包括产品的安装、调试、维修及技术咨询、技术指导、技术培训等。

（2）非技术性服务。指与产品的技术和效用无直接关系的服务。它包括的内容比较广泛，如广告宣传、送货上门、提供信息、分期付款等。

3. 按服务的地点分类

（1）定点服务。指在固定地点建立服务点或委托其他部门设立服务点提供的服务。如生产企业在全国各地设立维修服务网点就属此类。销售商品的门店也可以为客户提供定点服务。

（2）巡回服务。指没有固定地点，由销售人员或专门派出的维修人员定期或不定期地按客户分布线巡回提供的服务，如流动售货车、上门销售、巡回检修等。这种服务多适用于企业的销售市场和客户分布比较分散的情况，因深入居民区，为客户提供了更大的便利而深受欢迎。

4. 按服务的费用分类

（1）免费服务。指不收取费用的服务，一般是附加的、义务性的服务。售前、售中、售后服务大部分都是免费的。

（2）收费服务。指在产品价值之外的加价，只有少数大宗服务项目才收取费用。这类服务一般不以盈利为目的，只为方便客户，因此收取的费用比较合理。

5. 按服务的时间分类

可分为长期服务、中期服务和短期服务。

6. 按服务的次数分类

（1）一次性服务。指一次提供完毕的服务，如送货上门、产品安装等。

（2）经常性服务。指需多次提供的服务，如产品的检修服务等。

观点聚焦

电商究竟应该为谁服务

在互联网经济来临之前，经济学上的帕累托定律是主导客户分类的重要标准。20

世纪初世界正处于第二次工业革命的尾声，新技术和新发明的应用、工业效率的大幅提高导致数据和信息爆发式增长，如何在庞杂的数据信息中快速发现和解决问题，找到关键之处成为当务之急。帕累托定律正是帮助人们解决这一困境的有效工具。也正是在这一定律的指导之下，核心客户方案、VIP客户管理、大客户服务思想应运而生。那些为我们带来巨大利润甚至是巨大销量的客户，成为线下传统营销模式服务的重点对象。他们在消费时享有特殊服务，在投诉时可用绿色通道，在价格上还有额外的折扣优惠。而在这个体系之外的80%的客户，由于只带来了20%的收益而受到怠慢，甚至被忽视。

这种情况的改变得益于互联网时代的到来。美国的克里斯·安德森于2004年提出了长尾理论。借助互联网强大的聚合能力，挖掘和服务一个普通客户的成本呈快速递减的趋势。企业无论大小，可以通过自助购物、团购预售、在线视频引导等方法，将服务风险降到最小、服务成本降到最低、服务规模做到最大。

显然，长尾理论相对于帕累托定律最重要的一个改进就是，将为只带来20%收益的80%的客户提供服务，利用互联网实现服务成本和收益的平衡。这也让那些被遗忘的80%的客户重回企业营销人员的视线。服务这80%的客户一样能赚很多钱，甚至比服务另外20%的客户赚到更多的钱。

资料来源：电商究竟应该为谁服务．中国营销传播网，http：//www.emkt.com.cn/article/631/63140.html.

8.2　客户服务的内容

客户服务的内容非常丰富，企业不同，产品不同，服务的方式和具体内容会存在很大的差异。下面主要从售前服务、售中服务、售后服务三个方面来分析。

售前服务

售前服务是指通过进行广泛的市场调查，研究分析客户的需求和购买心理的特点，在向客户销售之前，采用多种方法来引起客户的注意和兴趣，激发客户的购买欲望而提供的一系列服务。售前服务的方式五花八门，如提供试用品等。售前服务的目的十分明确，即以提供服务方便客户为手段，刺激客户对商品产生购买欲望。基于这样的目的，各企业依据具体的情况选择和创新服务的内容和方式。最常见的售前服务主要有以下几种。

1. 广告宣传

广告已成为人们生活中一个重要的组成部分。好的广告制作精良，创意独到，给人以艺术的享受，丰富了人们的文化生活。广告宣传实际上是一种售前服务的方式。它通过向客户传递有关产品的功能、用途、特点等方面的信息，使客户了解产品并诱发购买欲望，有利于提高企业的知名度，树立良好的企业形象。因此，企业必须高度重视广告宣传。但需要注意的是，企业在选择广告媒体时应充分考虑目标客户的特点，以实现最佳的广告媒体组合。

2. 销售环境布置

客户在购买商品时不但重视商品本身和销售人员的服务，对销售环境的要求也不断提高，希望能在舒适、卫生的环境下购买商品。由销售场所的环境卫生、通道设计、铺面风格、招牌设计、内部装饰、标识设置、灯光色彩、商品摆放、营业设备等因素综合构成的整体购物环境会给客户留下不同的印象，由此引发客户不同的情绪感受，这种情绪将在很大程度上左右客户的购买决策。比如一件商品放在一个赏心悦目的环境中会让人感到其身价倍增，而且客户因良好的购物环境而心情舒畅，比较有可能作出购买决策。如果同样一件商品被随意地与其他商品摆放在一起，且周围的环境只能用“脏、乱、差”来形容，商品在客户眼中必然会贬值，客户恨不得马上离开，更不用说购买商品了。销售环境的布置还对树立企业的形象有重要的作用，它最直接地体现出企业的经营管理状况，因而，它作为售前服务的一种方式应该得到企业的充分重视。

3. 提供多种便利

客户购买商品不仅看重商品实体本身，而且非常重视由享受销售服务而获得的便利。你为客户考虑得越周到，客户便越有可能购买你的商品。现在，销售主体所能提供的便利已经成为人们在作出购买决策时要考虑的一个重要因素，因此，销售主体应尽可能地为客户提供方便，如工厂为客户提供技术培训、免费咨询，商店设立服务台、试衣间、休息室、ATM，为客户免费供应开水等。这一方面让客户感到舒适方便，另一方面也节约了客户的采购时间，提高了采购的效率。

4. 开设培训班

随着新技术在产品中广泛应用，出现了许多技术含量较高的新产品。这些产品结构复杂，操作方法相对较难掌握，对使用者的知识水平等要求较高。让客户拿着产品说明书和操作手册按图索骥般地学习，一是未必能够学会，二是未必有足够的时间和耐心去学习，从而很可能失去购买欲望。因此，企业应为客户举办各种培训班，提供技术咨询和技术指导。通过参加培训班，客户掌握了有关的技术，自然会对产品产生浓厚的兴趣和购买欲望，这将促进产品的销售。若举办培训班能吸引较多客户，还能够提高企业的知名度，树立良好的企业形象。因此，企业进行此类投资，如果决策得当，可收到一举多得的效果。

5. 提供电话和网络服务

企业能直接触及的市场毕竟是非常有限的，一般只能在某些地区设立分销处或派遣销售人员，对其他地区则鞭长莫及，由此丧失了许多销售机会。提供电话和互联网订货服务，可以使企业的触角伸向原本未进入或难以进入的市场，挖掘潜在客户，扩大企业的市场范围，抓住更多的销售机会，增加产品的销售量。

6. 提供咨询服务

客户在购买商品之前一般都会收集尽可能多的有关商品的信息和资料，在此基础上权衡得失，从而作出购买决策。一般来说，客户不会购买不甚了解的商品。为了吸引潜在客户购买商品，应向他们介绍商品的性能、质量、用途，耐心解答他们提出的疑问。企业应派出有专业知识的人员在销售场所设立咨询服务台，或在拜访客户时提供各种咨询服务，以加深客户对商品的了解，并增进客户对商品和销售人员的信任。

售前服务的方式可以说不拘一格，层出不穷，发展和创新的空间无限。企业应不断创新，推出新的举措，以适应市场的变化和消费者的需求。当然，企业在求新求奇的同时也要注意度，不要让人觉得荒诞，或因追求轰动一时的效应而忽视了企业的长期发展。总之，有效地运用售前服务这一手段，有利于消除客户的顾虑，增强客户的购买信心，从而达到促进产品销售的目的。

售中服务

售中服务是指在买卖过程中直接或间接地为销售活动提供的各种服务。销售人员在销售过程中所提供服务的方式、内容及质量，不仅关系到能否成交，而且会影响企业的信誉，企业和销售人员都必须高度重视。一般来说，售中服务主要包括以下几项内容。

1. 向客户传授知识

销售人员在向客户销售产品的同时，必须向客户介绍有关产品的性能、质量、用途、品种、规格等方面的知识。一方面，这是客户作出购买决策的客观要求，即客户在决定购买时，必须了解有关的知识，作为权衡和考虑的依据；另一方面，有利于营造良好的销售气氛，形成和谐的人际关系，起到促进销售的作用。

2. 帮助客户挑选商品，当好参谋

客户在购买商品时的心态不仅受自身因素（如客户的需求、社会地位、文化程度、购买习惯、消费知识和经验等）的影响，而且受外部因素刺激的影响。外部因素包括商品的价格、质量、用途、广告、购物环境等。客户对商品知识的了解绝大部分来自销售人员的现场服务。

当客户向销售人员询问商品的价格、质量、性能、用途及优缺点时，销售人员如能根据客户的需求和心理加以介绍，正确地引导客户，做好参谋，就能使客户按理想的方式来权衡利弊，从而有利于促成交易。

销售人员在帮助客户选购商品时，一定要设身处地为客户着想，放弃自身的习惯和爱好，依据客户的特点和想法因势利导。

3. 满足客户的合理要求

在销售过程中，客户必然会提出许多要求，其中大多数是比较合理的。销售人员应尽最大努力满足客户的合理要求，提高客户的满意度，增进客户对销售人员的信任，从而促成交易。这样做还能提高客户的重复购买率以及企业的声誉。

4. 提供代办服务

售中服务不仅对普通消费者非常重要，而且受到批发零售商和生产企业类客户的重视。向这类客户提供的售中服务主要包括：代办托运、代购零配件、代为包装、代办邮寄等。

这些服务为客户带来了很大的便利，不仅可以吸引更多的客户，促成交易，密切关系，而且能增强客户的信任感，提高企业的竞争力，与客户达成长期合作。

5. 操作示范表演

操作示范表演能真实地体现出商品在质量、性能、用途等方面的特色，引起客户的兴趣，激起客户的购买欲望。这种方式还会使销售人员的说法得到证实，更有说服力，增进客户的信任。

延伸阅读

把握售中服务的关键

从售中服务的视角来看，营业员对销售活动的影响更加重要。一个优秀的营业员所应具备的素质与企业其他工作人员是相同的，如果说有不同之处，那么就是在与顾客打交道时要有更好的服务。

了解顾客对于搞好售中服务至关重要。顾客是零售企业商品销售过程中的核心要素。除非顾客对于他们在商店中受到的接待、买到的商品和得到的服务完全满意，否则销售活动就不能算成功。

在这方面，消费心理学为零售经营者提供了许多值得借鉴的基本理论常识，其中对于提高销售服务质量有重要帮助的是有关顾客的需要、动机和态度的理论，通过对顾客心理活动的探索，来寻找为顾客提供优质服务的途径。

总之，如果说售前服务使潜在顾客产生购买意向，初步作出购买决定，那么售中服务就是使这种意向和决定转变为购买行为，实现交易。由于售中服务对象明确，因此提高服务的针对性尤其重要。

资料来源：售中服务关键把握，http：//www. nz86. com/article/ff808081584bad100158700c8f97024b/.

售后服务

售后服务就是在商品销售之后所提供的服务。售后服务是关系企业生死存亡的大事。它不仅是一种强有力的促销手段，而且充当着无声的宣传员。这种无声的宣传比那些夸夸其谈的有声宣传要高明得多，是客户最信赖的广告。

1. 售后服务的内容

售后服务不限行业，也不拘于某种形式，有广泛的内容和未被开拓的领域。就其当前的发展来看，主要包括以下几个方面：

（1）送货上门。对购买较笨重、体积庞大、不易搬运的商品，一次性购买量很多、携带不便或有特殊困难的客户，有必要提供送货上门服务。其形式可以是自营送货，即由企业自己的设备送货，也可以是代管送货，即由企业代客户委托有固定联系的运输单位统一送货。送货上门服务对于企业来说并不是很困难的事，却为客户提供了极大的便利，有利于提高客户的重复购买率。

（2）安装服务。随着科学技术的发展，商品中的技术含量越来越高，一些商品的使用和安装极其复杂，客户很难自己完成，因此就要求企业提供上门安装、调试等服务，保证所售商品的质量，使客户在购买之后可以安心使用。这种方式消除了客户的后顾之忧，大大方便了客户。

（3）包装服务。商品包装也是客户服务中不可缺少的项目。商品包装不但使商品看起来美观，而且便于携带。许多企业在包装物上印上本企业的名称、地址、标识，起到了广告宣传的作用。

（4）维修和检修服务。企业若能为客户提供良好的售后维修和检修服务，就可以使客户安心地购买和使用商品，减少客户的顾虑。有能力的企业应通过在各地设立维修网点或采取随叫随到的上门维修方式为客户提供维修服务。企业也可抽样巡回检修，发现隐患及时排除，让客户放心、满意。

（5）电话回访和人员回访。在客户购买商品以后，企业应按一定频率以打电话或派专人上门服务的形式进行回访，及时了解客户使用产品的情况，解答客户可能提出的问题。

（6）提供指导与培训。客户在购买商品后，还不熟悉商品的操作方法，或不了解商品一旦出现小故障应如何排除。因此，企业为客户提供指导和培训，可以帮助客户掌握使用方法和简单的维修方法。

（7）建立客户档案。建立客户档案的目的是与客户保持长期的联系。通过这种方式，一方面可以跟踪客户所购买的商品的使用和维修状况，及时主动地给予相应的指导，以确保商品的使用寿命；另一方面还可以了解客户的喜好，在推出新产品后，及时地向可能感兴趣的客户推荐。此外，销售人员还可以利用客户档案，以上门拜访、打电话、寄贺年卡等形式与客户保持长期的联络，提高客户的重复购买率。

（8）妥善处理客户的投诉。即使企业和销售人员尽力做好售后服务，也难避免客户投诉。企业和销售人员应尽可能减少客户的投诉，但在遇到投诉时要运用技巧妥善处理，使客户由不满意转变为满意。

2. 常见的售后问题

不同的企业遇到的售后服务问题不同，采取的售后服务策略也就不同。但在实践中仍然存在一些一般性的问题，具体如下：

（1）价格变动。如果产品价格发生变动，尤其是提价，企业处理不当很可能产生问题。任何价格变动都应该立即记录到企业的价格表上。再没有比产品或服务的价格不准确更容易让客户感到不满的情况了。每当发生价格变动，尤其是提价时，销售人员应及时通知客户，以便他们能采取相应的行动。

（2）交货延迟。因一些不可抗拒的因素或者人为因素而发生延迟交货现象在所难免，但延迟交货经常导致用户不满。延迟交货可能影响客户的计划，如果由于延迟交货导致客户缺货，则在一段时间里可能减少销售量。一旦出现销售人员无法控制的延迟交货，销售人员应该及时告知客户并说明原因。销售人员可以通过核实订单是否准确、是否包含所有必要的信息、手续是否齐全等方式，防止延迟的发生。

（3）安装服务不到位。一些产品需要企业来帮助客户安装，通常，产品的安装不是销售人员的责任，但尽其所能保证安装是提供良好服务的重要体现。销售人员可组织安装人员负责安装或加强跟踪监督，并与客户联系，确认安装顺利。

（4）促销信息缺乏。销售人员必须确保每一位客户清楚地了解任何可能得到的促销资金或津贴。大部分企业按照金额和产品给予客户促销津贴，这些津贴可以是合作广告、促销展示或新产品试用等形式。无论采用何种形式，销售人员应该使每一位客户了解津贴及其发放形式。

（5）付款信誉不佳。直接影响客户良好感受的一个问题是付款信誉不佳或受到限制。销售人员应该发现特殊客户的潜在信贷问题，并作出仔细的解释，以避免发生任何问题和伤害感情。

（6）培训不足。对于特殊的产品，客户接受良好的产品使用培训是很重要的。培训是售后服务不可分割的部分，没有培训，客户的满意度将大大降低；培训不足，客户可能无法恰当地使用产品，也会产生不满。

3. 售后服务的注意事项

为了让客户满意，销售人员必须在交易完成之后继续提供服务。企业往往更重视与其他客户做更多的生意，而忽略了售后服务环节。然而，如果企业无法提供恰当的售后服务，则很可能使原本满意的客户变得不满意。为确保客户满意，销售人员必须做到以下几点：

首先，好的售后服务从交易成功之后发出一封表达诚挚谢意的信开始。大约在交易达成两天后，一封正式信函、一张非正式的便条或小小的明信片，都能用来表达对客户的谢意。

其次，要不断地检查送货情况。在送货的那一天，销售人员应告知客户，这不仅是为了确定货物已送出，更是为了表明销售人员对客户应该得到的服务的重视。一旦发生不能送货或送到时货物受损等问题，销售人员可以采取恰当、及时的行动。如果问题发生了，应该由销售人员将有关的消息告诉客户。

再次，销售人员应该确保客户了解所购产品的功能和用途。买方要对卖方及其产品有恰当的认识，进行应有的培训常常能够将投诉消灭在萌芽状态。

最后，如果需要安装产品，销售人员应该在送货后立即拜访客户，以确保产品恰当地安装和不发生任何问题。即使未发生问题，这一拜访之举也能向客户表明销售人员对建立长期业务关系的重视。拜访也许比其他行动更能显示销售人员及其企业的诚意和可信度。

8.3　服务质量管理

现代市场竞争的重点逐渐过渡到服务的竞争。服务的内容和形式固然是服务竞争的重要内容，但服务质量的竞争也不容忽视。服务质量是服务的内容和形式的基础和支撑，如果服务质量无法令客户满意，即使服务的内容丰富，形式多样，企业在服务的竞争中也必然遭遇败绩。因此，企业在推出花样翻新的服务的同时，必须做到言而有信，保证服务的质量。

服务质量的概念和内容

服务质量是衡量企业出售产品或提供服务时客户服务程度和服务水平的标准。它是一个主观范畴，取决于客户对服务质量的预期与其实际感知的服务水平的对比。

通常客户主要从技术和职能两方面来感知服务质量，因此服务质量包括技术质量和职能质量两项内容。技术质量指客户从服务过程中得到的东西，它是服务过程的产出，如饭店为客户提供的菜肴和饮料等。对于技术质量，客户易于感知，也便于评价。但客户对服务质量的感知不仅包括他们在服务过程中得到的东西，而且涉及他们是如何得到的。这就是服务质量的职能方面，即职能质量。比如在客户与服务人员打交道的过程中，服务人员的行为、态度、穿着等将直接影响到客户对服务质量的感知。显然，客户难以对职能质量进行客观的评价，职能质量更多地取决于客户的主观感受。当然，服务质量具体体现在许多方面，如商品的数量、质量、花色品种是否适销对路；商品销售方式和服务设施的现代化程度；销售过程中服务态度的好坏；售后提供维修、提供方便的程度，等等。服务质量的侧重因企业性质不同而有所不同，生产性企业的服务质量主要体现在做好售前、售中和售后服务上，如广告宣传、售后维修等；服务性企业的服务质量则体现在服务的大部分内容上。

服务质量的评价标准

长期以来，服务质量的评价是一个难题，一直困扰着理论研究者和企业的营销人员。服务本身具有无形性等特点，客户对服务的满意度受到各种有形和无形因素的制约，企业难以把握客户对服务质量的感知，所以，服务的质量不像有形产品的质量那样容易测定，很难用固定的标准来衡量服务质量的高低。

一般来说，企业在评价服务质量时主要考虑以下五个方面。

1. 可感知性

可感知性主要涉及服务被感知的部分，即有形部分，如提供服务所用的各种设施等。由于服务的本质是一种行为过程，而不是某种实物形态，因而具有不可感知的特征。因此，客户在一定程度上可借助这些有形的部分来把握服务的好坏。服务的可感知性特点从两个方面影响客户对服务质量的看法：一方面，它为客户评价服务质量提供了一种有形的线索；另一方面，它直接影响客户对服务的感知。比如，客户到餐馆用餐，如果环境干净卫生、服务人员礼貌和气，客户自然会给予较高的评价。

2. 可靠性

可靠性是指所承诺的服务可以准确无误地提供给客户。可靠性实际上要求企业在提供服务时尽量避免出现任何差错，使实际提供的服务与企业的承诺相符。如果在向客户提供服务的过程中，由于某种原因而出现差错，不仅会给企业造成直接的经济损失，而且会损害企业的形象，使企业失去潜在的客户，而这种损失是无法估计的。

3. 反应性

反应性是指企业随时准备为客户提供有效、快捷的服务。能否及时地满足客户提出的各种要求是企业服务导向的一种体现，即企业是否把客户的利益放在第一位。服务的效率反映了企业服务质量的水平，客户往往非常重视等候服务时间的长短，并将其作为衡量服务质量高低的一个重要指标。因此，企业应尽可能缩短客户的等待时间，提高服务的效率。

4. 保证性

保证性是指服务人员友好的服务态度和胜任服务工作的能力，增强客户对企业服务质量的信心和安全感。服务人员良好的服务态度会使客户心情愉快，自然会影响客户的主观感受，从而影响客户对服务质量的评价。服务人员有渊博的专业知识，能够胜任服务工作，会使客户对企业及其提供的服务产生信心，并对获得满意的服务感到放心。

5. 移情性

移情性指企业要真诚地关心客户，了解他们的实际需求并予以满足，使服务过程充满人情味。

观点聚焦

所有行业都是服务业

第一，服务具有方法论功能。在社会化的世界里，组织与组织、人与人之间是因为彼此服务而存在的。组织内部，是相互服务的关系；组织与上下游，是相互服务的关系；组织与其他社会组织，也是相互服务的关系。以个人观之，亦然。因此组织、个人会基于其对服务的认识形成方法论，并决定其行为。“互利社会”与“互害社会”的分野，就在于服务观与方法论的差别。

第二，服务具有盈利功能。企业的内在服务质量会影响员工的满意度，员工的满意度决定其忠诚度，员工的忠诚度会影响顾客的满意度，顾客的满意度会影响其忠诚度，顾客的忠诚度会影响企业的获利能力，企业的获利能力又会影响企业的内在服务质量。这本质上是一个生态环境，是可以创造利润的。关键在于，把每个环节的服务指标化，使之可操作、可考评。

第三，服务具有创新功能。买方市场条件下，服务是全过程的，尤其是售前服务更为重要，要研究顾客有什么未被满足的需求和潜在的需求，进行产品改进与创新。换言之，你要想到顾客的前头去。

资料来源：所有行业都是服务业，http：//www.emkt.com.cn/article/648/64868.html.

服务质量差距分析

在服务过程中，由于涉及多个主体，造成服务质量有所不同。服务质量的差距主要体现在以下方面。

1. 客户的期望与管理者对客户期望的认知之间的差距

企业的管理者并非总能理解客户需要什么样的服务，什么样的服务水平是必要的，以及客户期望企业以什么样的途径提供服务等，因此产生了客户的期望与管理者对客户期望的认知之间的差距。影响这一差距大小的因素主要有：

（1）市场调查。市场调查是了解客户需求的一个非常重要的途径，因此，市场调查的广度和深度在很大程度上决定了客户的期望与管理者对客户期望的认知之间的差距。市场调查本身并不是目的，管理者通过认真阅读、组织整理和分析由市场调查获得的资料和信息，以求得客户的认同，并将结论广泛运用于实际的服务工作中。

现实中，服务性企业对市场调查的重视程度远不如生产性企业。对于生产性企业来说，产品能否满足客户需求，决定着产品能否顺利地由生产领域进入流通领域和消费领域，因此，生产性企业在市场调查方面往往不遗余力。服务性企业则不然，它强调服务过程中的实际操作。这些企业认为只要服务出色，客户就会满意，而不理会客户希望得到什么样的服务，结果偏离了客户这个服务的对象和核心。事实上，在服务性企业中，客户直接参与服务过程，管理人员与客户直接打交道的机会要远远多于生产性企业。这种频繁的接触和沟通可以使管理者获得大量信息，对客户的意愿有更深刻的体会，并可随时了解其变化，从而按照客户的意愿提供服务，客户的期望与管理者对客户期望的认知之间的差距自然就缩小了。

（2）向上沟通。若企业的高层主管确实难以获得对客户期望的直接认知，就必须依赖那些与客户直接打交道的人员。他们代表企业直接为客户提供服务，他们的所知所感以信息传递给高层主管，这就是向上沟通。这是使企业高层主管了解客户期望的主要渠道。向上沟通的质量和效率取决于沟通的媒介和方式。面对面的沟通是最直接、最有效的，它可节约沟通的时间和成本，便于去异求同，澄清模糊信息，而且可以避免信息传递过程中的错误，使信息可以如实地反映给高层主管。

（3）管理层级。管理层级主要与沟通的效率有关。中间管理层级越多，直接为客户提供服务的人员与高层主管的沟通就越困难，出现信息传递失误的可能性就越大，沟通的效率就越低，高层管理者对客户期望的了解就越有限且不及时，客户的期望与管理者对客户期望的认知之间的差距也就越大。

2. 管理者对客户期望的认知与服务质量标准之间的差距

企业管理者往往很难满足或超越客户的期望，原因是受到多种因素的限制，如资源有限、短期行为、管理失当等。这些因素使管理者对客户期望的认知无法充分落实到具体的服务质量标准上，从而导致管理者对客户期望的认知与服务质量标准之间的差距。具体的影响因素包括：

（1）质量管理。许多企业过分强调节约成本，获取短期最大利润，忽视了对服务质量的管理。企业在评价管理者的工作和支付报酬时往往依据成本、利润等指标，使管理者难以在企业的长期发展战略方面精心策划，加强对服务质量的管理。而且有些企业的部门结构不尽合理，过分倚重新产品的研发，在这方面投入大量人力、物力，而不重视服务。服务人员即便付出相当大的努力也不能获得相应的报酬，于是失去了改善服务质量的动力。而恰恰是他们直接面对客户，体现出服务的质量，并代表着企业的形象。因此，这种做法必然会制约企业的长远发展。

（2）目标设置。设置目标不仅有利于改善企业和个人的表现，而且有助于对整个企业进行全面的控制。服务本身就是一种行为表现，服务的目标需要通过人力或机器的表现来确定。服务目标必须清晰、有条理，包含各项具体的服务质量标准，使服务提供者真正理解管理者希望提供的服务是什么，从而缩小管理者对客户期望的认知与服务质量标准之间的差距。在制定目标时，应使目标具有专门性、可接受性、可衡量性、挑战性和全面性，并有适当的反馈系统加以监控。

（3）任务标准化。要将管理者对客户期望的认知准确地转化成服务质量标准，就需要对任务加以标准化。这种转化的效果和质量取决于任务标准化的程度。技术是比较容易实现标准化和规范化的，既包括硬技术，如自动洗车器等，也包括软技术，主要指工作方法的改进，如定期进行标准化培训等。但是，并非所有的服务都能实现标准化，那些涉及个人客户的服务，如为客户制定投资决策等，就很难制定严格的标准。

（4）可行性。企业的管理者充分了解客户的期望后，还必须确定这种期望的可行性大小。管理者认为将客户期望转化为现实服务的可行性越小，客户期望转化为具体的服务质量标准的可能性就越小，从而管理者对客户期望的认知与服务质量标准之间的差距就越大。

3. 服务质量标准与实际提供的服务之间的差距

在企业员工为客户提供服务时，他所遵循的服务质量标准并不能完全体现在他所实际提供的服务上，由此产生了服务质量标准与实际提供服务之间的差距。影响这一差距大小的因素主要有：

（1）协作性。协作性是指企业全体员工和管理者为实现一个共同的目标而真诚合作的特点。企业员工之间相互协作的程度对企业的表现至关重要。在缺乏协作性的企业中，不同部门的员工要想获得彼此的帮助非常困难，在工作中体现得更多的是独立性而不是协作性。在这种情况下，企业的管理人员应有意识地提高员工的参与程度，使他们感受到集体的存在。员工要培养合作的精神，自觉摒弃出于个人利益的过度竞争，尊重其他员工的意见，帮助他们解决问题。企业要努力营造一种协作的氛围，提高服务质量，缩小服务质量标准与实际提供服务之间的差距。

（2）员工胜任力。在实际工作当中，并非每一个直接为客户提供服务的员工都能胜任自己的工作。他们因自身能力的限制，往往不能严格地按照服务质量标准为客户提供服务，由此产生了服务质量标准与实际提供服务之间的差距。为缩小这一差距，一方面，管理者应对员工进行严格的甄选，坚决剔除滥竽充数者，让真正有才能的人走上服务岗位；另一方面，企业要对员工定期培训，使其服务技巧不断完善。

（3）技术胜任性。服务质量的高低与员工在服务过程中所使用的工具和技术有很大关系。精良的工具和现代化的技术能促进服务的标准化，减少服务中的差错，缩小服务质量标准与实际提供服务之间的差距。

（4）控制力。个人对环境压力的反应取决于他对环境的控制力。个人控制环境的方式有三种：行为控制、认知控制和决策控制。行为控制指用自身的行为反应来影响具有威胁性的环境；认知控制指个人通过信息传递的方式来减轻环境的压力；决策控制指通过目标选择来控制环境。在企业中，个人对环境的控制力取决于企业的组织条例和企业文化对员工灵活性的限制。为提高服务的效率，员工应得到服务客户方面的授权，并拥有完全的控制力。若服务程序分散在不同的部门，员工的控制力就会减弱，服务质量就会降低。另外，控制力的大小还受对客户期望的预见性的影响。预见性越强，控制力就越大。

（5）监督控制体系。服务是一个员工与客户共同参与并相互作用的过程，许多微妙的、看不见摸不着的因素都会影响服务质量。因此，对员工的表现不能单纯以产出数量来衡量，而要看他的实际行为，即通过行为控制体系进行监控。了解员工行为的最可靠的途径就是进行客户调查，根据调查结果给员工评定分数并支付报酬。

（6）角色矛盾。直接向客户提供服务的员工是联系企业和客户的纽带，他们的行为反映了企业与客户的期望、需求和压力，必须能同时满足双方的要求。若这些要求之间出现冲突和矛盾，他们往往会感到无所适从，并因此引发紧张、焦虑甚至不满情绪，从而陷入角色矛盾。若员工陷入其中，必然会引起心理上的不快，降低工作表现水平，拉大服务质量标准与实际提供服务之间的差距。因此，管理者要简化内部程序，实施客户导向战略，以客户为中心，从而消除角色矛盾，提高客户的满意度。

（7）角色不明。当员工不甚了解管理人员对他们的要求，或不明白他们的工作表现如何被评估、他们的劳动报酬如何计算时，会出现角色不明。这与企业向下传递信息的频率、质量和精确度等因素有关。向下传递涉及的是上层管理者用以指导和影响直接提供服务的员工的各种信息，一般包括组织及其部门的目标、战略规划、工作指示、规则、程序以及工作的评价方法。如果管理者能经常提供这类明确的信息，员工就会在工作实践中对这类信息所包含的各种要求心中有数，角色的职责就会变得清晰，从而缩小服务质量标准与实际提供服务之间的差距。

4. 实际提供的服务与客户感受之间的差距

客户感受到的服务与员工实际提供的服务并不等同，这是因为客户的感受受事先对服务抱有的期望的影响，而客户期望的形成与企业的广告宣传等外部沟通关系密切。若企业的宣传有夸大的倾向，客户期望会过高，其感受到的服务水平就会偏离实际。但若客户对企业的服务情况缺乏了解，则难以正确看待实际的服务水平。影响实际提供的服务与客户感受之间差距的主要因素包括：

（1）水平沟通。水平沟通是发生在组织某一部门内部或不同部门之间的横向信息流动，它旨在加强部门之间、人员之间的相互协作，以期实现组织的全局目标。企业的广告部门和直接为客户提供服务的员工之间应密切沟通，相互协作，使广告宣传能让客户产生合理的期望，为客户服务的员工也可以借助沟通全面了解企业的广告宣传计划，为受广告吸引的客户提供所要求的服务，尽量使实际服务水平与广告宣传相吻合。当然，除了直接为客户提供服务的员工与广告部门需要水平沟通外，在组织内其他部门之间、人员之间（如销售人员与执行人员之间）也应经常沟通，以实现整体的协调，使企业在提供服务时各部门之间的程序和规则保持一致。如此，客户会对不同部门产生类似的期望，接受的服务水平也不会出现较大差异，对服务的相对满意度就会提高。

（2）夸大宣传。夸大宣传是导致实际提供的服务与客户感受之间产生差距的最直接、最明显的原因。由于竞争日趋激烈，企业为了吸引并争夺客户，往往在做广告时有言过其实的倾向，竞争的压力迫使大多数企业争相仿效、随波逐流，从而使实际提供的服务与客户感受之间的差距普遍拉大。

5. 客户的期望与实际获得的服务之间的差距

服务质量的高低取决于服务传递过程中自然产生的以上四种差距。差距越小，表明传递越充分；与客户期望的差距越小，服务质量也就越高。但差距总是存在的，而且在某些情况下还很大。这四种差距在服务提供过程中渐次产生并逐渐累加，最终体现为第五种差距，即客户的期望与实际获得的服务之间的差距，它表明服务质量的高低。

观点聚焦

别把销售干得那么功利

在信息越来越透明，产品越来越同质化，销售越来越乏力的情况下，越需要销售人员抱着真正帮助客户的心态，积极主动地为客户提供服务。销售的核心是洞察和了解客户，帮助客户解决问题，所以，销售人员不要把销售干得那么功利。

母婴行业的销售人员会给准妈妈提供免费的母婴知识讲座，家居建材行业的销售人员会给客户的新房进行免费的验房和装修设计，当销售人员在做这些事情的时候，是真心地想帮助客户还是想要通过这样一些举动来赢得客户的好感，让客户觉得如果不在你这里购物会有内疚感呢？不可否认，你做这些事情的部分原因是要赢得客户的好感，为下一步的销售建立良好的客户关系，但是怕就怕你的功利心太强，一旦客户不在你这里购买，你就立马翻脸不认人。没有一颗为客户服务的真心，是过于功利性销售的表现。

过于功利性的表现还有很多，比如销售人员看人下菜碟，喜欢攻击竞争对手，对有购买意向的客户表现出过分的热情，等等。当销售人员抱着急功近利的心态做销售时，其实很多客户都能感觉到其目的性，客户要么会心生不满，要么会充满内疚，总之，很难让客户获得一种愉悦的购买体验，即使这次成交了也不会有下一次的销售机会。所以，做销售还是要多一些真诚少一些套路。

资料来源：别把销售干得那么功利．中国营销传播网，http：//www. emkt. com. cn/article/655/65544. html.

提高服务质量的方法

企业要提高服务质量，首先必须在整个服务系统的设计和运作过程中坚持企业的服务质量标准，不能只依赖于事后的检查和控制。其次，客户对服务质量的评价是一种感知的过程，他们往往习惯于通过服务系统中服务人员的表现及其与客户之间的互动关系来评价，因此在改善服务质量过程中人的因素至关重要，企业必须重视对人的培养和训练。

企业提高服务质量的方法中比较常用的有以下两种。

1. 标准跟进

企业提高服务质量的一种便捷的途径就是向竞争者学习。标准跟进就是鼓励企业向竞争者学习的一种方法。具体来说，它是指企业将自己的产品、服务和市场营销过程等与市场上的竞争对手（尤其是最强的竞争对手）的标准进行比较，在比较和检验的过程中寻找差距，提高水平。施乐公司就是最早采用该方法的企业之一。该公司在面临极大的竞争压力和财务危机的情况下采取标准跟进法，很快扭转了被动的局面，不仅重新获得了较高的市场份额，而且降低了生产成本，提高了产品质量。

企业在运用标准跟进法时，可从经营、战略、业务管理等几方面着手。

（1）在企业经营方面，应从降低竞争成本和提高竞争差异化水平的角度来了解竞争对手的做法，制定经营战略。

（2）在企业战略方面，应将自身的战略与竞争者已获得成功的战略进行比较。例如，竞争者将目标市场定在哪里？竞争者采取的是成本领先战略、差异化战略还是其他战略？竞争者如何在产品研制、生产与市场开发方面分配资源？通过一系列的比较和研究，企业会发现被忽略的有助于成功的战略因素，从而制定出新的符合市场条件和自身资源水平的战略。

（3）在业务管理方面，企业可对照竞争对手的做法，重新评估支持性职能部门（如后勤部门）对整个企业的作用。学习竞争对手的经验，使企业支持性职能部门与其他部门的步调保持一致，是提高服务质量的重要保证。

2. 蓝图技巧

企业要想提供较高水平的服务，提高客户的满意度，还必须了解影响客户对服务的认识的各种因素。蓝图技巧为企业有效地分析和理解这些因素提供了便利，它是指通过分解组织系统和机构，识别客户与服务人员的接触点，并从这些接触点出发来改进企业服务质量的一种战略。它借助流程图来分析从前台服务到后勤服务的全过程。

运用蓝图技巧的步骤主要有：

第一步，将服务所包含的各项内容以流程图的方式画出来，使服务过程清楚、客观地展现出来；

第二步，将那些容易导致服务失败的环节找出来；

第三步，确定执行标准和规范，并使这些标准和规范体现出企业的服务质量标准；

第四步，找出客户能够看得见的判断服务水平的证据，将每一个证据都视为企业与客户的服务接触点。

在运用蓝图技巧的过程中，正确选择服务接触点并进行有效的管理具有重要的意义。这是因为在每一个服务接触点上，服务人员都要向客户提供不同的职能质量和技术质量，而在这一点上，客户对服务质量的感知将直接影响客户对服务质量的整体评价。比如，客户到一家餐厅就餐的过程至少会涉及以下几个接触点：客户在服务员的引领下就座；客户点菜；等候上菜；客户需要茶水、纸巾等用品；用餐完毕，客户结账。其中任何一个环节出问题，都可能导致客户认为该餐厅的服务质量较差。

实践观察

电商巨头的下半场之争：贴近顾客提供服务

OPPO 和 vivo 2016 年的业绩超过了小米和华为，成为中国手机市场的最大赢家。它们的杀手锏是在全国拥有 20 万家以上门店，总数是对手的数十倍。通过门店，它们离用户更近，实现了贴身营销与售后服务，据此拥有了大批用户。

在手机行业，建立门店并非OPPO和vivo的首创，苹果在2001年就设立了第一家体验店，如今体验店已是其核心销售和服务渠道。更重要的是，苹果店给果粉带来了更好的体验感知。曾经主张只通过互联网与用户沟通联系的小米，也决定在5年内设立1 000家实体店。星巴克未来5年要在中国再开2 500～5 000家门店。由此，你可能发现：提供商品或服务的公司都在努力追求距离用户更近，只有这样才能实时地交付产品、提供服务，实现体验的最佳化。

有意思的是，亚马逊、京东、阿里巴巴都在通过各种方式更加贴近用户，不断将在线零售的体验做到极致，这一点变得越来越明显。

事实上，传统零售巨头也一直在追求贴近消费者。沃尔玛在全美开设了4 600多家门店，确保50%的美国人口的居住地距离沃尔玛5英里之内，开车只要10分钟，人们就可以到附近的沃尔玛买到大部分生活必需品。

与沃尔玛采取“仓库—门店”的模式不同，亚马逊直接建立“仓库—消费者”的商品分发体系。目前有44%的美国人口居住在距离亚马逊物流中心20英里的范围内，在2005年这个比例不到5%，在2014年这个比例是26%。亚马逊还在加快物流中心建设，使之覆盖更多的美国人口。从与消费者的贴近度来看，亚马逊已经不输沃尔玛。亚马逊可为全美Prime用户提供免费2日达配送服务，为超过31个美国城市的Prime用户提供免费同日达配送服务（订单35美元及以上），甚至能够为华盛顿地区的Prime用户提供2小时送达服务，2小时对消费者几乎没有等待感，这可能是网购超越实体零售的临界点。

京东所采用的模式与亚马逊很像，但它在物流上的投入更大。京东很早就开始大力投资仓储物流，2016年仅仓库面积（不含分拣中心和配送站点）就比2011年增加了11倍，这个增长趋势在最近两年尤其明显。居住在京东物流中心及配送站点30千米范围内的人口占全国人口总数的53%，京东自营配送覆盖全中国98%的人口。京东用更短的时间实现了比亚马逊更高的消费者贴近度，这与中国人口居住相对密集有直接关系，也与京东贴近消费者所采取的模式有关系。

资料来源：电商巨头的下半场之争：贴近到顾客身边去服务，http：//www. woshipm. com/it/544244. html.

8.4　客户投诉管理

现代市场营销观念认为，企业营销活动应以市场为中心，通过不断满足客户的需要来达到获取利润的目的。所以，如何处理客户投诉，直接关系到能否更好地满足客户的需要，影响到企业利润的实现。

处理客户投诉是客户服务管理的重要内容。出现客户投诉并不可怕，关键在于如何正确地看待和处理客户的投诉。一个企业要面对不同的客户，每日运营的业务庞大复杂，要做到每一项业务使每一个客户都满意是很难的。所以，企业要加强与客户的联系，倾听他们的不满，不断纠正企业在销售过程中出现的失误和错误，尽力补救和挽回给客户造成的损害，从而维护企业声誉，提高产品形象，不断巩固老客户，吸引新客户。

客户投诉的内容

因为销售的各个环节均有可能出问题，所以客户投诉也可能涉及产品和服务的各个方面，可以归纳如下：

（1）商品质量投诉。主要包括产品在质量上有缺陷、产品规格不符、产品技术规格超出允许误差、产品故障等。

（2）购销合同投诉。主要包括产品数量、等级、规格、交货时间、交货地点、结算方式、交易条件等与原购销合同的规定不符。

（3）货物运输投诉。主要包括货物在运输途中发生损坏、丢失和变质，因包装或装卸不当造成损失等。

（4）服务投诉。主要包括对企业各类人员的服务质量、服务态度、服务方式、服务技巧等提出的批评与抱怨。

处理客户投诉的原则

处理客户投诉应该遵循以下原则：

（1）有章可循。要有专门的制度和人员来管理客户投诉问题。另外，要做好各种预防工作，将客户投诉消灭在萌芽状态。为此，需要不断提高全体员工的素质和业务能力，树立全心全意为客户服务的思想，加强企业内外部的信息交流。

（2）及时处理。对于客户投诉，各部门应通力合作，迅速作出反应，力争在最短的时间内全面解决问题，给客户一个满意的答复。否则，拖延或推卸责任会进一步激怒投诉者，使事情复杂化。

（3）分清责任。不仅要分清造成客户投诉的责任部门和责任人，而且需要明确负责处理投诉的各部门及人员的具体责任与权限，以及客户投诉未及时圆满解决的责任。

（4）留档分析。对每一起客户投诉及其处理都要进行详细的记录，包括投诉内容、处理过程、处理结果、客户满意度等。要认真分析，吸取教训，总结经验，为以后更好地处理客户投诉提供参考。

客户投诉处理流程

一般来说，客户投诉处理流程包括以下几个步骤：

（1）记录投诉内容。在客户投诉记录表上详细地记录客户投诉的全部内容，如投诉人、投诉时间、投诉对象、投诉要求等。

(2) 判定投诉是否成立。了解客户投诉的内容后，要判定客户投诉的理由是否充分，投诉要求是否合理。如果投诉不能成立，可以委婉的方式答复客户，取得客户的谅解，消除误会。

(3) 确定投诉处理责任部门。根据客户投诉的内容，确定具体受理单位和受理负责人。如属运输问题，交储运部处理；如属质量问题，则交质量管理部处理。

(4) 责任部门分析投诉原因。要查明客户投诉的具体原因及造成客户投诉的责任人。

(5) 提出处理方案。根据实际情况，参照客户的投诉要求，提出解决投诉的具体方案，如退货、换货、维修、折价、赔偿等。

(6) 提交主管领导批示。对于客户投诉问题，领导应高度重视，主管领导应对投诉的处理方案及时作出批示。要根据实际情况采取一切可能的措施挽回损失。

(7) 实施处理方案，处罚直接责任者，通知客户，并尽快收集客户的反馈意见。对直接责任者和部门主管要按照有关规定进行处罚，依照投诉所造成的损失大小，扣罚责任人一定比例的绩效工资或奖金；同时，对不及时处理问题造成延误的责任人也要予以追究。

(8) 总结评价。对投诉处理过程进行总结与综合评价，吸取经验教训，提出改进对策，不断完善企业的经营管理和业务运作，以提高客户服务质量和服务水平，降低投诉率。

客户索赔的处理

当客户投诉并索赔时，企业必须小心应对，避免事态扩大而损害企业形象。若索赔事件处理得当，不仅可消除企业危机，而且可得到客户长期的支持。处理方式如下：

(1) 面对客户时，应保持诚恳、亲切的态度。

(2) 如果明显是企业的问题，应迅速向客户致歉，并尽快处理；如果原因不能确定，应迅速追查原因（应对企业的产品有信心），不可在调查的阶段轻易向客户妥协。

(3) 对投诉的处理以不影响一般消费者对企业的印象为准则，由客户中心或公关部致函道歉，并用完好的产品予以调换；如果已没有相同的产品，应给予货币补偿。若调查需要耗费较长时间，应向客户详细说明，取得谅解（应设法取得凭证）。在处理过程中应注意加强追踪。

(4) 责任不在企业时，应由承办人召集有关人员（包括客户及各供应商）开会以查明责任，并确定是否应赔偿，若应赔偿，由谁赔偿以及赔偿多少。

(5) 赔偿事件发生后，应迅速将有关情况通报相关部门，并以最快的速度加以处理，防止类似事件再次发生。

(6) 发生索赔事件时，应对客户给予赔偿，如果是供应商的问题，应尽快追偿损失。

延伸阅读

顾客投诉管理中的常见问题和应对措施

顾客投诉管理中经常存在以下问题：投诉渠道不畅，投诉受理后不能及时得到处理，客服人员态度冷漠，对顾客投诉所反映问题的预防及纠正不及时不到位。这些情况造成顾客投诉费时费力，问题一拖再拖；同时也给公司带来投诉增多、管理成本增加、顾客满意度下降的不良后果。针对这些问题，可以采取首接负责制来有效避免。

首接负责制就是“谁受理，谁负责到底”的管理制度，要求任何一名客服人员在接到顾客投诉后，把自己当成第一责任人，负责受理过程中的跟办、催办和督办，直至顾客投诉的问题得以解决。首接负责制要求首接责任人对自己能够正确答复的问题立即给予解释或处理，比如与维修部门联系安排上门服务，必要时提供相应的资料等，并且始终热情耐心地解答顾客的询问。首接责任人对自己无法立即正确答复但属于部门职责范围内、经本人沟通后可明确答复的问题，要当场与相关人员联系，由本人或相关人员现场答复客户。首接责任人对自己无权表态或无法作出现场答复的问题，不可擅自做主，应委婉地向顾客致歉并作出合理解释，说明待内部研究后再回复。在整个协调过程中，首接责任人要与顾客保持联系，直至问题彻底解决。这就杜绝了部门之间的推诿，保证了投诉渠道的畅通。

资料来源：孙燕．顾客投诉管理中的常见问题和应对措施．市场论坛，2016（4）：30－31.

案例分析

淘宝网的交易纠纷处理

淘宝网作为C2C交易平台，其服务对象既包括在平台上销售商品的卖家，也包括购物的消费者。目前淘宝网在保障消费者权益方面做了较大努力：一是建立了基于每笔交易而产生的买卖双方互相评价的信用评价体系，在信用评价体系中设置了多种评价交易的角度；二是允许买卖双方在作出评价后的一段时间内对之前作出的评价进行修改；三是先后推出了“如实描述”“先行赔付”“7天无理由退换货”“假一赔三”“30天维修”“闪电发货”“正品保障”等消费者保障服务。淘宝网虽然对客户关系管理的售前服务作了“保障”，但并不能完全消除消费者在购物中及购物后可能出现的问题。此外，淘宝网上的卖家也可能面临买家的恶意评价等问题。因此，为了解决交易中出现的其他问题，淘宝网还专门通过多种渠道设置了“举报及交易纠纷”栏目，处理买卖双方的各种问题。

快速解决客户举报及投诉的问题十分重要。有效地处理客户投诉能使客户享受更好的服务，有利于提高企业信誉，这是企业提高市场竞争力的关键。淘宝网虽然提供了多种受理举报及处理交易纠纷的方式，但并未完全体现“以客户为中心”的理念，具体表现在以下几个方面：

（一）举报及投诉障碍较多

（1）客户举报及投诉成本较高。淘宝网提供的客服电话为普通主叫方付费电话，而淘宝网的客户分布在全国各地，可能需要客户支付长途话费。这无疑增加了客户举报及投诉的成本。

（2）对客户举报及投诉的管理缺乏灵活性。淘宝网为了迅速定位客户反映的问题，将网站购物中可能出现的纠纷划分为不同类别，要求客户发起投诉时首先选择相应的投诉种类，再详细说明事件经过。而事实上，首先，淘宝网对于纠纷的归类并不科学全面，致使客户不能准确地选择投诉种类，而一旦客户所反映的问题与所选择的纠纷类别不符，投诉就会被撤销。其次，部分交易纠纷可能比较复杂，同时涵盖多种问题。最后，针对首次进行纠纷投诉的客户来说，还需要花时间了解详细的分类，大大降低了解决客户纠纷的灵活性。

（二）举报及投诉处理流程不合理

淘宝网在客户举报及投诉的处理上存在以下问题：

（1）处理时间长。流程设计的不合理直接导致淘宝网上举报及投诉的处理时间相当长。在现有的三种客户服务方式中，“24 小时电话”能迅速受理全国各地的客户反映的问题，却没有明确的处理时间范围。“网站留言”在客户提交详细情况说明两天后才能对问题进行答复。“投诉”在发起 7 天后才能回复。如果涉及退款纠纷则需要长达一个月才能得到淘宝网的处理结果。

（2）处理流程未能做到完全公开透明。淘宝网公布的纠纷处理信息中，并未详细提供各种纠纷处理方式的业务流程。

（3）组织架构设置不合理。“24 小时电话”和“网站留言”都是淘宝网为保障客户纠纷迅速解决而设置的渠道，是企业与客户联系的窗口。在实际处理中这些渠道的信息应该汇总到淘宝网的客服中心，并在整个客户关系管理系统中由各部门共享。针对已经发起却被淘宝网驳回的投诉，淘宝网从业务流程设置上允许客户通过“网站留言”的方式继续反映问题。这未能很好地发挥扁平式组织结构形态所具有的信息传递速度快的优点，使客户的投诉处理过程变得更复杂。

资料来源：张宇持．从交易纠纷处理看淘宝网客户关系管理问题，http：//www. docin. com/p-419936923. html.

讨论题

1. 淘宝网的客户投诉管理存在哪些方面的问题？
2. 你认为淘宝网的客户服务需要在哪些方面加以改进？

重点名词

客户服务　售前服务　售中服务　售后服务　服务质量　标准跟进　蓝图技巧

思考题

1. 请按照不同的划分标准对客户服务进行分类。
2. 常见的售前服务主要有哪些?
3. 售中服务包括哪些内容?
4. 售后服务包括哪些方面?
5. 服务质量的评价标准有哪些?
6. 服务质量的差距分析可以从哪几个方面着手?
7. 简述标准跟进和蓝图技巧这两种提高服务质量的方法的区别。
8. 客户投诉的内容包括哪些方面?
9. 处理客户投诉应该遵循哪些原则?
10. 处理客户投诉的流程包括哪些步骤?

实训练习

"顾客永远是对的"这句话最早出自何处已无法考证,但深圳洪湖沃尔玛墙上的醒目标语"1. 顾客永远是对的;2. 顾客如果有错误,请参看第1条",却让人开始思考顾客在企业经营中的重要性。沃尔玛创始人山姆·沃顿指出:"事实上,顾客能够解雇我们公司的每个人,他们只需要到其他的地方去花钱,就可以做到这一点。"由此可见,衡量企业成功与否的重要标准就是让顾客即"我们的上帝"满意的程度。

"顾客永远是对的"是商业服务行业奉行的一条准则,不少企业都把"顾客永远是对的""顾客第一""服务第一"等口号列入企业宗旨,体现在广告创意中。更有甚者,把"顾客永远是对的"这一理念推至极致。但也有人认为有极少数客户总是无事生非,挑企业的毛病。对于那些别有用心、刁蛮任性、故意挑三拣四的顾客,企业不能一味迁就。

辩题:顾客永远是对的

全班同学抽签分为正反两方,各方先分别讨论本方观点,找证据,选出4位同学代表本方作为主辩手参加辩论,其他同学作为辅助辩手参加10分钟的自由辩论。老师点评双方的表现及辩论应该注意的问题。

第9章 维系客户关系

本章要点

1. 设计客户关系管理系统
2. 建立客户数据库
3. 挖掘客户价值
4. 客户满意度评估
5. 客户忠诚度管理

引 例

汽车经销商重视客户关系维护

不少汽车品牌近几年对于羽毛球都有赞助，比如奇瑞和东风雪铁龙赞助了世界羽联和国际羽联的赛事。李永波羽毛球学校在东莞建好之后，为东莞带来了更浓的羽毛球运动氛围。东莞的汽车经销商纷纷抓住羽毛球这一主题来做活动，拉近与客户的关系。比如由东莞市羽毛球协会主办、东风雪铁龙独家冠名的“东风雪铁龙·莞香杯业余羽毛球团体公开赛”，不仅设立了高额奖金，还发放由东风雪铁龙公司赞助的价值数十万元的购车现金券，让参赛者在购车时独享巨额优惠。

汽车经销商为维系客户关系不断出新招。为了“讨好”老客户，一些汽车经销商除了提供传统的免费自驾游和售后优惠，还通过服务车主的孩子来打动车主，在进行内部员工培训时也邀请车主参与，推出清凉游戏等特色活动吸引老客户。上海大众和一汽丰田4S店都设立了“客户关爱学校”，为车主讲解车辆知识，将介绍新客户成功购车的老客户升级为 VIP 客户，给予工时费折扣等优惠。

资料来源：淡季，车行重客户关系维护，http：//www.21so.com/HTML/nfdaily/2013/08-08-73634.html.

启示：通过各种方式维护客户关系，既保住了老客户，又为新客户的加入带来更多可能——老客户越满意，口碑传播的影响就越大，就能带来越多的新客户，这种良性循环对企业而言非常重要。

客户是企业最重要的资源之一，谁拥有了客户就拥有了市场。企业销售管理人员应重视建立客户关系，挖掘客户价值，管理客户忠诚，维系客户关系。

9.1 建立客户关系

通过建立客户关系管理系统，对客户数据进行整理，企业可以了解客户整体的销售状况及其发展动态，对市场需求作出正确的判断，并采取相应的对策，真正实现以客户为中心的经营理念，提高企业销售业绩。

设计客户关系管理系统

客户关系管理（customer relationship management，CRM），是指通过培养企业的最终客户、分销商和合作伙伴对本企业及产品更积极的偏爱或偏好，留住他们并以此提升企业业绩的一种营销策略。其操作过程是：借助先进的数据库和其他信息技术获取客户数据，分析客户行为和偏好特性，积累和共享客户知识，有针对性地为客户提供产品或服务，发展和管理客户关系，培养客户长期的忠诚度，以实现客户价值最大化和企业收益最大化之间的平衡。

CRM 的目的已经从以一定的成本取得新客户转向想方设法地留住现有客户，从取得市场份额转向取得客户份额，从实现短期的交易转向开发客户的终身价值。总之，CRM 的目的是从客户利益和企业利润两方面实现客户关系的价值最大化。

CRM 首先是一种管理概念，其核心思想是将企业的客户（包括最终客户、分销商和合作伙伴）作为最重要的企业资源，通过完善的客户服务和深入的客户分析来满足客户的需要，保证实现客户的终身价值。

CRM 也是一种旨在改善企业与客户之间关系的新型管理机制，在企业的市场营销、销售、服务与技术支持等与客户相关的领域实施。通过向企业的销售、市场营销和客户服务的专业人员提供全面、个性化的客户资料，并强化其跟踪服务、信息服务能力，使他们能够在企业与客户之间协同建立和维护一对一关系，使企业得以提供更快捷周到的优质服务，提高客户的满意度，吸引和留住更多的客户，从而增加营业额，同时，通过信息共享和优化商业流程有效地降低企业经营成本。CRM 的实施要求以客户为中心来架构企业，完善能对客户需求快速作出反应的组织形式，规范以客户为核心的工作流程，建立由客户驱动的产品和服务设计机制，进而培养客户的品牌忠诚度，增加盈利。

CRM 还是一种管理软件和技术，它将最佳的商业实践与数据挖掘、数据仓库、一对一营销、销售自动化以及其他信息技术紧密结合在一起，为企业的销售、客户服务和决策支持等领域提供可实现业务自动化的解决方案，使企业拥有一个基于电子商务的面对客户的系统，从而顺利实现从传统企业模式到以电子商务为基础的现代企业模式的转变。

CRM 系统最基本的功能主要是满足市场营销、销售和服务等部门的需求。对应于这三个部门，CRM 有相应的系统，这些系统有各自的功能。

1. 客户市场管理子系统

该子系统能够提供完整的客户活动、事件、潜在客户和数据库管理，从而使寻找潜在客户等工作效率更高。它可以从任何一个地点快速获取所有关于市场营销活动、事件和潜在客户的信息。通过高度专门化的数据选择，可以基于数量、位置、购买倾向或其他细分潜在客户。

该系统负责收集客户的一般资料，跟踪现有客户资料的变更，挖掘潜在客户；使市场营销部门有能力执行和管理通过多种渠道进行的多项市场营销活动，同时还能对活动的有效性进行实时跟踪，帮助市场营销机构管理其市场营销材料库中的宣传品；记录通过多种渠道获得的市场信息，收集竞争对手的资料，如调研报告、经济分析报告、产品情报等，为各部门提供参考；通过统计分析进行市场划分、市场定位等市场状况研究，为决策者提供决策所需的依据。

该系统主要有以下功能：

（1）电话营销和电话销售。具体包括：提供电话本；生成电话列表，并把它们与客户、联系人和业务建立关联；把电话号码分配给销售员；记录电话细节，并安排回电；提供电话营销内容草稿；电话统计和报告；自动拨号。

（2）营销管理。具体包括：提供产品和价格配置器；在开展营销活动时获得预先定制信息的支持；把营销活动与业务、客户、联系人建立关联；显示任务完成进度；提供类似公告板的功能，可张贴、查找、更新营销资料，实现营销文件、分析报告等的共享；跟踪特定事件；安排新活动，如研讨会等，并加入合同、客户和销售代表等方面的信息；信函书写、批量发邮件，并与合同、客户、联系人、业务等建立关联；邮件合并；生成标签和信封。

（3）潜在客户管理。具体包括：业务线索的记录、升级和分配；销售机会的升级和分配；潜在客户的跟踪。

2. 客户销售管理子系统

该子系统可以快速获取和管理日常销售信息，提高销售人员工作效率，保证客户和销售小组成员之间的沟通。借助该子系统，销售经理能有效地协调和监督整个销售过程。

客户销售管理子系统负责收集与客户销售相关的资料，帮助用户准确把握客户情况，提高销售效率与质量；可处理客户订单，执行报价、订货单创建与账户管理等业务，并提供对订单的全方位查询；通过在各业务部门间按照业务规则传递相关数据和信息，帮助用户管理其销售运作，保证销售订单的顺利完成；通过对销售数据的多方面统计、查询，获得用户所需的信息，为用户提供决策上的帮助；进行动态库存调配管理、分销商信息管理等，为用户提供各种功能，为用户的销售活动提供支持。

该系统主要有以下功能：

（1）客户管理。具体包括：汇集客户基本信息；记录与此客户相关的基本活动和活动历史；选择联系人；输入和跟踪订单；生成建议书和销售合同。

（2）联系人管理。具体包括：记录、存储和检索联系人概况；跟踪联系人同客户的联系，如时间、类型和任务等，可以把相关的文件作为附件；记录客户内部机构的设置概况。

（3）销售管理。具体包括：管理销售信息，如客户、业务描述、联系人、时间、销售阶段、业务额、可能的结束时间等；产生各销售业务的阶段报告，并给出业务所处阶段、所需的时间、成功的可能性、历史销售状况评价等信息；对销售业务给出战术、策略上的支持；对地域（省市、邮编、地区、行业、相关客户、联系人等）进行维护；把销售人员归入某一地域并授权；重新设置地域；根据利润、领域、优先级、时间、状态等标准，用户可定制关于将要进行的活动、业务、客户、联系人、约会等方面的报告；提供类似 BBS 的功能，用户可把销售秘诀发在系统上，还可以进行销售技能的查询；销售费用管理；销售提成管理。

3. 客户支持与服务管理子系统

该子系统能够将客户支持人员与现场销售和市场紧密地集成在一起，为用户提供定制的“桌面”，综合所有关键客户信息，管理日常的客户服务活动和任务，在解决客户问题时可以快速高效地存取关键的客户管理信息。

该系统主要有以下功能：

（1）客户服务信息管理。具体包括：收集与客户服务相关的资料；现场服务派遣；客户数据管理；客户产品生命周期管理；支持人员档案和地域管理等。此外，在与 ERP 系统集成后可为后勤、部件管理、采购、质量管理、成本跟踪、发票和会计管理等提供必需的数据。

（2）服务合同管理。具体包括：通过帮助用户创建和管理客户服务合同，确保客户能获得与他的花费相当的服务；跟踪保修单和合同的续订日期，通过事件功能表（即根据合同制定的定期客户拜访、产品维护日程表）安排维护活动；服务档案管理模块使用户能够对问题及解决方案进行日志式的记录，包括联系人管理、动态客户档案和任务管理，从而使客户在检索问题答案或解决方案方面提高速度和质量。

（3）服务统计分析与决策支持。具体包括：对客户服务资料进行分析和处理，使企业既能根据客户的特点提供服务，又能对客户的盈利性进行评估，从而使客户的满意度和企业的盈利都得到提高。

另外，客户支持与服务管理子系统还可与 CTI（计算机电话集成）软件相结合，为客户提供更快速便捷的支持与服务。通过将其业务扩展到网络上，企业还可以充分利用电子商务带来的便利，提供电子市场营销、电子销售和电子服务功能。

市场营销、销售和服务是三个独立的部门，对 CRM 有不同的需求，但有一点是共同的，那就是以客户为中心的运作机制。要将市场营销、销售和服务三个部门紧密地结合在一起，使 CRM 为企业发挥更大的作用。

选择客户关系类型

建立客户关系，需要选择客户关系类型，即企业应该选择与客户之间建立什么样的客户关系。企业建立什么样的客户关系类型，取决于企业的产品和对客户的定位。菲利普·科特勒区分了企业与客户之间的 5 种不同程度的关系水平（如表 9-1 所示）。但这 5 种程度的客户关系类型并不是简单地按从优到劣的顺序排列的。

表 9-1　企业客户关系的类型

类型	特征描述
基本型	销售人员把产品销售出去后就不再与客户接触。
被动型	销售人员把产品销售出去并鼓励客户在遇到问题或有意见时和公司联系。
负责型	销售人员在产品售出以后联系客户，询问产品是否符合客户的要求，有何改进建议，是否有特殊的缺陷和不足，以帮助企业不断地改进产品，使之更加符合客户需求。
能动型	销售人员不断联系客户，提供有关改进产品用途的建议以及新产品信息。
伙伴型	企业努力帮助客户解决问题，支持客户的成功，实现共同发展。

企业应选择适合自己的客户关系类型。菲利普·科特勒根据企业的客户数量以及企业产品的边际利润水平，制作了客户数量与边际利润水平决定客户关系类型的关系图（如图 9-1）。

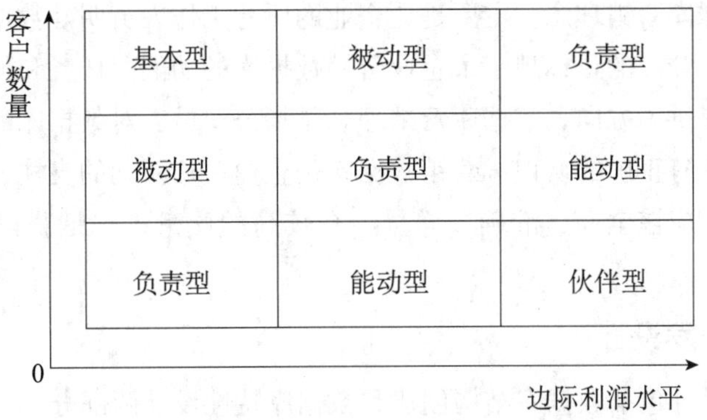

图 9-1　企业依客户数量与边际利润水平选择的客户关系类型图

企业的客户关系类型并不是一成不变的，如果企业在面对少量客户时提供的产品或服务边际利润水平相当高，那么，它应当采用伙伴型的客户关系，力争在客户取得成功的同时自己也获得丰厚的回报；但如果产品或服务的边际利润水平很低，客户数量极其庞大，那么企业会倾向于采用基本型的客户关系，否则它可能因为售后服务的成本较高而出现亏损；其余的类型则可由企业自行选择或组合。

一般来说，企业对客户关系进行管理或改进，应当朝着为每个客户提供满意服务并提高产品的边际利润水平的方向努力。企业可对所有客户按照一定的标准来进行区分，根据具体的情况建立不同类型的客户关系。对于以客户为导向的企业而言，应当围绕如何帮助企业建立高质量的客户关系来确定区分客户的标准。

建立客户数据库

在大数据时代，如果没有客户数据库，营销工作很难开展。客户数据库的建立分为前期准备和数据库开发设计两个阶段。

1. 前期准备

前期准备工作包括成立项目小组、配备相关人员与设备、贯彻数据库营销理念三部分。

（1）成立项目小组。项目管理思想是现代企业的重要管理理念之一，建立客户数据库也是如此。成立项目小组可以从组织上保证数据库开发与管理的顺利进行。通过授权，项目小组的主要任务是全面规划、组织数据库开发与管理工作。项目小组还可以根据工作量以及职能范围设置若干职能小组。

（2）配置相关人员与设备。这里的配置相关人员主要指项目小组的人员配置。一般来说，所要配置的人员主要包括两类：一类是营销专业人员，他们主要在实际工作层面参与数据库的开发工作；另一类是专业的数据库开发管理技术人员，主要是企业管理信息系统的专业人员，他们负责数据库开发的操作，以及将营销人员的需求转化为现实的数据库系统资料。此外，还要为项目小组配备相应的设备，如电脑、服务器等，这也是工作正常进行的保障。

（3）贯彻数据库营销理念。主要是让企业的所有工作人员明确数据库开发的目标与相关理念。数据库开发的目标规定了企业营销数据库的功能、任务和使用范围，为数据库的开发与设计提供了方向。数据库营销理念是指公司员工对数据库的态度和认识。营销人员应对数据库有正确的认识：营销数据库是企业一切活动的支柱；它是一个有着严格规则的系统；它应该全面、准确、详尽，有较高的质量；它是获得客户情况的重要途径。

2. 数据库开发设计

数据库开发设计包括数据库结构创建和数据库特性设计两部分。

（1）数据库结构创建。在设计数据库结构时，选取恰当的字段变量是关键。客户的类型不同，所选取的字段也应不同。针对个人客户的字段一般包括：基本数据，如姓名、性别、年龄、婚姻状况、职业、受教育程度、地址、电话、传真、电子邮箱等；行为特征数据，如收入、家庭结构、生活方式、生活态度、特殊兴趣、历史购买记录、平均购买情况、购买频率等；互动性行为特征，如投诉、支付方式、送货方式等。

针对单位客户的字段一般包括：基本数据，即人员统计及单位基本信息，如联系人姓名、职务、单位名称、地址、电话、传真、网址、公司规模、员工数量、主营业务等；行为与交易特征，如信用等级、生产情况、预算情况、企业规划、最近一次交易的时间、以往的购买经历、企业的产品年销售量、销售代表、历史销售情况、企业的经营目标、客户企业的市场地位、该企业的线索来源、联系频率、最近一次的邮件联系情况、最近一次的销售访问情况等；互动性行为特征，如客户投诉、客户推荐、送货方式要求、以往服务的历史、以往支付的历史、信用历史、对产品的特殊要求等。

（2）数据库特性设计。数据库特性包括数据处理能力、数据安全性、故障应付能力、适当的软硬件配置等多个方面。在数据处理能力方面，一般要求能够快速分类、筛选数据，可随时根据需要增加新字段和新表格，出具新格式的汇总报告等。在数据安全性方面，要做到数据定时备份，并防止数据被竞争对手得到。为保证数据安全，可以采取技术性手段，通过设置安全防范措施来保证数据的安全。

整理客户数据

企业最初收集的客户原始资料是一批问卷、回函卡或工作人员自己填写的记录表。在互联网背景下，用户的每一次行为都将被记录成为数据库中的一个来源。这些原始资料的格式不统一，所包含的信息也不相同，因此在将它们输入数据库系统前，先要对它们进行初步的分类与整理。

1. 依据细分市场的原则对客户资料进行分类

首先将客户的各类数据资料统一成大致相同的格式，并且根据不同的标准进行区分。各企业所使用的方法各不相同，但一般而言，依性别、年龄、职业、收入情况、所在地区分类是最常用的方法。对于大多数企业的产品而言，依照以上条件所进行的分类可以基本满足区分特定的消费群体的要求。市场细分是营销活动中最重要的策略，而在数据库中以市场细分原则将数据进行分类是进行市场细分的必要途径。只有进行了有效的细分，才能根据不同客户的消费特性、购买习惯和方式，与他们进行适宜的交流与沟通。

2. 对新采集到的数据进行整理

通过各种渠道新采集到的数据不一定是新的，企业可能从各类信息收集活动中已获得客户的资料。因此，必须将这类客户的资料加以整理，并与数据库中已有的资料进行对比，对变更的内容进行修改。尤其是对于电话、地址的变动，企业一定要及时进行更新，否则很可能因为这类小失误失去客户。

数据库价值的大小取决于数据库的内容。与客户有关的背景资料、性格特征、消费心态、消费习惯等资料越多，数据库所能提供的价值也就越大，所以企业最好能够了解客户的所有情况，如他们是什么样的人，他们的年龄、性别、职业、婚姻状况、子女状况、受教育程度、居住地点以周边环境，等等。此外，企业还要根据向客户推销的产品的特性向客户收集一些相关信息，例如，客户对本品牌的忠诚度、对其他品牌产品的看法等。

9.2 挖掘客户价值

客户可以源源不断地为企业带来各方面的价值，但是对不同层次的客户的管理要求是不一样的。根据客户的现有价值和战略价值的不同可以把客户划归不同的层次，采取不同的方法挖掘不同层次的客户价值。

基于价值的客户分类

根据客户战略价值、实际价值以及服务成本的大小可以把客户划分为不同的类别，具体如图 9-2 所示。

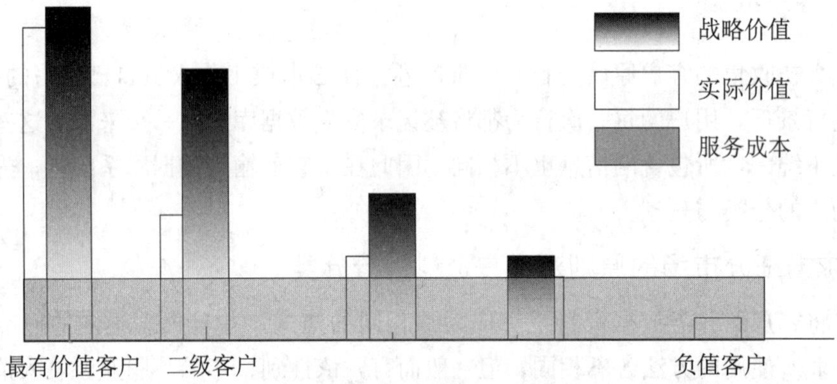

图 9-2 基于价值的客户分类

图 9-2 中有三类有代表性的客户，企业对于这三类客户的政策是不同的，这些客户类型代表了适用不同战略的客户。

(1) 最有价值客户（most valuable customer，MVC)。这类客户主要是指那些实际价值比较高的客户，他们为企业所提供的收入占到企业总营业收入的 40%左右。该类客户是企业利润的主要创造者。对于这类客户，企业的主要策略是进行保持，通过营销留住他们。针对这类客户所实施的交叉销售会为企业带来较小的价值增量，与客户的实际价值相比意义并不大。

(2) 二级客户（second-tier customer，STC)。这类客户是指那些具有很高战略价值，而实际价值还不是很高的客户。该类客户具有很多未实现的潜在价值，有很大的发展空间。对于这类客户，企业的主要策略是获得增长，通过营销发掘其价值。针对这类客户实施交叉销售会为企业带来较大的价值增量，大幅提高该类客户的实际价值。

(3) 负值客户 (below-zero，BZ)。这类客户是指那些根本无法为企业业务带来足以平衡相关服务费用的利润的客户。每个企业都会有这样的客户，对这类客户应该策略性地放弃。

在实践中，并不是每个客户都必然会被划分到这些客户类型之中。对于那些能够识别并且可以归类的客户，企业可以有针对性地确定目标和战略。这个过程可能听上去复杂，实际上有许多公司都在区分自己的客户并归入不同的客户类型，并为其设定不同的目标。

对于上面三类有代表性的客户，企业要实施不同的客户管理战略。企业应在确认自己的客户并评价客户价值的基础上，针对不同类型的客户制定不同的发展战略。

稳定最有价值客户

排名前15%的客户通常给企业带来30%～100%的利润。如果失去这些客户，将对企业利润底线产生极大影响，当企业失去1个最有价值客户时，必须发展至少4个二级客户才能弥补损失，但新客户不可能都是二级客户。通常，新客户最有可能成为发展型客户，其预期盈利性可能介于二级客户和排名后15%的客户之间。因此企业应在10个新客户中找到弥补1个最有价值客户流失所造成损失的机会。掌握最有价值客户相对于新客户的价值后，企业就能在寻找机会前锁定已得到的利润。

企业应根据客户研究、一线部门反馈的信息或者定期的客户评估，不断改进对最有价值客户的理解。稳定最有价值客户的方法主要有：

1. 积极倾听客户的意见

销售人员在准备发起一次销售行动时，常常假装倾听客户的意见。服务部门会用事先印制好的满意度调查表对客户狂轰乱炸，品牌经理人对客户刨根问底却没有涉及实质性问题。所有一线员工应通力合作，确认对最有价值客户最重要的因素，真正了解企业在竞争中的情况。

2. 开展深入的调查

对客户满意度仅做简单评估是不够的，理想的调查是询问客户未来的购买意图。

3. 从一线部门获取信息

一线部门应成为企业的“眼睛”和“耳朵”，但许多员工却是“又瞎又聋”。企业必须保证一线员工对客户评估很敏感，与核心部门进行有效的沟通。

4. 提供直接有效的客户服务行动

满意度调查、调研等被证明是无价的，但是，一些商业机构开始对突击调查客户而不考虑如何把信息变成积极的行动感到困惑。许多餐饮连锁店进行了标准的客户满意度调查，但仍然提供较差的服务。因此，要重视提供直接有效的客户服务行动，尤其是对客户投诉的及时处理。

5. 改变最有价值客户的衰退趋势

核心客户是企业利润的主要来源，如果客户开始衰退，将对企业利润底线产生重要影响。恢复一个衰退的客户往往比恢复已经终止交易的客户更容易。要了解一个客户是否处于衰退期，企业应预测客户可能产生的销售额和利润。充分了解客户、客户预期盈利能力和有关核心客户的计划十分重要，可将销售量不到销售计划 20%的客户列为目标客户。

6. 制定客户忠诚计划

当前，客户忠诚计划被认为能够带来很多附加利润，被证实是应对竞争者的有效保护机制以及无价的竞争情报资源。虽然有许多客户忠诚计划很成功，但企业在向核心客户提供奖励时仍须慎重。客户忠诚计划可能会提高客户忠诚度，但也可能使利润底线遭受损失。由于享受免费飞行的乘客的比例日趋增加，一些航空公司被迫修改甚至放弃常旅客计划。失去控制的忠诚度体系会威胁到利润底线，但如果草率终止会影响最有价值的客户，这些潜在的影响使得企业在制定忠诚计划时必须慎重考虑。

实践观察

延伸服务内容，保持与客户的长久关系

互联网、移动 APP、社交媒体已成为人们生活的一部分，星巴克重新定义了与客户紧密联系在一起的方式。数字媒体完善了星巴克的体验，可让顾客感受到“星巴克就在身边”。

为了查找自身业务低迷的原因并寻找有效对策，2008 年星巴克建立了 My Starbucks Idea 网上社区。客户可在该社区评论星巴克的产品并提出建议和思路，星巴克针对客户意见进行改进，此方式提升了星巴克的服务品质，赢得了消费者的信任，进一步巩固了星巴克在消费者心目中的品牌形象。

星巴克还通过 YouTube，Facebook，Twitter，Foursquare，Google 等社交媒体与客户互动，不仅分享星巴克的相关信息，还分享众多客户感兴趣的内容，这种线上品牌推广模式直接推动了线下消费转化。

资料来源：陈琦．星巴克的重生之路．企业管理，2016（5）：50-52.

放弃负值客户

对于负值客户，企业应该从战略角度出发予以考虑，这是因为对负值客户不能简单地一概放弃，要有区别地对待。企业首先要分析客户成为负值客户的原因，找到根源。

对于那些有前途的负值客户，企业应努力使之转变，也可通过友好的第三方服务于客户。如果这些举措都无效，企业就应放弃客户。

增加二级客户的收入

从客户那里获取更多收入的方法很多，而且新的方式层出不穷。交叉销售成为这一领域中最耀眼的明星。一般来说，企业从现有客户身上获取更多收入的着眼点主要有两个：增加客户的购买量，从而扩大企业对客户份额的占有；提高单次购买的利润率，在一次购买中提高客户份额。从这两个着眼点来看，交叉销售不失为一种有效的方法。

具体来说，增加二级客户收入的方法主要有：让现有客户购买更多的现有产品；让现有客户购买新产品；制定组合价格；简化沟通过程（见图 9－3）。

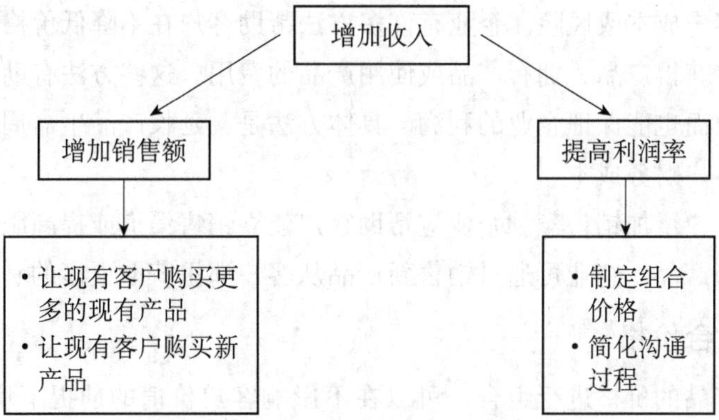

图 9－3　增加二级客户收入的方法

1. 让现有客户购买更多的现有产品

为了让现有客户购买更多的现有产品，企业要从挖掘客户份额入手，努力提高客户份额。通过挖掘客户份额，企业就能找到实现交叉销售的方式，让现有客户购买更多的现有产品，从而从二级客户身上获取更多的利润，提高二级客户的盈利性。为了提高客户份额，企业应该提高客户购买频率或增加客户消费额，从而实现让现有客户购买更多现有产品的目的。有效的方法是：

（1）保持联系。一封感谢信、定期邮件和拜访客户能刺激额外购买。给最近订购过商品的客户寄一封热情洋溢的信，给予他们特别优惠以鼓励再次订购商品。

（2）把握客户的决策者。为完成销售额，企业把握客户的决策者至关重要。

（3）鼓励再次购买。

（4）向客户推荐价格高的商品。

（5）加快进入市场的速度。

（6）政策支持到位。在已经制定销售目标、明确障碍、把握客户的决策者的情况下，销售仍有可能失败。一些企业不得不放弃交易，因为它们没有成功地支持一线部门，比如，研发部门对产品的重新设计进度慢，服务部门不能保证安装，财务部门开展统计工作缓慢，零售店没有适当的库存或者商品大量积压。在销售中，所有部门支持一线部门至关重要。

2. 让现有客户购买新产品

企业可以通过为现有客户提供新产品来提高客户份额。新产品并不是指创新的产品，而是指相对于以往的产品是新的。这种新体现在新的消费途径、现有服务的附加值等方面。为了让现有客户购买新产品，企业首先要利用现有客户关系来发现增加现有产品附加值的新途径，然后确定开发新产品的范围。企业可以通过深入了解客户业务，增加实际利润，例如帮助客户降低成本或者风险从而获得更多的利润。此外，企业可以通过帮助客户提高销售额来增加客户对本企业产品的采购。企业还可以通过新产品的引入来吸引客户购买。

（1）降低客户成本或风险。企业有许多方法帮助客户在不降低价格的情况下节约成本，即降低客户获得产品、拥有产品或使用产品的费用。这些方法有助于增加客户关系的真正价值，因而也能保证企业的利润。具体方法是：延长产品生命周期；节约客户购买时间；节约客户财务成本。

（2）帮助客户增加销售额。企业应帮助客户建立销售渠道或提高服务水平。

（3）提供新产品。企业可通过销售新产品从客户那里获取更多的利润。

3. 制定组合价格

对所提供产品的价格进行组合，可以在不影响客户价值的前提下增加企业的盈利。特别是在客户拥有较多选择的情况下，价格对客户期望价值的评价起到至关重要的作用。现在，消费者很容易在全球范围内比较价格信息。聪明的购买者会计算供应商的生产成本，可能不断变换供应商，从一个企业转向另一个企业。在信息化时代，客户更加强大，企业利润不断被侵蚀。尽管存在诸多问题，企业仍有机会重新制定利润管理计划，以提高或维持利润水平。

4. 简化沟通过程

通过简化与客户的沟通过程，企业也可以达到增加收入的目的，因为简化沟通过程可以使一次购买过程中从客户处获取的利润增加。

从以上分析中可以看出，企业对待二级客户的主要策略就是增加其收入，让二级客户稳健地上升为最有价值客户。

用 RFM 分析法挖掘客户价值

RFM 分析法（recency，frequency，and monetary analysis）是指销售人员根据最近的购买情况、购买频率和消费金额来分析预测客户行为的方法，它是由美国数据库营销研究所的亚瑟·休斯教授提出的。RFM 分析法对于数据库营销人员来说是现有的功能最强大的方法之一。它是客户行为模式的基础，但又与传统建模方式有所区别。RFM 分析法不需要添加任何数据，如果企业有客户数据库，记录了客户的购买历史，就可以使用 RFM 分析法。企业不需要花费额外的代价，也不需要聘请统计人员。

企业将最好的客户定义为那些最有可能购买产品的客户，一般是那些最近购买过、购买频繁且消费达到一定金额的客户。当企业需要为某项营销活动寻找目标受众时，可以运用 RFM 分析法对数据库中记录的客户进行排序，来识别该项活动的目标客户或准目标客户。具体的操作方法是：首先，统计客户数据库中客户最近的购买情况、购买频率和消费金额等；其次，按照分值进行排序。这为实现利润最大化奠定了基础，企业可以运用数据库产生的信息选出那些最有可能带来最大收入的客户。

虽然 RFM 分析法是一种使用方便且颇具指导意义的分析工具，但这并不意味着在任何时候都可以使用这种分析方法。企业应该制定一项客户联系策略，每年向响应率较低的客户寄送一两次小礼品，比如生日贺卡或者节日贺卡，但是不要向不可能有任何反应的客户不断地寄送礼品。

数据库营销是一种对买卖双方都有利的方式。RFM 分析法可为企业节省资金，为客户节省时间，同时让企业与客户建立良好关系。如果客户没有响应，说明企业向客户传递的信息是其所不需要的。此时，企业的声誉、企业与客户之间的关系就变得没有什么价值了。

在了解 RFM 分析法的一些知识后，营销人员在决定向客户推介某种新产品时，可通过对数据库中客户的 RFM 分析，快速提供最有可能对该产品作出响应的客户名单。

在编制企业的营销预算时，RFM 分析法也可以发挥重要的作用。每年数据库营销人员都会向上级主管提交来年的市场营销计划，采用 RFM 分析法计算针对响应率高的客户群进行深层营销所需的营销成本，得出相对准确的预算范围。

RFM 分析法除了可以更准确地评估具有价值的客户为企业创造的价值外，还可能在其他方面为企业创造利润。通过 RFM 分析，可以分辨出那些对企业几乎没有价值的客户，这样企业就不必给这些客户发邮件或打电话了，为企业节省人力成本。

但 RFM 分析法不是万能的，也有缺点。RFM 分析法建立在对客户数据进行分析的基础上，对现有的客户数据库的依赖性较强，其应用效果直接取决于客户数据库中资料的真实有效性。同时，RFM 分析法只能对以往的客户进行分析与统计，而无法对潜在客户进行分析。

实践观察

模式创新的核心是客户价值

如今，挖掘“客户价值主张”成为企业核心竞争力。寻找目标客户价值的“痛点”，单点突破，从而构建细分行业平台，快速地塑造新的品牌，也许是“互联网+”创新发展的新途径。

E 袋洗就是一个很好的案例。它是首个以洗衣为切入点，从而进入整个家政领域的平台。它的目标客户主要是80后、90后。由于抓住了客户洗衣服的生活“痛点”，E袋洗一经推出便受到目标客户的喜爱。E袋洗以此为突破点，不断地发展壮大，逐步形成新的生态平台。

其成功的原因是什么呢？它致力于将“客户价值链—生活幸福感”作为商业模式的核心，推出了新品小E管家，在小E管洗、小E管饭取得成功的基础上，推出小E管养老、小E管接送小孩等服务，以单品突破带动了平台发展。它通过邻里互助去解决客户价值需求问题，提升了居民幸福感。它从垂直生活服务平台转向社区生活共享服务平台，保证C2C两端供给的充足性，构成了新的生态，赢得了客户的点赞，成为家政新秀品牌。可见，以客户价值为核心的创新颇具魅力。

资料来源：模式创新的核心是客户价值．中国营销传播网，http：//www.emkt.com.cn/article/645/64579.html.

9.3 管理客户忠诚

维系客户关系的最终目标是通过客户关怀，为客户提供满意的产品和服务，满足客户的个性化需求，在与客户的良好互动中培养客户忠诚。

客户满意是客户忠诚的前提

客户满意是客户对企业和员工提供的产品和服务的直接性综合评价，是对企业的客户关怀的认可。不断强化的客户满意是客户信任的基础。

在卖方市场条件下，企业只要生产出产品就能卖出去，企业管理的目标是如何以低成本生产出产品。后来，市场出现了竞争，企业生产出的产品如果卖不出去，就无法实现资本循环。为了实现从商品向货币的转换，“以销售额为中心”逐渐成为企业管理的核心。随着市场竞争日益激烈，企业发现虽然销售额提高了，但由于生产成本和销售费用越来越高，利润反而有所下降。因此，企业转而追求利润的绝对值，通过在生产和营销的各个环节最大限度地削减成本和压缩费用来实现利润最大化。但成本是由各种资源构成的，不可能无限降低。当企业对利润的渴求无法或很难再从削减成本中满足时，便将目光转向了客户，试图通过满足客户需求来增加利润。为此，企业开始从内部挖潜转向争取客户，进入“以客户为中心”的阶段。需求构成了市场，也构成了企业的获利潜力，而在市场上需求得到满足的最佳状态是满意，因此客户满意就是企业效益的源泉，客户满意度成为客户服务的中心。

从企业的角度来说，客户服务的目标并不仅仅是使客户满意，使客户感到满意只是营销管理的第一步。在与客户建立长期伙伴关系的过程中，企业向客户提供超过其期望的价值，使客户对每一次的购买过程和购后体验都感到满意。每一次的满意都会增强客户对企业的信任，从而使企业能够长期盈利并得到发展。

如果客户对企业的产品和服务感到满意，往往会重复其购买行为，从而增加企业的盈利；同时会将自己的消费感受通过口碑传播给其他客户，提高产品的知名度，提升企业的形象。客户满意只是客户忠诚的前提，客户忠诚才是结果。客户满意是对某种产品、某项服务的肯定评价，即使客户对某企业感到满意，也只是基于其对所接受的产品和服务感到满意。如果某一次企业的产品和服务不完善，客户对该企业就会不满意，也就是说，客户满意是一个感性评价指标。客户忠诚是指客户对某品牌产品以及拥有该品牌的企业的忠诚度。在这种情况下，客户可以理性地面对品牌企业的成功与失利。

根据研究报告，满意本身有不同的层次：

- 满足——产品和服务可以令客户接受或容忍；
- 愉快——产品和服务可以给客户带来积极的体验；
- 解脱——产品和服务能为客户解决麻烦；
- 新奇——产品和服务能给客户带来新鲜、兴奋的感觉；
- 惊喜——产品和服务超出了客户的期望。

因此，针对不同的客户采取不同的方式来服务，效果是完全不同的。

客户满意度的评估

企业可以借助调查问卷每半年或一年进行一次客户满意度调查。可根据企业的规模确定问卷发放量，以重要性为权重计算出满意度综合得分。为使调查更有效，问卷设计应做到：被调查者容易回答；便于统计处理；问卷不宜太长；问题不应重复。

客户对企业服务质量的满意度是一种非财务评估指标，它是企业绩效非财务衡量的一个重要内容。研究人员发现，下列因素在衡量企业服务质量方面起着主要作用。

1. 信任感

信任感是指固定的行为准则和令人信任的感觉。给人信任感的企业能提供好的服务，能兑现自己的承诺。

2. 责任感

责任感包括员工乐于向客户提供服务、为客户负责的意愿。

3. 可接近性

可接近性是指便捷利用服务的程度。包括：（1）通过打电话可以很容易地获得服务（比如，电话不占线和电话接通后不让客户等候太长时间）；（2）为了接受服务而等候的时间不会太长（比如在银行）；（3）经营时间的安排合理；（4）服务设施的位置恰当。

4. 礼节

礼节是指与客户接触的员工讲礼貌，尊重他人，对客户态度友善。包括：（1）考虑到保护客户的财产（比如，在客户家中，不能让员工的鞋弄脏客户的地毯）；（2）与客户交往的公关人员仪表整洁。

5. 交流

交流是指用客户能够听懂的语言传递信息，也指公司对不同的客户使用不同的语言表达方式，让各个层次的客户都满意。员工讲话时要清晰、简洁。包括：（1）介绍公司的服务；（2）介绍客户得到服务需支付的费用；（3）说明服务与费用之间的关系；（4）向客户说明公司能解决合作中出现的问题。

6. 信赖感

信赖感指公司值得信赖的程度，令人感受到公司是否诚实。它能使客户对公司感兴趣。有助于消费者信赖公司的因素有：（1）公司名称；（2）公司信誉；（3）与客户接触的员工的特点；（4）公司与客户打交道过程中努力销售的程度。

7. 保障

保障是指使客户免遭危险、风险及不让客户有任何疑惑。

8. 了解客户

努力了解客户的需要，包括：（1）了解客户的特殊要求；（2）表现出对每个客户的关注；（3）熟悉经常光临的客户。

9. 有形资产

有形资产包括：（1）有形设施、装备；（2）提供服务的工具设备。

10. 感情

让客户感受到公司给予他们的照顾和关注。

另外，员工满意度与客户满意度有很大的关系。研究结果表明，员工满意度提高 5 个百分点，会连带使客户满意度提升 1.3 个百分点，同时也使企业业绩提高 0.5%，也就是说，重视提高员工满意度，最终可以给企业带来收益。内部员工满意度反映了企业的士气、向心力和团队精神，是外部客户满意的动力。

客户忠诚度的衡量

如果说客户满意是一种价值判断，客户忠诚就是客户满意的行为化。客户忠诚是指客户对某企业、某品牌的产品或服务认同和信赖，它是客户满意不断强化的结果。与客户满意倾向于感性感觉不同，客户忠诚是客户在理性分析基础上的肯定、认同和信赖。

1. 客户忠诚的层次

一般来说，客户忠诚可以分为三个层次：（1）认知忠诚，它直接基于产品和服务而形成，因为这种产品和服务正好满足了客户的个性化需求，这种信任居于基础层面，它可能会因为志趣、环境等的变化而转移；（2）情感忠诚，指在使用产品和服务之后获得的持久满意，它可能形成对产品和服务的偏好；（3）行为忠诚，只有在企业提供的产品和服务成为客户不可或缺的需要和享受时，行为信任才会形成，其表现是长期关系的维持和重复购买，以及对企业和产品的重点关注，并且在这种关注中寻找巩固信任的信息或者求证不信任的信息以防受骗。

老客户是对企业、产品、服务有信任感而多次购买产品或接受服务的群体。企业为了提高市场占有率和实现销售额的不断增长，往往把寻找新客户作为营销管理的重点，而忽视了老客户的作用。事实上，这是一个误区。丹尼尔·查米奇教授曾经用漏桶来形象地比喻企业的这种行为。他在教授市场营销学时，在黑板上画了一只桶，然后在桶的底部画了许多洞，并给这些洞标上文字：粗鲁、劣质服务、未经过训练的员工、质量低劣、选择性差等。他把桶中流出的水比作客户，指出：企业为了保住原有的营业额，必须从桶顶不断注入新客户来补充流失的客户，这是一个代价高昂且没有尽头的过程。现在，越来越多的企业开始通过提高服务质量来维系老客户，因为堵住漏桶带来的远不是客户数量的增加，而是客户质量的提高。

2. 客户忠诚度的衡量标准

由于企业的具体经营情况有很大的不同，因此，不同的企业在设计客户忠诚度的量化考核标准时，可以根据实际情况选择合适的因素，并赋予不同的权值来得出一个综合评价得分。客户忠诚度的衡量标准主要有：

（1）客户重复购买率。考核期内，客户对某种产品重复购买的次数越多，表明其对这一产品的忠诚度越高；反之，则越低。对于经营多种产品的企业来讲，重复购买本企业品牌的不同产品，也是对企业高忠诚度的一种表现。

（2）客户对本企业产品和品牌的关注程度。一般来讲，客户对企业的产品和品牌予以关注的次数越多，表明其忠诚度越高。关注程度和购买次数并不完全相同，比如某品牌的专卖店，客户经常光顾，但是并不一定每次都购买。

（3）客户需求满足率。这是指一定时间内客户购买某产品的数量占其对该类产品全部需求的比例。比例越高，表明客户的忠诚度越高。

（4）客户对产品价格的敏感程度。客户对产品价格的敏感程度越低，表明其忠诚度越高。可以从侧面来了解客户对产品价格的敏感程度，比如观察企业调整价格以后，客户购买量的变化、其他的反常情况等。但需要注意的是，忠诚客户对产品价格不敏感，并不意味着企业可以利用调价行为来谋取额外利益，企业要结合产品的供求关系以及需求的迫切程度等综合考虑。

（5）客户对竞争产品的态度。人们对某品牌的态度的变化，大多源于与竞争产品的比较。客户对竞争产品表现出越来越多的偏好，表明其忠诚度下降。

（6）客户对产品的认同度。如果客户经常向身边的人推荐产品，或者在间接的评价中表示认同，则表明其忠诚度较高。

（7）客户购买产品时的挑选时间。客户在挑选产品时用时越短，表明其忠诚度越高。

(8) 客户对产品质量事故的承受力。客户对出现的质量事故越宽容，表明其忠诚度越高。

企业设计适合自身情况的指标体系，采用相应的客户忠诚度解决方案，可以提高客户回头率，增加单位客户销售额，同时降低客户流失率。

客户忠诚度解决方案

企业应想方设法提高客户忠诚度，做到以下两点。

首先，完整地认识整个客户生命周期。在技术上提供与客户沟通的统一平台，提高员工与客户接触的效率和客户反馈率，建立多样化的沟通渠道和灵活高效的激励机制，形成一个完整的反馈流。这样既能为消费者提供完全一致的高品质服务，使消费者在意想不到的时刻感受来自企业的点到点、面对面的关怀，还可以实时掌握市场动态，迅速开发新的市场。

其次，提供个性化的产品和服务。只有企业以客户为中心，为客户提供最合适的服务，或根据客户的不同需求提供不同内容的产品，客户再次光顾的可能性才会大大增加。除了在产品方面付出努力，企业还可以采用消费累积奖励方案，留住高价值客户并吸引新客户。有针对性的服务对维持客户的忠诚度很有帮助。许多企业开始实施客户忠诚度计划，以个性化的措施提高客户的满意度，使每个客户的潜在购买需求得到发掘，从而提高客户忠诚度和购买率。

延伸阅读

商业银行提高客户忠诚度的方案

(1) 深化以客户为中心的服务理念。如今以客户为中心的服务理念越来越得到企业的重视。商业银行要对员工进行服务意识的培养，在员工上岗前进行思想上的教育。要对员工制定硬性的服务标准和程序。要大力开发 VIP 客户，根据 VIP 客户的需求细分市场，打造定位清晰的品牌形象，吸引需求不同的 VIP 客户。

(2) 创新金融产品，迎合客户需求。为客户提供个性化服务，开发新产品、新服务，形成自己的产品特色和服务优势，以多样化的产品来满足客户多元化的需求。不断提升金融产品创新能力，根据客户群体创造符合客户需求的高质高效的金融产品。此外，要尽可能地提高银行产品的盈利能力，努力为客户创造更多的投资收益，从产品收益和服务角度提高客户满意度，进而提升客户忠诚度。

(3) 完善售后服务。健全客户反馈机制，有针对性地提升服务质量，及时处理客户的投诉，提供解决方案，形成良好的售后维护服务体系。对办理完业务的客户进行服务满意度调查，找出客户不满意的原因，并有针对性地完善服务。建立客户信息系统，对客户的财务状况、消费行为作出全面分析，对客户进行分类，有针对性地为不同级别的客户提供服务。

资料来源：刘学方．商业银行客户满意度与忠诚度关系实证研究．价格理论与实践，2015（4）：110-112.

提高大客户忠诚度的策略

大客户往往带来大生意，因而对企业非常重要。企业必须密切关注大客户的动态，调动大客户的积极性。可以从以下十个方面着手，做好大客户的工作。

1. 优先向大客户供货

大客户对产品的需求量非常大，企业要优先满足大客户对产品的要求，优先向大客户供货。特别是有淡旺季的产品，企业要随时了解大客户的销售和存货情况，及时与大客户商讨，预测市场的发展趋势，确定合理的库存量及销售旺季的需求量等，以便在销售旺季到来之前与生产运输等部门做好协调工作，保证大客户货源充足，避免因缺货引起大客户的不满。

2. 向大客户开展关系营销

企业营销人员应充分调动大客户中与销售相关的因素，甚至包括其基层的营业人员和推销人员。有些营销人员认为只要处理好与客户的中上层主管的关系就可以了，忽视了基层的营业人员和推销人员。殊不知，虽然中上层主管掌握着产品进货、货款支付等大权，处理好与他们的关系十分重要，但产品销售到客户的手中，要经过多个环节，与基层工作人员（如仓库保管员、营业人员、推销人员等）密切相关。企业应及时组织针对客户的基层人员的相关培训，或督促管理人员做好这方面的工作。

3. 及时向大客户供应新产品

企业应及时向大客户供应企业研发的新产品，特别是新产品的试销应首先在大客户那里进行。这是因为若大客户销售新产品取得良好的业绩，则提前确定了大客户在自己的市场内对该产品销售的影响力。对于企业来说，从大客户对新产品的销售反馈中收集到的意见和建议，一般具有良好的代表性和很强的时效性，便于生产企业作出决策。在新产品试销或正式上市之前，企业应提前做好与大客户的协调工作，以确保新产品的试销和上市能够顺利进行。

4. 关注大客户的动态

大客户是企业市场营销的重要对象，企业必须密切关注大客户的一切公关及促销活动、商业动态，并及时给予支持和协助，利用一切机会加强与大客户之间的情感交流。

5. 安排企业领导访问大客户

企业有关部门应为企业的领导提供准确的信息，协助安排合理的日程，以使其有目的、有计划地访问大客户，联络与大客户的感情，体现出对大客户的尊重和重视。

6. 与大客户联合设计促销方案

每个大客户都有不同的情况，如区域不同、经营策略不同、销售的专业化程度不同，等等。为使每个大客户的销售业绩都能够稳步提高，企业有关部门应该协调营销人员与大客户共同设计促销方案，以实现更大的销售量。

7. 经常征求大客户的意见

企业应经常征求大客户的意见，特别是其对营销人员的意见，以便及时调整营销人员，改进工作。营销人员是企业的代表，其工作水平是决定企业与大客户关系的一个至关重要的因素。因此，企业不但要为营销人员做好工作提供支持，而且要对其加强监督和考核。

8. 及时准确地与大客户相互传递信息

大客户对市场具有强大的影响力乃至控制力，其销售状况事实上是市场状况的晴雨表。因此，企业要对大客户的有关销售信息进行及时准确的收集、汇总、整理、分析，并及时通报给生产、研发、运输、市场营销等部门，以便针对市场变化及时调整。此外，企业应及时向大客户通报自己所掌握的行业信息和市场信息等，帮助大客户改进工作。

9. 为大客户制定特别的奖励政策

企业应针对大客户的特点采取特别的奖励政策，如各种折扣、合作促销计划、销售竞赛、返利等，以有效地调动客户的销售积极性和主动性。

10. 组织大客户与企业之间的业务洽谈会

每隔一段时间组织一次企业高层主管与大客户之间的业务洽谈会，听取客户对企业产品、服务、营销等方面的意见和建议，客户对未来市场发展趋势的看法，并围绕企业以后的发展计划进行研讨。这种业务洽谈会对企业作出明智的决策非常有利，也是联络与大客户之间感情的良好机会。

大客户管理工作涉及企业许多部门，各部门之间要协调配合，开展细致的工作。大客户管理工作成功与否，对企业的销售业绩具有举足轻重的影响。因此，企业必须充分调动一切积极因素，深入做好各项工作，更好地为大客户服务。只有牢牢抓住大客户，才能增强企业的实力，在激烈的竞争中立于不败之地。

案例分析

汇丰银行（中国）的客户关系管理

汇丰银行（中国）于2007年4月2日正式开业，总部设于上海。汇丰银行在中国的各分行主要有两类业务：一类是公司银行业务，包括项目方面的贷款与房地产贷款、进出口押汇与票据托收、证券托管与B股业务、外汇资金安排等四个方面；另一类是零售银行业务，如存储账户、汇款、旅行支票、信用卡、商户服务等。汇丰银行以“从本地到全球，满足您的银行业务需求”为特色，在同行业竞争者中脱颖而出。

一、汇丰银行对CRM的需求分析

银行的产品开发不是银行自身的需要，而是为了满足客户的需要，因此汇丰银行强调产品开发不能从银行自身发展出发，而要从客户需要出发。汇丰银行大部分重要的客户都由专门设立的客户关系管理（CRM）团队为其服务。无论客户何时需要个性化的服务和帮助，客户关系经理都会随时待命。如果客户寻求更专业的建议或者解决特定问题的方法，客户关系经理会向其他人征求更完善的建议，或者将另外的更合适的专业团队介绍给客户。

汇丰银行根据不同类型客户的特点，开发出适合不同客户群的产品，更好地满足客户需要。现在，客户对银行业务的要求比过去多得多，他们更希望银行提供一步到位的金融服务以满足自己的投资、保险和储蓄方面的需求。这些服务比传统银行服务具有更高的盈利性，因此汇丰银行开发了这些领域的服务和产品，例如投资、抵押、融资计划、保险、银行卡、贷款等，并且为每一组产品设有帮助热线，提供专家服务。

二、CRM的实施过程

区分出一般客户、重点客户和核心客户，并且针对不同群体提供个性化、定制的财务解决方案，满足不同的财务需求，成为银行合理配置资源、节约营运成本、提高盈利的重要途径之一，同时也是银行在市场中获得竞争优势的有力法宝。根据客户的利润贡献，汇丰银行把客户分为以下七类：

第一类是高忠诚度、高价值客户。他们在汇丰银行有许多活跃的账户，使用银行的一系列产品和服务；他们愿意把产品推荐给其他人，乐意提供反馈信息；他们为汇丰带来大量的现金流；他们创造的收入远远大于银行为此付出的成本。

第二类是高忠诚度、低价值客户。他们在汇丰银行有许多活跃的账户，使用银行的一系列产品和服务；他们愿意把产品推荐给其他人，乐意提供反馈信息；但是，他们仅和汇丰银行做小笔交易，他们创造的收入不尽如人意。

第三类是低忠诚度、高价值客户。他们在汇丰银行有一些活跃的账户，使用银行的一些产品和服务；他们愿意支付的价格极富弹性，不愿意提供反馈信息；但是，他们为汇丰银行带来大量的现金流，他们创造的收入远远大于银行为此付出的成本。

第四类是低忠诚度、低价值客户。他们在汇丰银行有一些活跃的账户，使用银行的一些产品和服务；他们愿意支付的价格极富弹性，不愿意提供反馈信息；并且，他们仅和汇丰银行做小笔交易，他们创造的收入不尽如人意。

第五类是潜在型客户。他们以前在汇丰银行开有账户，但现在撤销了；或者，他们是汇丰银行贷款者的担保人，自己也在汇丰银行开设账户。

第六类是非活跃型客户。他们在汇丰银行开有账户，但是很少办理业务或进行交易活动。

第七类是可疑型客户。他们从不在汇丰银行开设账户。

对汇丰银行来说，要想盈利，主要任务在于识别并保留高忠诚度、高价值客户。这就需要对客户简介资料、客户反馈信息、客户创造利润率等进行分析，从而识别出这部分客户，并且为这部分客户量身定制理财方案。

三、CRM 实施效果

通过引入 CRM，对客户简介资料、客户反馈信息、客户创造利润率等进行分析，汇丰银行可以识别出其 VIP 客户，着重为这些客户提供特别的银行服务，这些客户享受由专业的客户关系经理提供的个性化服务——只需一个电话，无论在地球的哪个地方，他们都能及时得到金融服务和帮助。汇丰银行拥有客户关系经理或者专门的执行团队，随时准备提供财务解决方案以满足客户的需求。现在汇丰银行可以很容易地得到关于客户倾向和习惯的更多信息，了解其主要客户对不同种类产品、服务和投资组合的要求。同时，汇丰银行通过五种渠道为客户提供便捷和灵活多样的服务——网上银行、电话银行、自助银行、移动银行和分行。通过 ATM 和自助银行提供较简便的银行业务，如存取款业务；通过网上银行为客户提供一些银行业务的实时服务等；通过电话银行业务提供银行投资服务等。

资料来源：张宇持．汇丰银行的客户关系管理，http：//www. docin. com/p-419936923. html.

讨论题

汇丰银行的客户关系管理有哪些特点？

重点名词

客户关系管理　最有价值客户　二级客户　负值客户　RFM 分析法　客户满意　客户忠诚

思考题

1. 如何理解客户关系管理的内涵？
2. 简述客户关系管理系统的构成及其功能。
3. 企业应该如何选择客户关系类型？
4. 客户数据库的建立有哪两个阶段？
5. 如何利用 RFM 分析法挖掘客户价值？
6. 简述基于价值的客户分类，以及企业针对不同类型客户的策略。
7. 如何稳定最有价值的客户？
8. 在企业的所有客户中必然存在部分负值客户，企业在管理这些负值客户时应该采取什么策略？如何增加二级客户的收入？
9. 在评估客户满意度时哪些因素起关键作用？
10. 客户忠诚的层次是怎样划分的？
11. 客户忠诚度的衡量标准有哪些？

12. 提高大客户忠诚度的策略有哪些?

课后实践

以小组为单位，在学校附近找一家实体公司实地考察、深度访谈，了解该公司的客户关系管理系统的实施情况，总结成功经验，发现存在的问题，进行诊断，并提出改进建议。

第10章
评估销售绩效

本章要点

1. 销售活动分析
2. 考评销售业绩的步骤
3. 考评销售业绩的方法
4. 建立薪酬制度
5. 薪酬制度的种类

引　例

自助式薪酬概念的提出

自助式薪酬是一个以员工为中心的全新的薪酬概念。它是根据每个员工对薪酬的要求量身定制的薪酬方案。员工可以在一定范围内按自己的需要对薪酬要素进行自由组合。

自助式薪酬体系的设计思路是：从销售人员的薪酬要素组合中分离出一些可变薪酬要素，这些可变薪酬要素是公司预先设计好的选项，就像一个盛满蔬菜的篮子，不同的薪酬要素就是篮子中的各种蔬菜。

之所以称为可变薪酬要素，不仅是因为这些薪酬要素随着销售额的变化而变化，更主要的原因是这部分薪酬的分配比例可由销售人员自己选择。销售人员可以根据自己的需求对这些要素进行自由组合，制定适合自己的薪酬方案。

假设GT公司红酒销售员每月的平均销售额为10万元，平均薪酬约为2 500

元，其中基本工资为1 500元，可变薪酬为1 000元。由于基本工资是所有销售人员都可以得到的，是固定不变的，与销售额无关，因此在研究时只将销售额转换成可变薪酬的薪点数。具体的转换比例可以由企业根据自身特点来制定，例如，销售额10万元以下，薪酬点数为销售额×0.8%；销售额10万～12万元，薪酬点数为销售额×1%；销售额12万～15万元，薪酬点数为销售额×1.2%；销售额15万元以上，薪酬点数为销售额×1.4%。

通过上面的步骤把销售额转换成薪酬点数之后，就可以知道每位销售人员的薪酬水平了，但是他所得到的薪酬具体以什么形式支付还不能确定，这就需要把销售人员获得的薪酬点数与具体的薪酬要素结合起来，即对各种薪酬要素明码标价，为下一步销售人员作出选择奠定基础。

在进行薪酬点数与薪酬要素转换时，应该考虑该薪酬要素为销售人员带来了多少利益，或者为企业产生了多大的成本，具体转换方式由企业根据具体情况确定。例如，可以是2个薪酬点数换一股股票，300个薪酬点数换一次在职培训等。

有了以上两个步骤，销售人员就可以根据本月的销售额，自由组合出适合自己的薪酬方案。例如，A销售人员的销售额为15万元，则其薪酬点数为2 100点，那么他的最终可变薪酬方案可以是"进修＋免费午餐＋员工宿舍＋股票分享计划＋现金薪酬"，或者是"旅游＋休假一天＋免费午餐＋班车＋现金薪酬"，等等。他可以自由选择任意形式的薪酬组合方式。

这种薪酬体系可以有效激励销售人员，提高他们的工作积极性，降低离职率，是企业进行薪酬改革的不错的方式。

资料来源：马绡绡．浅析销售人员的自助式薪酬体系的构建．时代经贸，2014（04）.

启示：为了对销售人员进行有效的管理，企业必须对销售人员的工作状况建立科学的评估、考核制度，并以此作为分配薪酬的依据。

10.1 销售活动分析

如今商品市场瞬息万变，竞争异常激烈，企业要想在竞争中取胜并不断发展，必须加强和改善经营管理，挖掘销售人员的潜力，推行现代科学管理。而销售活动分析是现代科学管理的重要一环。

销售活动分析的程序

销售活动分析作为销售工作重要的一环，要有组织、有秩序地进行。为此，应遵循一定的程序，具体包括：

1. 确定分析目标

为了提高销售分析的准确度，销售分析应有计划地进行。分析计划要确定分析的目的和要求、分析的内容和范围、分析工作的组织和分工、分析的资料来源、分析的方法等。在分析计划的执行过程中，如果出现新问题、新情况，应及时调整，以确保分析工作的正常进行，提高分析效果。

2. 收集分析资料

分析资料是进行销售分析的重要依据，分析人员应全面、系统、完整地收集各方面的资料。一般来说，分析资料主要包括：各项销售计划、预算、定额、任务指标等计划资料，各项业务核算资料，各种内外部报表资料，行业有关资料，有关合同、协议、决议等文件报告资料，以及各种环境状况、市场状况、客户意见等销售调查资料。

3. 研究分析内容

资料收集完毕后要进行整理、分析和研究。对不正确的或失实的资料应予剔除，对不可比的资料要补充调查或舍弃。对符合实际的有用资料进行归纳、分类、整理，运用不同的分析方法进行比较分析，找出实际与计划、与上期、与先进水平的差距，确定研究的重点。然后，分析产生差距的原因，分清主次，测定各项因素的影响程度，以找到问题的关键，最终为解决问题提供思路。

4. 作出分析结论

进行销售活动分析主要是为了肯定成绩、总结经验、发现问题、吸取教训，以挖掘潜力，制定最佳销售组合，创造更多的利润。在作出分析结论时，对各项销售业绩的评价应当切合实际，并对其中的问题提出切实可行的改进措施、建议和解决方案。同时，还应对以往分析中提出的改进措施、建议和解决方案的执行效果进行评价。

5. 撰写分析总结

销售分析总结是向销售部门主管及有关领导汇报分析情况的全面的书面资料。分析报告的编写因分析内容不同而有所区别（如有的是全面分析，有的是专题分析，有的是定期分析，有的是日常分析），但其基本要求是一致的，即实事求是、客观全面；重点突出，防止面面俱到；对情况的说明要真实准确，作出结论要有根据，避免主观臆断；提出的改进措施、意见和方案要具体可行；文字力求简明扼要，图表力求清晰易懂。另外，销售分析报告应及时送达有关部门和人员，真正为提高销售管理水平、改善销售业绩发挥作用。

销售活动分析的方法

研究和分析客观事物的最基本的方法是唯物辩证法。它是认识自然和社会的方法论，也为市场销售活动的分析提供了最基本的科学思维方法和研究方法。实践是认识的基础，正确的认识来源于实践。在进行销售活动分析时，要从实际出发，实事求是地进行分析；要透过现象看本质，从经济指标的综合评价开始，按发生时间、地点、管理环节和变化原因进行有的放矢的深入分析；要综合分析各项相关的经济指标和影响因素，找出问题的关键，以全面的、发展的观点来评价各项销售活动。

销售活动分析的方法有很多，这里仅选择常用的几种进行说明。

1. 绝对分析法

绝对分析法是通过销售指标绝对数值的对比确定数量差异的一种方法。它是应用最广泛的一种方法，其作用在于揭示客观存在的差距，发现值得研究的问题，为进一步分析原因指明方向。

依据分析的不同要求，主要可进行以下三种比较分析：

（1）与计划资料对比，可以找出实际与计划的差距，说明计划完成的情况，为进一步分析指明方向。

（2）与前期资料对比，如与上月、上季、上年同期对比，可反映销售活动的发展动态，考察销售活动的进一步情况。

（3）与先进指标对比，可以找出与先进水平的差距，有利于借鉴和推广先进经验，挖掘潜力，提高工作效率和利润水平。

在运用绝对分析法时，要注意对比指标的可比性。对比双方的指标内容、计算方法、采用的计算标准和时间概念应当一致。在与其他企业比较时，还要考虑各种因素的影响。

2. 相对分析法

相对分析法是指通过计算、对比销售指标的比率确定相对数差异的一种分析方法。利用这一方法，可以把某些不同条件下不可比的指标变为可比指标，进行对比分析。

依据分析的不同目的和要求，可计算出各种不同的比率进行对比。主要有：

（1）相关比率分析。即将两个性质不同而又相关的指标的数值相比，求出比率，基于销售活动的客观联系进行研究分析。比如，将纯利润与企业全部投资相比，求出投资收益率；将销售费用与销售收入额相比，求出销售费用率，等等。然后利用这些经济指标进行对比分析。

（2）构成比率分析。即计算某销售指标占总体的比重，分析其构成比率的变化，掌握该销售指标的变化情况。比如，将某种产品的销售额与企业总的销售额进行对比，求出它的构成比率，然后将它的各期构成比率与其他产品相应的构成比率进行对比，能发现它的变化情况和变化趋势。

（3）动态比率分析。即将某销售指标不同时期的数值进行对比，求出比率，以观察动态变化过程和增减变化的速度。由于采用的基期数值不一样，计算出的动态比率有两种：定基动态比率和环比动态比率。定基动态比率是指将某一时期的数值固定为基期数值计算的动态比率，其计算公式为：

$$\text{定基动态比率}=\frac{\text{比较期数值}}{\text{固定基期数值}}$$

环比动态比率是指以每一比较期的前期数值为基期数值计算的动态比率，其计算公式为：

$$环比动态比率=\frac{比较期数值}{前期数值}$$

3. 因素替代法

因素替代法是指通过对某些因素的逐个替代，计算几个相互联系的因素对经济指标变动影响程度的一种分析方法。下面举例说明因素替代法的应用。

假定某销售部门某月计划以单价 1 元的价格销售某种小商品 4 000 件，销售额为 4 000 元。到了月末，只以单价 0.8 元售出 3 000 件，销售额为 2 400 元，销售实绩与计划差额为 1 600 元，只完成了计划的 60%。那么，销售实绩与计划的差额有多少是由降价引起的？有多少是由销售量下降引起的？运用因素替代法的分析计算如表 10－1 所示。

表 10－1　影响销售额变动的因素分析表

计算顺序	替换因素	影响因素		销售额（元）	与前一次计算的差额（元）	各因素的影响程度
		销售量（件）	单价（元）			
计划数	—	4 000	1	4 000	—	—
第一次替代	销售量	3 000	1	3 000	－1 000	62.5%
第二次替代	单价	3 000	0.8	2 400	－600	37.5%
合计					－1 600	100%

由表 10－1 可见，销售额的下降有 62.5%是由销售量的目标没有达到造成的，有 37.5%是由降价引起的。企业应详细调查销售量目标没有完成的原因。

在运用因素替代法时要保持严格的因素替代顺序，不能随意改变。分析前必须研究各因素的相互依存关系。一般来说，若涉及实物量指标和货币量指标，应先替换实物量指标，后替换货币量指标，因为实物量指标的增减变化一般会导致货币量指标的变化。若涉及数量指标和质量指标，应先替换数量指标，后替换质量指标。这是因为在其他条件不变的情况下，数量指标的增减变化一般不会改变质量指标的变化。如果同类指标又有各种因素，则应分清主要因素和次要因素，依据其依存关系确定替代顺序，这样有利于分清各个因素对销售指标变动的影响程度，判断有关方面的经济责任，公正地评价销售部门的工作。

销售活动分析的内容

销售活动分析的内容有很多，最常见的是分析销售额、营销成本和投资回报率等。

1. 销售额分析

销售部门所使用的数据有很多来自会计部门，但这些数据可能并不是我们直接想用的。如果对这些会计数据进行重新组合，就可用于销售报告中几种常见的分类分析。

（1）销售总额分析。销售总额分析即公司将其在所有地区针对不同客户销售的所有产品的销售额进行统计分析。对于管理者来说，销售总额分析不能仅仅停留在当年的销售数字上，而应该看公司近几年的销售额变化趋势，同时还要看公司在其所属行业中市场份额的变化趋势。所以对于销售问题的分析主要看两个数据：一是过去几年公司的年度销售额数据；二是公司所在销售地区的行业年度销售额数据，进而透过这些数据了解公司的发展状况。我们以甲公司为例说明（见表 10－2）。

表 10－2　　甲公司销售总额与份额分析

年份	销售总额（万元）	行业销售总额（万元）	公司所占市场份额（%）
2017	18.9	305	6.2
2016	17.6	275	6.4
2015	16.4	252	6.5
2014	14.3	217	6.6
2013	14.7	210	7.0

如表 10－2 所示，除 2014 年外公司的销售总额是逐年上升的，这一点是公司所乐于见到的。但与行业数据对比分析可知，公司每年的销售总量增长速度小于行业平均值，所以公司的市场份额在不断下降。

公司管理层通过对以上表格的分析发现了问题，但对于问题产生的具体原因还需要做进一步的分析。有可能是公司管理或产品的问题，也有可能是对手变得更加强大导致的。

（2）地区销售额分析。销售总额分析给管理者提供的是对销售情况的整体描述，但它并不能反映公司各个部分的情况。通过适当的分类可以让管理层更确切地了解公司销售的实际情况，即哪一部分做得好，哪一部分可能需要改进。

公司可以通过以下四个步骤简单有效地分析一个地区的销售额：

第一，选择一个适当的百分比数值。即通过各种数据（如购买力指数）来确定一个地区的销售额应占公司销售总额的百分比。

第二，确定公司在一段时间（如一年）内的实际销售总额。

第三，用第一步得出的百分比乘以公司销售总额，得出该地区的目标销售额。

第四，比较该地区的实际销售额与目标销售额之间的差距，进一步分析这种差距产生的原因。

我们来看看乙公司的例子（见表 10－3）。

表 10－3　　2017 年乙公司五个地区销售额分析

地区	购买力指数（%）	目标销售额（万元）	实际销售额（万元）	业绩百分比（%）	销售额偏差（万元）
A	27	2 551	1 890	74	－661
B	22	2 079	2 583	124	504
C	15	1 418	1 739	123	321
D	20	1 890	1 789	95	－101
E	16	1 512	1 449	96	－63
合计	100	9 450	9 450		

如表 10－3 所示，乙公司在 2017 年的销售总额为 9 450 万元，根据购买力指数分别得出五个地区的销售目标，如 A 地区为 2 551 万元，B 地区为 2 079 万元。再根据实际销售额得出业绩百分比和销售额偏差。

在业绩百分比一列，超过 100％的即完成销售目标，由此可知，在 2014 年只有 B 地区和 C 地区完成了销售目标，而 A 地区的实际销售额与目标销售额的差距比较大。在看业绩百分比的同时还要看销售额偏差，因为如果一个地区的销售额很大，即使业绩百分比很小也会有很大的销售额偏差，甚至可能对公司总体销售额产生至关重要的影响。

由表 10－3 可知，与销售额目标差距较大的是 A 地区。通常情况下，公司下一阶段的重点将会放在 A 地区。因为较大的差距意味着较大的潜力，如果对 A 地区和 B 地区付出同样的努力，一般情况下在 A 地区会取得更明显的效果。

（3）产品销售额分析。出于多方面的考虑，一些公司可能销售一个系列、多个系列甚至很多不相关的产品，然而这些产品对公司的贡献不尽相同。有的产品可能销售额很大，同时贡献很多利润，而有的产品无论是销售额还是利润都很少。需要明确的是：销售额与利润之间没有必然的联系，有的产品可能销售额很大，但利润很少。

对产品进行销售额分析的最简单方法就是将销售总额分到单个产品或者产品系列，之后再进一步分析。对于一些产品类别众多、品种繁杂的企业来说，也可以首先将成百上千种产品归为几个大类，再对产品大类进行分析。每个产品系列的销售额可以与其他的产品系列进行比较，也可以与该产品系列以前的情况进行比较。如果可以得到其行业的数据，还可以将公司的数据与行业数据进行对比，分析该产品系列的销售业绩。

继续分析乙公司的例子（见表 10－4）。

表 10－4　两地区产品销售额分析　单位：万元

产品	A 地区			B 地区		
	目标销售额	实际销售额	销售额偏差	目标销售额	实际销售额	销售额偏差
产品 1	1 140	1 197	＋57	884	1 134	＋250
产品 2	189	164	－25	155	252	＋97
产品 3	630	252	－378	536	756	＋220
产品 4	592	277	－315	504	441	－63
合计	2 551	1 890	－661	2 079	2 583	＋504

由表 10－4 可知，运用购买力指数的百分比和销售总额得到了 A 地区和 B 地区的销售目标。A 地区的实际销售额比目标销售额少了 661 万元。A 地区销售额的偏差主要是由产品 3 和产品 4 两种产品引起的，而产品 1 是超过销售额目标的。通过表 10－4，管理层可以发现下一阶段的重点销售对象是产品 3 和产品 4。通过分析还可以看出，B 地区虽然在整体上超过了销售目标，但是产品 4 没有完成目标。所以在 B 地区，产品 4 依然有提升的空间。无论在 A 地区还是 B 地区，产品 4 都没有完成预定的销售目标，管理层可能需要对产品 4 进一步分析。

（4）客户销售额分析。与对产品进行分类分析一样，企业对客户进行分类分析可以得到更多的信息，发现对其盈利贡献最大的客户群，从而采取有针对性的措施来增加企业利润。

通常情况下有几种对客户进行分类的方法：一是根据客户所在的行业进行分类；二是按分销渠道的不同进行分类，如将客户分为批发商、零售商、直销客户等；三是直接按客户的年龄、受教育程度等进行分类。

2. 营销成本分析

营销成本分析通过与销售预算中的计划成本相比较来判断实际费用与预算之间产生差别的原因。通常包括以下方面：

（1）分类账费用分析。最简单的成本分析就是对会计记录中的分类账户（如销售人员薪酬、办公室租金、出差费用、管理费用）进行分析研究。管理层可以将实际费用与预算费用、当期费用与以往同期费用进行比较，或者将企业费用与行业平均费用进行比较，来分析企业各种销售成本的支出情况。

（2）职能费用分析。通过会计记录的分类账户进行分析十分便捷，但为了更有效地分析营销成本，销售主管通常会对各种费用进行重新分类，将与特定职能（如人员销售、广告、行政管理等）相关的费用合并进行分析。

对于职能费用分析，首先要选择合适的职能分类。不同的公司对于职能的分类是不同的，但是在成本分析中典型的职能费用有人员销售费用、广告和促销费用、仓储和运输费用、订单处理费用以及行政费用等。

其次，要将分类账户中的费用分摊到各项职能活动中。某些费用是对应职能的直接花费，所以要把全部费用分摊到该职能活动成本中，比如销售人员工资和提成全部分摊到人员销售项目即可。一些间接费用必须在不同的职能活动中进行分摊。进行间接费用的分摊，最重要的就是选择合适的标准。将所有费用分摊完毕后即可进行汇总，从而得出每一项职能的费用总额。在得出结果后可以与往年的数据或者行业中其他类似公司的数据进行比较，进而得出公司在哪些方面做得出色，在哪些方面有待改进。这种分析方法也可以与地区分析和产品分析相结合，为管理层提供更加具体的数据。

（3）细分市场成本分析。公司可以将一个市场按照地区、产品或客户等进行划分。通过分析细分市场的销售额与成本，发现业绩优异、有潜力的细分市场以及一些需要改进的市场。

在细分市场的分析过程中，我们可以采用与职能费用分析相同的方法，即将各种活动费用的总额以适当的标准分摊到各个市场，再在纵向上与往年的数据进行比较，在横向上与行业中的其他公司进行比较，为管理层提供决策依据。

3. 投资回报率分析

销售额和销售成本的分析对企业都是非常有益的，但并不全面，因为其中没有考虑净利润的问题。投资回报率分析是在考虑净利润的基础上对销售绩效进行评估的有效手段。投资回报率的计算公式为：

投资回报率＝销售利润率×资产周转率

＝（净利润/销售额）×（销售额/投入资产）

式中的净利润和销售额数据可以从会计报表直接得到，投入资产则包括存货、应收账款或销售部门的其他资产。

继续来看乙公司的例子（见表 10－5）。

表 10－5　四地区投资回报率分析

	A 地区	B 地区	C 地区	D 地区
销售额（万元）	14 400	14 400	14 400	14 400
售出商品成本（万元）	7 200	7 200	7 200	7 200
毛利（万元）	7 200	7 200	7 200	7 200
直接推销成本（万元）	4 320	5 760	4 320	6 480
净利润（万元）	2 880	1 440	2 880	720
应收账款（万元）	4 800	2 400	9 600	2 400
存货（万元）	4 800	2 400	9 600	2 400
投入资产（万元）	9 600	4 800	19 200	4 800
销售利润率（%）	20	10	20	5
资产周转率（%）	1.5	3.0	0.75	3.0
投资回报率（%）	30	30	15	15

由表 10－5 可知，A 地区和 B 地区有相同的投资回报率，且都相对较高，但它们是通过不同的方式获得的。A 地区靠的是较高的销售利润率，而 B 地区靠的是较高的资产周转率。相比之下，C 地区和 D 地区的投资回报率都不高，而原因亦各不相同。由表 10－5 中数据可知，C 地区的投资回报率不高主要是由于资产周转率低，而较低的资产周转率可能是存货或账户支付问题所致。D 地区的投资回报率不高主要是由于销售利润率低，而较低的销售利润率可能是较低的推销价格或较高的销售费用所致。

销售成功的一般规律

一般来说，销售获得成功主要有以下几条规律。

1. 产品适销对路

为客户提供所需要的产品是销售活动成功的前提。如果产品无法满足客户的要求，客户根本不会对产品产生兴趣，更不会有购买的欲望。

2. 预见客户需求

销售人员不但要预见到客户的现实的需求，为其提供满足需求的产品，而且要预见到客户尚未发现和尚未意识到的潜在需求。在销售过程中，销售人员要帮助客户发现这种潜在需求，并相信企业的产品能够满足其需求和解决其问题。只有这样，销售才能取得成功。

3. 销售人员能力强、素质高

销售人员是销售工作的灵魂，要使销售获得成功，推销人员必须具有较高的素质和较强的能力。具体包括：

（1）销售人员应具有多种能力，包括观察能力、记忆能力、交往能力、说服能力、演示能力、应变能力等。

（2）销售人员应掌握销售礼仪，避免因失礼而影响销售活动的正常进行。

4. 采取的销售策略和措施得当

在销售过程中，由于客户不同、环境不同可能会出现不同的情况，因此，销售人员必须根据具体情况采取恰当的策略和措施，及时消除阻碍销售成功的隐患，消除客户的异议，并最终使销售成功。

销售失败的常见原因

导致销售失败的原因有很多，而且相互关联，相互影响，因此，很难把销售失败的原因罗列清楚，但归结起来主要有以下两方面的原因。

1. 销售方面的原因

（1）产品方面的原因。包括：产品不能满足客户的需求；产品质量不能让客户满意；产品价格不恰当；产品功能不适用；产品的款式、造型、颜色、包装等不合客户之意，等等。

（2）销售企业方面的原因。包括：企业形象不佳；企业的营销策略没有吸引力；企业对人员销售的管理不到位，等等。

（3）销售人员方面的原因。包括：销售人员的能力较差；销售人员的态度不佳；销售人员素质不高；销售人员对有关的知识掌握得较少；销售人员采取的策略不当，等等。

2. 客户方面的原因

（1）客户未发现或意识到自己的潜在需求。

（2）客户缺乏货币支付能力。

（3）客户缺乏购买决策权。

（4）客户由于消费经验和消费知识不足对销售产生成见或偏见。

（5）客户的代表欲为自己谋私利。

（6）客户已有固定的购买关系，不愿改变。

（7）客户受到一些偶然因素（如客户的心情等）的影响。

但是，销售失败并不意味着销售活动结束。这是因为：第一，销售活动并不单纯是为了说服客户购买产品，还可以通过销售活动树立形象、收集信息、沟通关系、提供服务等，这些也是销售人员不可忽视的工作内容。即使销售失败，也要与客户保持联络。第二，客户接受产品往往需要一个过程，需要销售人员不断付出努力。因此，在遭遇一次甚至多次失败后，销售人员仍应再接再厉，不轻言放弃。

销售总结报告

在销售活动告一段落后，销售人员应认真撰写销售总结报告，进行自我总结，以便积累经验、吸取教训。销售总结报告是销售人员对工作效率的自我诊断，也是企业销售部门的管理者检查、指导和帮助销售人员的重要依据。销售总结报告应包括以下内容。

1. 取得的成绩

即销售人员在这一阶段销售工作中取得的成绩。这部分内容应尽量具体，不仅应包括成交的数量和金额，而且应写明访问的客户，针对客户做过哪些工作，客户的反应如何，目前的销售工作进展，等等。

2. 存在的问题

具体包括在销售过程中客户提出了哪些问题，哪些是销售人员可以解决的及如何解决的，哪些是销售人员自己无法解决，需要其他部门的配合或上级主管的批准才能解决的。此外，销售人员还应说明自己在销售工作中的失误等。

3. 原因分析

销售人员要对销售过程中出现的客户异议进行深入的分析，找到客户提出意见的真正原因，或最后未能与客户达成交易的真正原因。

4. 改进措施

销售人员针对销售中的问题提出解决思路或办法，包括对自己今后工作的改进措施，以及对企业的产品或服务措施等方面的改进意见和建议。

撰写销售总结报告，不但有利于销售人员及时对自己的工作进行冷静的思考，从而总结经验，吸取教训，进一步改进工作，而且可以针对某些潜在客户提出有效的销售策略。此外，这类报告能将客户的信息及时反馈给企业，有利于企业根据客户的需要改进产品和服务，并对销售人员的工作业绩进行检查和评价，及时给予帮助和指导。

实践观察

导致客户流失的问题出在哪里

前几天，我不断收到以前的4S店打来的电话：王先生，您的保险快到期了，请您尽快续保。对此我一律答应“好”尽快了事。几天后，过了保险时限，这个电话反而没了。当然，我也不会主动打电话过去找一个我根本不认识的人，告诉她：我早已换了另外一家4S店。

至于为什么换地方，说出原因来也许会笑掉各位看官的大牙：4S店现在普遍会在保养、维修结束后的两三天之内进行客户满意度的电话回访，对此，咱积极配合。但是，以前这家 4S 店每次的回访电话最后，甜美的女声总会说这样一段标准术语——“非常感谢您配合我们提高服务水平，过几天可能会有厂家聘请的第三方×××调研公司给您打电话抽样调查满意度，如果可以的话请您给我们打‘10 分’好吗?”

当我第一次听到这个请求时，我答应“好的”，因为我对服务确实没什么不满意。但是，当我的车开到 3 万公里，多次听到请求时，我对此感到强烈的不满。所以，我默默地离开了这家店。

资料来源：那些年，我们丢过的客户．世界经理人网站，http：www. ceconline. com.

10.2　考评销售业绩

销售人员的业绩考评主要包括以下几个步骤：收集考评资料、建立绩效标准、选择考评方法和进行具体考评。

收集考评资料

考评时必须全面充分地收集销售人员的资料。资料的主要来源有：

1. 销售人员销售报告

销售报告是最重要的资料来源，可分为销售活动计划报告和销售活动业绩报告。销售活动计划报告又包括地区年度市场营销计划和日常工作计划等。

许多企业要求销售人员制定销售区域的年度市场营销计划，在计划中提出发展新客户和增加现有客户交易量的方案。各企业的要求不尽相同，有的要求对销售区域的发展提出一般性意见，有的则要求列出详细的预计销售量和利润。企业的销售经理将对计划进行研究，提出建议，并以此作为制定销售定额的依据。

日常工作计划由销售人员提前一周或一个月提交，说明计划安排的客户拜访和巡回路线。管理部门收到销售代表的行动计划后，有时会与他们沟通，提出改进意见。行动计划可指导销售人员合理安排日程，为管理部门评估其制定和执行计划的能力提供依据。

销售活动业绩报告主要反映已完成的工作业绩，如销售情况报告、费用开支报告、新业务的报告、流失业务的报告、当地市场状况的报告等。

2. 企业销售记录

企业的有关销售记录（如客户记录、区域的销售记录、销售费用的支出记录等）是开展评估的基本资料。利用这些资料可计算出某销售人员所接订单的毛利，或某规模订单的毛利等，对于评估绩效有很大的帮助。

3. 客户的意见

评估销售人员应该听取客户的意见。有些销售人员业绩很好，但在客户服务方面做得并不理想，在商品紧俏时更是如此。如某公司一位销售人员负责某地区的销售业务，经常以货源紧张为由对客户提出诸如用车等非分要求，对公司形象造成很不好的影响。收集客户意见的途径有两个：一是客户的信件和投诉；二是定期进行客户调查。

4. 企业内部其他员工的意见

这一资料主要来自销售经理，其他有关人员的意见也可作为参考。这些资料可提供销售人员的合作态度和领导才干方面的一些信息。

建立绩效标准

要评估销售人员的绩效，一定要有合理的标准。绩效标准不能一概而论，管理者应充分了解整个市场的潜力及每一位销售人员在工作环境和销售能力方面的差异。绩效标准应与企业目标一致。

建立绩效标准的方法有两种：一是为每种工作因素制定特别的标准，例如拜访客户的次数；二是将每位销售人员的业绩与销售人员的平均绩效进行比较。

公平而有效的绩效标准需要管理人员根据过去的经验，结合销售人员的个人表现来制定，并在实践中不断加以调整和完善。常用的销售人员绩效指标有：

（1）销售量。用于衡量销售增长状况，是最常用的指标。

（2）毛利。用于衡量利润的潜量。

（3）访问率（每天的访问次数）。用于衡量销售人员的努力程度，但不能反映销售成果。

（4）访问成功率。是衡量销售人员工作效率的指标。

（5）平均订单数。多与每日平均订单数一起用来衡量订单的规模与销售的效率。

（6）销售费用。用于衡量每次访问的成本。

（7）销售费用率。用于衡量销售费用与销售额的比率。

（8）新客户数。是开发新客户的衡量标准，这可能是销售人员的特别贡献。

为了实现最佳考评，企业在确定绩效标准时应注意：（1）销售区域的潜量以及区域形状的差异、地理分布状况、交通条件等对销售效果的影响；（2）一些非数量化的标准很难求得平均值，如合作性、工作热忱、责任感等。

选择考评方法

业绩考评的方法有很多，在人事考核中有诸多规定，一些新的考评方法尚处于发展之中。就销售人员的业绩考评来讲，较具代表性的方法有以下几种。

1. 横向比较法

这是一种将各销售人员的销售业绩进行比较和排队的方法。不仅要对销售人员完成的销售额进行对比，而且应考虑销售人员的销售成本、销售利润、客户的满意度等。

下面假定以销售额、订单平均批量和每周平均访问次数三个因素分别对销售人员A，B，C进行业绩综合考评（见表 10-6）。

表 10-6　　销售人员业绩考评表Ⅰ

考评因素＼销售人员		A	B	C
销售额	1. 权数	5	5	5
	2. 目标（万元）	80	90	60
	3. 完成（万元）	72	72	54
	4. 达成率（%）	90	80	90
	5. 绩效水平（1×4）	4.5	4.0	4.5
订单平均批量	1. 权数	3	3	3
	2. 目标（元）	900	800	600
	3. 完成（元）	720	720	540
	4. 达成率（%）	80	90	90
	5. 绩效水平（1×4）	2.4	2.7	2.7
每周平均访问次数	1. 权数	2	2	2
	2. 目标（次）	25	20	30
	3. 完成（次）	20	17	24
	4. 达成率（%）	80	85	80
	5. 绩效水平（1×4）	1.6	1.7	1.6
绩效合计		8.5	8.4	8.8
综合效率（绩效合计除以总权数）		85%	84%	88%

在表 10-6 中，因为销售额是最主要的因素，所以把权数定为 5，订单平均批量和每周平均访问次数的权数分别定为 3 和 2。基于这三个因素分别建立目标，由于存在地区差异，因此每个因素下不同地区的销售人员建立的目标是不一样的。比如，销售人员B的销售额核定为 90 万元，高于销售人员 A 的 80 万元和销售人员 C 的 60 万元，这是考虑到他所处的地区潜在客户较多、竞争对手较弱。由于销售人员 A 所处的地区有大批量的买主，因此其订单平均批量订得相对高一些。每个销售人员每项因素的达成率等于他所完成的工作量除以目标数，将达成率与权数相乘就得出绩效水平，再把各项因素的绩效水平相加，除以总权数 10，即可得到各销售人员的综合效率。由表 10-6 可看出，销售人员 A，B，C 的综合效率分别为 85%，84%和 88%，销售人员 C 的综合绩效最佳。

2. 纵向分析法

这是将同一销售人员现在和过去的工作实绩进行比较，包括对销售额、毛利、销售费用、新客户数、流失客户数、每个客户平均购买额、每个客户平均毛利等数量指标进行分析的方法。这种方法有利于衡量销售人员工作的改善状况。下面举例说明（见表 10－7）。

表 10－7　　　　销售人员业绩考评表 Ⅱ

销售人员：W　　　　所辖区域：上海市

考评因素 ＼ 年份	2014	2015	2016	2017
1. 产品 A 的销售额（元）	376 000	378 000	410 000	395 000
2. 产品 B 的销售额（元）	635 000	660 000	802 000	825 000
3. 销售总额（元）	1 011 000	1 038 000	1 212 000	1 220 000
4. 产品 A 定额的达成率	96.0%	92.6%	88.7%	85.2%
5. 产品 B 定额的达成率	118.3%	121.4%	132.8%	130.1%
6. 产品 A 的毛利（元）	75 200	75 600	82 000	79 000
7. 产品 B 的毛利（元）	63 500	66 000	80 200	82 500
8. 毛利总额（元）	138 700	141 600	162 200	161 500
9. 销售费用（元）	16 378	18 476	18 665	21 716
10. 销售费用率	1.62%	1.78%	1.54%	1.78%
11. 销售访问次数	1 650	1 720	1 690	1 630
12. 每次访问成本（元）	9.93	10.74	11.04	13.32
13. 平均客户数	161	165	169	176
14. 新客户数	16	18	22	27
15. 流失客户数	12	14	15	17
16. 每个客户平均购买额（元）	6 280	6 291	7 172	6 932
17. 每个客户平均毛利（元）	861	858	960	918

销售经理可以从表 10－7 中了解到有关销售人员 W 的许多情况。销售人员 W 的销售总额每年都在增长（第 3 行），但这并不一定表明他的工作很出色。对不同产品的分析表明，产品 B 的销售额大于产品 A 的销售额（第 1 行和第 2 行）。对照产品 A 和产品 B 的定额达成率（第 4 行和第 5 行），销售人员 W 在销售产品 B 上所取得的成绩很可能是以减少产品 A 的销售额为代价的。根据毛利（第 6 行和第 7 行）可以看出，销售产品 A 的平均利润要高于产品 B，销售人员 W 可能以牺牲毛利率较高的 A 产品为代价，销售了销量较大、毛利率较低的产品 B。销售人员 W 虽然在 2017 年比 2016 年增加了 8 000 元的销售总额（第 3 行），但其销售总额所获得的毛利总额实际减少了 700 元（第 8 行）。

销售费用与销售总额之比基本得到控制（第 10 行），但销售费用是不断增长的（第

9 行)。销售费用上升的趋势似乎无法用访问次数增加予以说明，因为总访问次数有下降的趋势（第 11 行)，这可能与取得新客户有关（第 14 行)。但是，销售人员 W 在寻找新客户时很可能忽略了现有客户，这可从每年流失客户数的上升趋势看出（第 15 行)。每个客户平均购买额和每个客户平均毛利要与整个企业的平均数进行对比才更有意义。如果销售人员 W 的这些数值低于企业的平均数，则说明他的客户存在地区差异，或者他对每个客户的访问不够。可将他的年访问次数与企业销售人员的平均访问次数进行比较。如果他的平均访问次数比较少，而他与客户的距离同其他销售人员与客户的平均距离并无多大差别，则说明他没有在工作日全力投入，或者他的访问路线计划不够合理。

3. 尺度考评法

这是将考评的各个项目都配以考评尺度，制作出一份业绩考评表加以考评的方法。在业绩考评表中，可以将每个考评因素划分不同的等级，然后根据每个销售人员的表现评分，并对不同的考评因素按其重要程度赋予不同的权数，最后计算出总的得分（见表 10-8)。

表 10-8　　销售人员业绩考评表Ⅲ

销售人员：　　　　总分：

等级 / 项目	甲（90 分以上）	乙（80～89 分）	丙（70～79 分）	丁（60～69 分）	戊（59 分以下）	合计	权数（%）	得分
工作实绩	超额完成工作任务，贡献比别人多得多，工作无懈可击	工作成绩超过一般人所能达到的水平	工作成果符合要求，基本能如期完成	工作成果大致符合要求，有时还需要别人帮助	一般不能完成所要求的工作任务，问题较多			
工作能力	具有高超的工作技能，开发新客户能力强，经常有创新性的点子	具有较强的工作技能，能主动开发新客户，时常有建设性的意见	具有完成分内工作的能力，开发新客户会有一定效果，偶尔有创见	工作技能一般，须多加指点，开发新客户需要支援，很少有创见	工作技能不能应付日常业务，几乎不可能开发新客户，谈不上有创造力			
工作态度	积极性很高，责任感强，能与同事同舟共济，协调能力强	态度积极，总能主动负起责任，能与同事和谐相处	日常工作绝不拖延，对交办的工作能欣然接受，不会与同事发生无意义的摩擦	对难度大的工作积极性不高，责任感一般，表面上能与同事相处好	缺乏积极性，责任感不强，工作需要不断监督，协调能力差			

进行具体考核

在对销售人员的销售效率进行考评时，通常需要下列图表。

1. 销售人员日报表

我国许多企业目前还没有推行销售人员日报表管理，实际上，销售人员日报表的作用是很明显的。它能提供有关客户、市场和竞争者等诸多方面的信息，让管理人员从中了解销售人员的工作情况及目标达成情况并发现问题和不足，为加强管理、提高销售效率提供依据。

要让销售人员填写好销售人员日报表，首先必须让销售人员认识到销售人员日报表的重要作用；其次要设计出容易填写的日报表。日报表的格式应相对固定，形式简单但内容全面。下面是销售人员日报表的一个例子（见表 10－9）。

表 10－9　　销售人员日报表

日期：　　天气：　　姓名：

访问顺序	访问对象	访问目的					记事	访问费用
		开拓	估价	订货	收款	服务		

访问费用合计：

来访	来客	来访目的	来访结果

时间记录		8：00—9：00	9：00—10：00	10：00—11：00	11：00—12：00	1：00—2：00	2：00—3：00	3：00—4：00	4：00—5：00	合计
	准备									
	交通									
	等待									
	洽谈									
	服务									

销售人员每天出发前应将计划访问的客户名称填写在表中，访问顺序可以事后再填写，因为由于交通堵塞或其他未预料到的原因，访问次序可能会发生变化。在“访问目的”栏中，列有开拓、估价、订货、收款、服务等项目，事后对应所达到的目的在栏中画“√”。“记事”栏应填列必要的信息。“访问费用”栏填写费用类别及数字。“来访”栏填列来公司访问的客户名称、来访目的及洽谈结果。“时间记录”栏中上方有时间标尺，销售人员只需把实际所用的时间记录下来即可，然后将各项活动所花的时间汇总。

2. 销售效率月报表

把销售人员每天提交的销售人员日报表中的主要内容转录到销售效率月报表上，可以得到销售人员当月业绩的基本情况。销售效率月报表可设置 31 行，逐日记载，月底进行合计（见表 10－10）。

表 10-10　　销售效率月报表

姓名：　　　　所辖区域：　　　　年　　月

日期	星期	销售金额	毛利	折扣额	折让额	收款金额	访问户数	洽谈时间	交通时间	等待时间	成交户数	新开发客户数	访问费用
合计		②	③	④	⑤	⑥	⑨	⑩	⑪	⑫	⑬	⑮	⑯
①本月销售目标			⑦本月工作日数			⑧本月工作时数				⑭辖区内总户数			

3. 销售效率计算表

销售效率月报表共有 16 个合计栏，利用这些数据就可计算出很有意义的销售效率。表 10-11 列出了计算销售效率的公式。比如，把月报表中的①本月销售目标作为分母，②销售金额作为分子，就可以计算出销售目标达成率。

表 10-11　　销售效率计算表

部门：　　　　姓名：　　　　所辖区域：　　　　年　　月

1. 本月销售金额（万元）	②
2. 销售目标达成率（%）	②销售金额/①本月销售目标
3. 销售折扣率（%）	④折扣额/②销售金额
4. 销售折让率（%）	⑤折让额/②销售金额
5. 新开发客户数（户）	⑮
6. 毛利（万元）	③
7. 平均每天访问户数（户）	⑨访问户数/⑦本月工作日数
8. 平均每户洽谈时间（分钟）	⑩洽谈时间/⑨访问户数
9. 工作时数洽谈率（%）	⑩洽谈时间/⑧本月工作时数
10. 工作时数交通率（%）	⑪交通时间/⑧本月工作时数
11. 工作时数等待率（%）	⑫等待时间/⑧本月工作时数
12. 访问成交率（%）	⑬成交户数/⑨访问户数
13. 访问率（%）	⑨访问户数/⑭辖区内总户数
14. 销售回款率（%）	⑥收款金额/②销售金额
15. 平均每户访问费用（元）	⑯访问费用/⑨访问户数

4. 销售效率直观图

在销售效率计算表中的 15 项指标全部计算出来后，将每个销售人员的销售效率指标连成一条曲线画在同一张图上，就可得到销售效率直观图（见图 10-1）。企业可根据实际情况自行设定图中的数值。从图 10-1 可以看出，销售人员 B 的业绩明显好于销售人员 A。销售经理每个月将各位销售人员的业绩绘在图上，然后把这张图贴在休息室或公布栏内。销售人员的行为将会因此而发生变化，即使在经济不景气的情况下，他们的业绩也可能会上升。销售人员看到自己积极工作所获得的业绩和存在的差距便会主动改进，更加努力地工作，以创造佳绩。

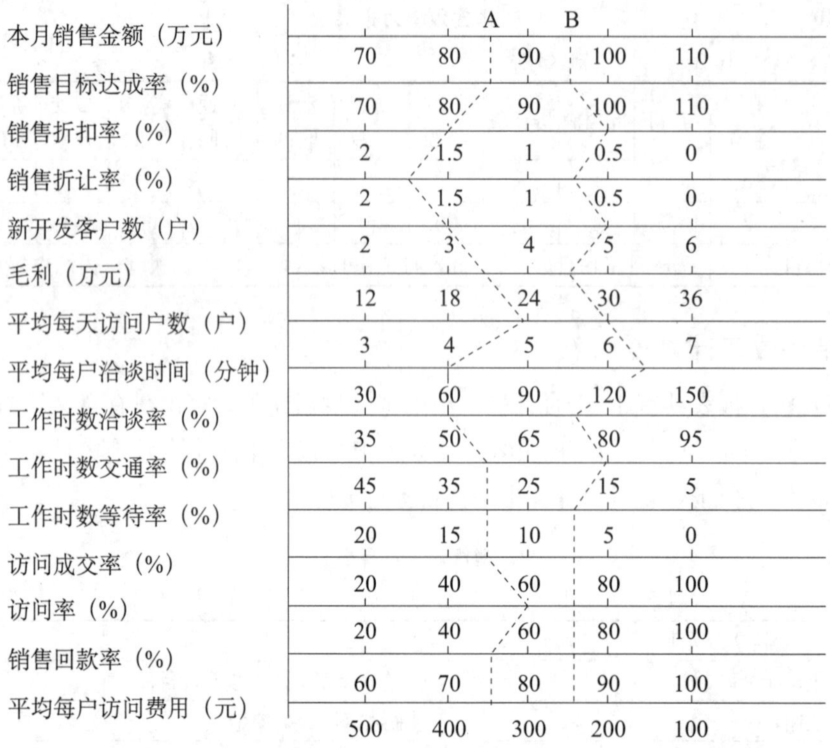

图 10-1　销售效率直观图

观点聚焦

你可以管理销售指标吗

对于每一个销售团队来说，要达成销售目标都会有相当大的压力，因而需要加强销售管理。不过，真的有办法管理销售绩效吗？

我们发现了三个不同层级的销售指标，每一个都具有它本身的管理价值和目的。在最高的层级上，销售团队使用我们称为“运营结果”的指标来衡量。运营结果代表了整个组织努力的成果，此类指标包括营业收入和市场占有率等。同时，我们也发现存在第二种销售指标，虽然无法直接管理，但可施加重大影响，我们称之为“销售目标”。销售目标是组织要求其销售团队达成的特定目标，比如赢得某些顾客的青睐。销售经理可以控制的是第三层级的指标——“销售活动”，比如销售人员拜访客户的次数。

一旦高管认识到，想要增加营业收入，不能只是督促销售团队更加努力，还要有更细致的措施，就会产生惊人的力量。销售经理需要以良好清晰的销售目标指引销售团队朝正确的方向前进。一旦拥有清晰的销售目标，销售团队就能够更清楚地确认，哪些销售活动会产生显著的成效。任务清晰明确，有助于销售团队增强工作动力。

资料来源：你可以管理销售指标吗？. 哈佛商业评论，http：//www. hbrchina. org/2014-06-20/2118. html.

10.3　建立薪酬体系

建立销售人员薪酬制度

销售人员的薪酬是销售管理中的一个重要方面，建立销售人员薪酬制度至关重要。销售人员往往希望获得较高的收入，而管理者希望降低成本。正是由于不同目标之间的固有矛盾，因此管理者要想建立一套完善的薪酬制度是一件比较困难的事情。

另外，即使建立了一套比较好的薪酬制度，在经过一段时间之后情况也会发生变化。也就是说，在目前令人满意的薪酬制度，可能一两年之后就变得不够合理了。但是如果经常调整薪酬制度，不但实施起来比较困难、费用较高，而且会令销售人员感到混乱，因此建议将目标分为长线目标与短线目标两种，薪酬制度中的主要部分应以长线目标为基础，以便增加其稳定性；薪酬制度中的其余目标则应保持高度的弹性，并根据短线的变化及时加以调整。

将薪酬目标划分为长线目标与短线目标也不是件容易的事。在建立薪酬制度时要坚持一定的原则和程序。

1. 建立薪酬制度的原则

（1）现实性原则。也称实用性原则，即薪酬应制定在比较现实的水平上。只有这样，才能使销售费用保持在既切合实际又较低的水平上。

（2）灵活性原则。薪酬制度应既能满足各种销售工作的需要，又能比较灵活地加以运用。这样的薪酬制度可以引起销售人员对客户兴趣的注意。

（3）激励性原则。薪酬制度须对销售人员有一种强烈的激励作用，以促使其达到最大的销售量；同时又能引导销售人员尽可能努力地工作，对企业各项活动的开展起到积极作用。

（4）吸引性原则。薪酬制度必须富有竞争性，给予的薪酬要高于竞争者的水平，这样才能吸引最优秀的销售人员加入本企业的销售组织。

（5）稳定性原则。良好的薪酬制度要能够使销售人员每周或每月有稳定的收入，只有这样，才不致影响其生活，使其能够努力工作。

（6）相称性原则。销售人员的薪酬必须与其本人的能力相称，并且能够维持一种合理的生活水准；同时须与企业内其他人员的薪酬相称，不可有任何歧视之嫌。

2. 建立薪酬制度的程序

（1）详细说明制度必须达成的目标；

（2）确定薪酬水准；

（3）选择恰当的薪酬方式；

（4）试行此项制度；

（5）准备实施此项制度。

确定薪酬水准

确定薪酬水准十分重要，企业管理者必须认真研究确定薪酬水准的影响因素及依据。

1. 确定薪酬水准应考虑的因素

薪酬水准不仅影响销售人员的工作意愿和流动倾向，也关系到企业的利润及竞争力。因此，薪酬水准的确定和调整要同时考虑许多相关因素，主要包括：

（1）企业的特征。在考虑薪酬制度时，首先要了解企业及其产品的特征、行业销售方式、成本构成以及未来的发展方向等。

（2）企业的经营政策和目标。在确定薪酬水准时，要根据不同时机及发展状况考虑企业的经营目标层次及优先次序，比如，追求合理稳定的企业利润；促使业绩快速增长；增加销售人员。而在调整薪酬时要考虑：时机及经济景气状况；其他同行业竞争者的状况；销售量在上升还是下降；销售费用和企业利润的变动情况；人员流动是否太频繁；销售人员对现行制度有何意见。

（3）财务及成本方面的考虑。现行薪酬是否合理；是否太高或太低；企业能否负担得起；分期付款及现金销售对企业收益及资金周转的影响如何，两者的比例应为多少。

（4）行政方面的考虑。计算薪酬的标准、方式是否易懂易算；是否需要在调整或拟定薪酬水准前先征询销售人员及管理者的看法及意见；是否会出现误解或遇到阻力；作出调整的原因及影响等是否事先加以考虑并做好记录。

（5）管理方面的考虑。现行的薪酬对于吸收新人是否具有足够的吸引力；底薪是否重要；能否保证生活费用的支出；能否留住优秀人才；是否具有刺激和挑战作用；收入是否有保障；能否要求为客户提供更好的服务；对不同年资、层级、职位的人员，是否根据权责不同给予不同的待遇及奖励；管理者的来源是否欠缺；是否鼓励业务人员向管理者层次发展。

（6）其他因素。是否只有高薪酬才能吸引人；企业知名度能否吸引人才加入；销售技巧是否重要，是否易学或需要很多训练；产品知识的重要程度；培训的难易程度；广告促销费用的变动情况和薪酬制度的配合状况，是否有必要共同考虑；是定额支付薪酬还是超额加发，抑或阶梯式加发；开发新客户是否要支付特别薪酬；对新的销售观念及技巧是否要予以奖励；对提供市场情报是否要予以特殊奖励。

2. 确定薪酬水准的直接依据

（1）工作评价。工作评价是一种系统的方法，用来确定一个组织内各种工作的重要性及其相对价值或比较价值。工作评价旨在研究各种工作的组成部分，而不是判断各项工作的成效如何。工作评价是建立公平合理的薪酬制度的基础，而由工作分析得到的工作说明书又是工作评价的基础。

（2）同行业水准。如果薪酬水准比同行业类似工作的薪酬水准低，则难以吸引或留住优秀销售人员。如果薪酬水准比同行业类似工作的薪酬水准高，则会增加销售成本，导致售价提高，可能减少销售量。要注意的是：参考同行业水准是有一定难度的，主要是因为同一行业的销售工作仍有较大的差异，而且可靠的资料不易获得。

（3）企业内其他工作的薪酬。确定销售人员的薪酬水准也要考虑企业内其他工作人员的薪酬水准。如果有失公平，容易影响员工的工作情绪和积极性。

薪酬制度的种类

1. 纯薪金制度

无论销售人员的销售额是多少，均获得一种定额的薪酬，即通常所说的计时制。固定薪酬的调整主要依据销售人员的表现及成果，此外会考虑年资等因素。

此项制度的优点是：易于了解，计算简单；销售人员的收入有保障，使其有安全感；当销售人员所负责的地区需重新调整时，可以减少敌意；适用于若干需要集体努力的销售工作。

此项制度的缺点是：缺乏鼓励作用，不能继续增加成果；就薪酬多寡而言，有薄待工作业绩优良者而厚待工作业绩不佳者之嫌。

2. 纯提成制度

此项薪酬制度与一定期间的销售工作成果或数量直接相关，即按一定比例给予提成。这样做是为了给予销售人员激励，其实质上是一种奖金制度。

提成可根据销售量的金额或单位（毛额或净额）计算得到，可以基于总销售量，可以基于超过定额的销售量，也可以基于定额的一定百分比。提成还可以根据销售人员的销售对企业利润的贡献来确定。提成也可以根据销售人员的活动或表现来确定。这种方法较公平，但较难实行。

支付提成的比例，可以是固定的，即第 1 个单位的提成比例与第 100 个单位的提成比例都一样；也可以是累进的，即销售量（或利润贡献等基准）越高，其提成比例越高；还可以是递减的，即销售量越高，其提成比例越低。

确定提成比例还应考虑产品特性、客户、地区特点、订单大小、毛利、业务状况的变化等。

此项制度的优点是：具有激励作用；销售人员可获得较高的薪酬；控制销售成本较容易。

此项制度的缺点是：在销售波动（如季节性波动及循环波动）的情况下不易适应；销售人员的收入欠稳定；增加了管理的难度。

3. 薪金加提成制度

纯薪金制度缺乏弹性，对销售人员的激励作用不足；而纯提成制度又使销售人员因收入波动较大而缺乏安全感。薪金加提成制度则弥补了这两方面的不足。

薪金加提成制度是指以单位销售量或销售总额的较小百分比作为提成，每月连同薪金支付，或在年终时累计支付。

此项制度的优点是：既有稳定的收入，又可获得与销售额挂钩的提成。

此项制度的缺点是：提成太少，激励作用效果不明显。

4. 薪金加奖金制度

运用此项制度，销售人员除了有一定的薪金，还可获得奖金。奖金的支付是为了酬劳销售人员完成了对企业有贡献的工作，比如宣传工作、销售新产品、增加新客户、减少销售费用等。

此项制度的优点是：可鼓励销售人员兼做一些涉及销售管理的工作。

此项制度的缺点是：不重视销售额。

5. 薪金加提成再加奖金制度

此项薪酬制度兼顾了各个方面，利用提成及奖金促进工作成效的提高。

此项制度的优点是：销售人员每月可获得稳定的收入及另发的提成与奖金，而管理者也能有效地控制销售人员。

此项制度的缺点是：实行此制度需要较多的记录及报告，因此增加了管理费用。

6. 规定薪酬加特别奖励制度

此项制度中的特别奖励就是规定薪酬以外的奖励，即额外给予的奖励。这种额外奖励分为物质奖励及非物质奖励两种。物质奖励包括直接增加薪金或提成，或提供间接的福利（如带薪假期、保险、退休金等）。非物质奖励的方式很多，如通过销售竞赛给予销售人员一定的荣誉（如记功、颁发奖章及纪念品等）。额外奖励可根据销售人员超过配额的程度、控制销售费用的效果或所获得新客户的数量等确定。

此项制度的优点：鼓励作用更广泛有力，通常可以促进滞销产品的销售。

此项制度的缺点：奖励标准或基础不够可靠，易引起销售人员之间的不公平感以及管理方面的困扰。

选择薪酬制度的依据

企业在选择薪酬制度时，可以借用经济学中边际效用的观点，即分析每增加一元薪金，销售人员的销售额增加多少。从销售人员的角度看，增加一元薪金与增加一元提成或奖金，其边际效用往往是不同的，因为两者的收入稳定性不同。奖金或提成占整个薪酬的比例可高可低，企业应根据销售人员的工作性质和实际情况来决定。

管理者要注意在各种薪酬制度、不同收入水平之下，企业获得的边际收入。从管理者的角度看，支付一元薪金所产生的边际收入必须与边际成本相等。如果多付一元奖金所增加的收入大于减少一元薪金所降低的收入，则奖金的比例可增加。但在此情况下，奖金对收入的影响仍比薪金对收入的影响要大。

此外，固定薪金与奖金（提成）的比例对销售人员的工作有很大的影响，因此，管理者应掌握确定奖金（提成）比例的依据。确定奖金（提成）比例的依据可参考表 10－12。

表 10－12　　销售人员奖金（提成）比例的确定依据

	奖金（提成）占全部薪酬的比例	
	较高	较低
销售人员所属企业在购买者心目中的形象	一般	很好
企业对各种促销活动的信赖程度	小	大
企业产品质量与价格的竞争力	一般	强
提供客户服务的重要性	一般	强
技术或集体推销的影响范围	小	大
销售人员个人技能在推销中的重要性	强	一般
经济前景（整个市场环境）	一般	好
其他销售人员不可控制的影响销售的因素	少	多

薪酬制度的实施及考察

1. 薪酬制度的实施

通常，薪酬制度一经确定，便应向全体销售人员详细说明，并确保他们知晓，以免产生误解。凡薪酬中有固定薪金的，必须先确定各销售人员的固定薪金，其标准应尽量依据企业所制定的一般薪金制度，不可有歧视或不公平的地方。

2. 薪酬制度的考察

考察薪酬制度的目的是检验经过试行的制度或现有的制度是否有效。任何新制定或修正的薪酬制度运行一段时间后，都必须详细分析其效果，以确定是否可以正式实施或有无修正、调整的必要。考察的内容包括：

（1）销售人员的绩效如何。薪酬制度不同，销售人员的绩效自然有显著的差异。

（2）预算、销售费用比率及毛利。将拟定薪酬制度时的预计数字与实际发生值加以比较。

（3）对客户的影响。如果薪酬制度不是很合理，则通常会出现销售人员怠慢客户的现象。

延伸阅读

创业型小企业如何做好前期的薪酬设计

创业型小企业在许多方面都与成熟企业有所不同。在做薪酬设计时，尤其要注意以下事项。

1. 薪酬结构要合理

薪资体系一般由基本薪、职位薪、绩效薪、年资、加班工资、奖金等组成。尤其是基本薪、职位薪、绩效薪的比例要合理，基本工资对企业来说一般是通用的，应满足当地最低工资要求；职位薪则根据不同职位的价值来确定绩效工资；年资属于内部普调工资，应体现工资的公平性；加班工资的计算则要体现工资的合法性。

2. 薪酬水准要具有竞争力

薪酬水准影响到企业吸引人才的能力和在行业里的竞争力。因此，如果一个企业的薪酬水准低于当地同类型企业和行业市场水准，同时又没有与之相配套的措施（如稳定且较高的福利、便利的工作条件、有吸引力和提升性的培训机会等），就容易造成员工流失，影响企业的利润率和经营目标的实现。

3. 做到同工同酬

如果一个小企业的薪酬不能做到同工同酬，员工就会认为自己受到不公正待遇，在工作中消极怠工，甚至可能辞职。如果这是一名普通员工，他的做法给企业造成的损失不会太大，但可能使公司名誉受损。如果这是一名优秀员工或者高级主管，给企业造成的损失将难以估量。

资料来源：创业型小企业如何做好前期的薪酬设计，http：//www.woshipm.com/pmd/67253.html.

案例分析

某高科技公司的薪酬体系

李成毕业于北京某知名大学的电子工程专业，2003 年他和大学同学辞职创业，在北京创立了一家高科技公司，主营数据库和财务软件。李成是典型的技术型人才，他对技术趋势、产品研发有着超过常人的洞察力，公司第一代财务软系统贴近中国市场需求，一经推出就受到市场的追捧，公司赚到了第一桶金——1 000 万元。

此后，市场环境发生了很大变化，竞争日益激烈，仅靠原有的几个人已经不能满足业务发展的需要。很多时候李成既要着手产品研发，又要负责市场营销和大客户谈判，还要考虑品牌传播问题，越发感到力不从心。于是，李成决定招揽人才，特别是销售和管理人才。为此，他不惜重金从某知名电脑公司挖来了张华担任营销副总。

张华长期在 IT 领域从事销售工作，有十分丰富的经验，某知名电脑公司能够在全国市场居于领先地位，他功不可没。他到来之后，依托原有的经销商资源，很快就使公司的产品走向了全国市场，更重要的是，他招募了一批有丰富工作经验的销售人员，建立了执行力较强的销售团队。张华到来的第二年，公司的销售收入就超过 1 亿元。

取得业绩之后，张华开始谋求更大的权力，他向李总提出，希望自己能够担任总经理职位，统领公司总体业务。大喜过望的李成同意了他的要求，从此，张华由原来的销售副总升任公司的总经理，并接管了过去公司地位最高的研发部门。

就在一切似乎朝好的方向发展的时候，问题出现了。作为一家高科技公司，研发人员是公司的一线人员，研发部门的员工不仅待遇高于其他部门，而且是公司名副其实的原动力。但张华到来之后改变了这一切。

第一，公司由原来的技术驱动型企业变为“技术＋销售”双驱动型企业。研发部门的地位有所下降，相关研发费用由总经理审核。张华坚持认为绝对销量才有绝对品牌，他在制定计划时或多或少地将费用向销售部门倾斜，研发部门的费用一降再降。

第二，张华到来之后，引入了新的绩效考核系统，使绩效考核（包括研发部门的绩效考核）都直接或间接和销量挂钩。研发部门的奖金最终由产品的市场表现来决定。

第三，研发部门高手云集，他们中的很多人对技术有着超越金钱的喜欢，但张华到来之后，每月依据市场表现对研发部门进行考核，这使他们不得不更多地考虑短期利益。此外，考核每月进行，那些长期做基础研究或者前瞻性研究的人员受到较大影响，工资较低，正常的工作被打乱。

第四，在中层干部提拔上，张华喜欢有销售经验、口才好、有领导力、权力欲望较强的人。对这类人而言，上班的乐趣与其说是工作本身，不如说是渴望获取更大权力，相比之下，研发部门的人员多是工科出身，他们通常追求在技术研发过程中的乐趣、成就感与挑战，甚至追求物我两忘的境界。竞聘中层干部，研发部门的员工自然竞争不过销售部门的员工，这使得几乎所有的中层管理者都来自销售部门，研发部门的地位不断弱化。

这些变化最终导致问题出现：公司推出新产品的速度变慢，产品差异化程度有所下降，公司年销售收入在超过 2 亿元时开始走下坡路，更要命的是，研发团队流失率节节攀升，最终连张华也负气出走，公司业务一落千丈。李成陷入苦恼之中，他怎么也想不明白，公司原本处于极佳的上升态势，为何最终出现今天的局面。

对该公司而言，如何才能建立一个合理公平的考核体系和职业生涯规划体系呢？可从以下几个方面着手：

（1）建立员工素质模型，形成职位说明书。作为高科技公司，应该分别针对研发部门和销售部门建立绩效考核体系和员工任职资格体系（包括职位说明书、素质词典等）。

（2）建立完善的晋升体系。公司应当建立双晋升通道。公司原来是科层制组织架构，员工上升通道比较单一，这样，研发部门的员工升职无望，工作积极性和内部驱动力必然下降，这显然不利于公司发展。销售部门可以建立业务员——产品经理——区域经理——大区经理——销售总监的成长路径，研发部门则可以建立助理工程师——工程师——项目负责人——研发总监——研发副总的职业生涯规划体系。

（3）公司的薪酬体系应当作出相应调整。过去单一的晋升通道使大量员工升职无望从而影响公司发展，公司应当对薪酬体系进行重新规划，增加工资的带宽，以有利于提升员工满意度和忠诚度。公司的绩效考核体系应当从销售部门和研发部门两个层面执行。研发部门的绩效应当减少销量的权重，相应增加专利数和新品数的权重，销售部门则应当建立以销量为中心、销量权重较大的绩效考核体系。

资料来源：余娟．销售总监的蜜糖　知识员工的砒霜．销售与市场，2012（12）.

讨论题

该公司的薪酬体系应如何调整？谈谈你的看法。

重点名词

因素替代法　动态比率分析　投资回报率　尺度考评法

思考题

1. 销售活动分析的方法有哪些？
2. 销售活动分析的主要内容有哪些？
3. 销售人员的业绩考评包括哪几个步骤？
4. 销售人员考评资料的主要来源有哪些？
5. 常用的销售人员的绩效指标主要有哪些？
6. 销售人员业绩考评的方法有哪几种？
7. 销售效率考评常用的图表包括哪些？
8. 建立销售人员薪酬制度的原则有哪些？
9. 简述销售人员薪酬制度的种类及其特点。
10. 如何确定奖金（提成）在销售人员薪酬中的比例？

实训练习

现在很多企业销售人员的薪酬构成主要是基本工资（薪金）加提成（奖励）。这两个指标可以有四种组合：高薪金加低提成，高薪金加高提成，低薪金加高提成，低薪金加低提成。以小组为单位，了解海尔集团的状况，讨论该集团销售人员的薪酬采取哪种模式更好。

分组讨论本方观点，找出证据，选出一位同学作为代表，用 5 分钟阐述本方观点，其他同学参加 10 分钟的自由讨论，反击不同观点的同学。老师点评同学们的表现及应该注意的问题。

参考文献

1. 李先国．市场营销学．上海：上海交通大学出版社，2016.

2. 李先国，杨晶．销售管理．4 版．北京：中国人民大学出版社，2016.

3. 杨晶．商务谈判．2 版．北京：清华大学出版社，2016.

4. 菲利普·科特勒，加里·阿姆斯特朗．市场营销原理与实践：第 16 版．楼尊，译．北京：中国人民大学出版社，2015.

5. 李先国，杨晶．市场营销学．2 版．北京：中国财政经济出版社，2015.

6. 郭国庆．市场营销学通论．6 版．北京：中国人民大学出版社，2014.

7. 李先国，杨晶．分销渠道管理．2 版．北京：清华大学出版社，2014.

8. 小奥维尔·C. 沃克，约翰·W. 马林斯．营销战略：以决策为导向的方法：第 7 版．李先国等，译．北京：北京大学出版社，2014.

9. 曼纽尔·G. 贝拉斯克斯．商业伦理：概念与案例：第 7 版．刘刚，程熙镕，译．北京：中国人民大学出版社，2013.

10. 菲利普·科特勒，凯文·莱恩·凯勒．营销管理：第 14 版．王永贵等，译．北京：中国人民大学出版社，2012.

11. 小约翰·F. 坦纳，等．销售管理：塑造未来的销售领导者．陶向南等，译．北京：中国人民大学出版社，2010.

12. 威廉·L. 科恩，托马斯·E. 德卡罗．销售管理：第 9 版．刘宝成，译．北京：中国人民大学出版社，2010.

13. 托马斯·N. 英格拉姆，等．专业化销售：基于信任的方法：第 4 版．方毅平，译．北京：中国人民大学出版社，2009.

14. 李先国．现代推销理论与实务．北京：首都经济贸易大学出版社，2008.

15. 戴维·乔布，杰夫·兰开斯特．推销与销售管理：第 7 版．俞利军，译．北京：中国人民大学出版社，2007 .

16. 查尔斯·M. 富特雷尔．销售 ABC：第 6 版．刘宝成，刘远，译．北京：企业管理出版社，2005 .

17. 马克·W. 约翰斯顿，格雷格·W. 马歇尔．销售管理：创新技术领导：第 6 版．黄漫宇，符大海，译．北京：中国财政经济出版社，2004.

18. 威廉·斯坦顿，罗珊·斯潘茹．销售队伍管理：第 10 版．江明华，译．北京：北京大学出版社，2004.

19. 谢鹏．重点零售客户管理．北京：企业管理出版社，2004.

20. F.V. 塞斯培德，等．销售管理．吕一林等，译．北京：中国人民大学出版社，2003.

21. 托马斯·英格拉姆，等．销售管理分析与决策：第4版．李桂华，译．北京：电子工业出版社，2003.

22. 韦茨，等．销售：建立合作关系．罗汉等，译．上海：上海人民出版社，2003．

23. 王广宇．客户关系管理：网络经济中的企业管理理论和应用解决方案．北京：经济管理出版社，2001．

24. 拉尔夫·W. 杰克逊，等．销售管理．李扣庆等，译．北京：中国人民大学出版社，2001.

25. 王成．私营公司销售管理与控制精要．北京：中国致公出版社，2001.

26. 林钧跃，谢旭．企业赊销与信用管理．北京：中国经济出版社，1999.

27. 李先国．销售管理．北京：企业管理出版社，1996.

28. Philip Kotler，Kevin Lane Keller. Marketing Management. 14th Edition. Prentice-Hall，Inc.，2012.

29. Gerald L. Manning，等．当代推销学——创造客户价值：第10版．北京：北京大学出版社，2008.

30. King. Secrets of Selling. Prentice Hall，Inc.，2007.

31. Rosalind Masterson，David Pickton. 营销学导论．北京：北京大学出版社，2006.

32. Mark W. Johnston，Greg W. Marshall. Sales Force Management. The McGraw-Hill Companies，Inc.，2003.

33. Kevin Lane Keller. Strategic Brand Management. Prentice-Hall，Inc.，1998.

34. Robert E. Hite，Wesley J. Johnston. Managing Salespeople：A Relationship Approach. South-Western College Publishing，an ITP Company，1998.

35. Jilbert A. Churchill，Jr. Marketing Research：Methodological Foundations. The Dryden Press，1995.

36. Eric N. Berkowitz，Roger A. Keirin，Steven W. Hartley，and William Rudelius. Marketing. Richard D. Irwin，Inc.，1994.

37. John A. Howard. Buyer Behavior in Marketing Strategy. Prentice-Hall，Inc.，1994.

38. John A. Quelch，Rober J. Dolan，Thomas J. Kosnik. Marketing Management (Text and Cases). Richard D. Irwin，Inc.，1993.

图书在版编目（CIP）数据

销售管理/李先国，杨亮编著．—北京：中国人民大学出版社，2017.9
“十三五”普通高等教育应用型规划教材．市场营销
ISBN 978-7-300-24974-2

Ⅰ．①销… Ⅱ．①李… ②杨… Ⅲ．①销售管理-高等学校-教材 Ⅳ．①F713.3

中国版本图书馆 CIP 数据核字（2017）第 216253 号

“十三五”普通高等教育应用型规划教材·市场营销
销售管理
李先国　杨　亮　编著
Xiaoshou Guanli

出版发行	中国人民大学出版社		
社　　址	北京中关村大街 31 号	**邮政编码**	100080
电　　话	010－62511242（总编室）		010－62511770（质管部）
	010－82501766（邮购部）		010－62514148（门市部）
	010－62515195（发行公司）		010－62515275（盗版举报）
网　　址	http://www.crup.com.cn		
经　　销	新华书店		
印　　刷	北京密兴印刷有限公司		
规　　格	185 mm×260 mm　16 开本	**版　　次**	2017 年 9 月第 1 版
印　　张	18 插页 1	**印　　次**	2022 年 9 月第 7 次印刷
字　　数	388 000	**定　　价**	39.00 元

教师教学服务说明

中国人民大学出版社管理分社以出版经典、高品质的工商管理、统计、市场营销、人力资源管理、运营管理、物流管理、旅游管理等领域的各层次教材为宗旨。

为了更好地为一线教师服务，近年来管理分社着力建设了一批数字化、立体化的网络教学资源。教师可以通过以下方式获得免费下载教学资源的权限：

在中国人民大学出版社网站 www. crup. com. cn 进行注册，注册后进入“会员中心”，在左侧点击“我的教师认证”，填写相关信息，提交后等待审核。我们将在一个工作日内为您开通相关资源的下载权限。

如您急需教学资源或需要其他帮助，请在工作时间与我们联络：

中国人民大学出版社　管理分社

联系电话：010－82501048，62515782，62515735

电子邮箱：glcbfs@crup. com. cn

通讯地址：北京市海淀区中关村大街甲 59 号文化大厦 1501 室（100872）